中山大学法学院口述历史

——法学学科复办前期纪实

曾东红　主编

中山大學出版社
SUN YAT-SEN UNIVERSITY PRESS
·广州·

图书在版编目（CIP）数据

中山大学法学院口述历史：法学学科复办前期纪实/曾东红主编．—广州：中山大学出版社，2020.9

ISBN 978－7－306－06938－2

Ⅰ．①中… Ⅱ．①曾… Ⅲ．①法学—校史—中山大学 Ⅳ．①G649.286.51

中国版本图书馆CIP数据核字（2020）第152688号

Zhongshandaxue Faxueyuan Koushulishi

出 版 人：王天琪
策划编辑：周明恩
责任编辑：周明恩
封面设计：曾 斌
责任校对：叶 枫
责任技编：何雅涛
出版发行：中山大学出版社
电 话：编辑部 020－84111996，84113349，84111997，84110779
发行部 020－84111998，84111981，84111160
地 址：广州市新港西路135号
邮 编：510275 传 真：020－84036565
网 址：http://www.zsup.com.cn E-mail：zdcbs@mail.sysu.edu.cn
印 刷 者：佛山市浩文彩色印刷有限公司
规 格：787mm×1092mm 1/16 15.5印张 300千字
版次印次：2020年9月第1版 2020年9月第1次印刷
定 价：48.00元

序

中山大学（以下简称“中大”）法学学科有着悠久的历史，其源头可上溯至1905年的广东法政学堂。1952年因全国高等学校院系大调整，中大法学院停办。1979年7月，中山大学法律学系（简称“法律系”）复办，2001年9月，更名为中山大学法学院。自1979年复办至今已四十余载。这40多年来，中大法学学科经历了不平凡的岁月，从无到有，从小到大，从弱到强，不断迈上一个又一个新的台阶。复办后的中大法学院之所以有巨大的发展，是历届任职全体教职员工和历届全体学生、校友共同努力奋斗的结果，没有他们的辛勤付出和贡献，就没有法学院的今天。在此，我们要向他们表示崇高的敬意和诚挚的感谢!

为了铭记中大法学学科复办以来的历史，尤其是为了记录法学学科复办初期的艰难岁月，更是为了让年轻的学子不忘历史、更好地弘扬中大法律人的精神，中大法学院委托曾东红老师组织编写口述历史一书。经过主编和其他作者的共同努力，本书即将付梓。这是继2019年出版的《百年传承：中山大学法科学人（1924—1953）》一书之后，展现中大法学学科发展历史的又一新作。

本书的作者，一是来自中大法律系（法学院）任教的教师（他们大都已荣休），二是来自法律系复办前期的毕业生。他们都是中大法学学科复办以来的亲历者、见证者和建设者。他们以口述历史的方式真实地叙述了他们当时的所见所闻所为，以及他们的所思所感所悟。此口述的历史，弥足珍贵，它不仅补充和丰富了中大法学学科复办后的历史，而且让年轻的学子和读者更感性、更直接地感受到中大法律系（法学院）筚路蓝缕、披荆斩棘，一路走到今天的不易。这本身就是很好的院史教育。不忘历史，才能烛亮现实；不忘历史，才能坚定地迈向未来。历史需要传承，只有铭记历史，才能不忘来时的路，才能更坚定地走好未来的路。

回顾中大法律系（法学院）复办所走过的40年历程，我们无比怀念和感激那些曾为法律系（法学院）做出重要贡献的现已离开我们的前辈，他们是：端木正、马传方[①]、张仲绛、唐表明、江振良、陈致中、吴世宧、罗辉汉、黄社骥、杨贤坤、温光均、陈登贤、张毓泰、钟庆铭、陈炽基、刘恒焕、梅卓荦、张洲江、覃杜中、陈国伦、李康敏等前辈。没有他们逢山开路、遇水搭桥、不畏艰难的奋斗，就没有今天的法学院。

我们要衷心感谢健在的退休教师们，感谢他们的重要贡献！感谢他们至今仍然以不同的方式，关心和支持中大法学院的建设和发展。

最后，要衷心感谢主编曾东红老师和本书所有作者及全体参与者，正是因为有了你们的辛勤付出，才有本书的顺利出版。

是为序。

黄　瑶

2020年2月28日于广州康乐园

① 关于中大法律系原党总支书记马传方老师的名字，据有的老师回忆，他有时用“方”，有时则用“芳”。据早期法律系毕业的许多校友回忆，马传方书记曾在不同场合强调他的名字中的“方”，“不是流芳百世的芳”，而是“把马列主义传播四方的方”。根据编者查阅相关档案，20世纪80年代以前的有关人事档案材料上显示他的姓名是马传芳，但80年代后直至退休，他在组织材料上的签名用“马传方”。——编者

目　　录

第一编

教书育人，辛勤耕耘

江振良

——我的教学理念是教、研、学互动

受采访人：江振良老师
采 访 人：曾东红
采访时间：2018 年 10 月 28 日（第一次）；2018 年 11 月 16 日（第二次）
采访方式：直面访谈
采访地点：中山大学南校园蒲园区江振良老师住处
整 理 人：郭绮钿

受采访人简介

江振良，男，1928 年 10 月 2 日出生，[①]广东台山人，中山大学法律系教授，法制史学家。1952 年本科毕业于中山大学法学院法律系。1955 年研究生毕业于中国人民大学法律系。曾先后执教于华东政法学院（现华东政法大学）、复旦大学。从事高等学校教育工作 40 年。1980 年至 1988 年任中山大学法律系副系主任，1987 年开始兼任中山大学法学研究所副所长直至 1991 年退休。先后兼任中国法律史学会理事、广州市人大常委会法制委员会委员、广东省法学会经济法学研究会副会长、广州市检察学会副会长等。曾担任“法学理论”“中国法制史”“中国刑法史”“中国法学文献选读”“马克思列宁主义著作选读”“马克思主义经典作家论历史科学”“中国证券法”等课程的教学

① 江振良教授于 2019 年 12 月 2 日与世长辞。他生前在国外审阅了本文。——编者

工作。1982年开始担任法制史专业中国刑法史、中国法制史方向硕士生导师，先后培养了六届硕士研究生。1982年获广东省教学优秀奖。著有《中国历代刑法》《广东经济特区涉外经济法研究》（主编）等论著及发表70多篇学术论文，著作及论文合计近200万字。

采访人前絮

“曾忆当年创业难，从无到有谈笑间。学科拓展长谋划，阵势增强苦登攀。法史挥毫神曲慕，特区走马凯歌还。良师九十精神爽，美酒千杯贺大山。”这首由本院程信和教授于祝贺江振良教授90大寿聚会献上的诗，由中山大学法律系复办首届80级学长——深圳著名资深律师梁赤，以功底深厚的草书写成一幅字，精心裱起，挂在江老师住家客厅主墙的正中央。当我登门采访江老师时，他先是邀请我瞻阅这首诗作，采访完毕告别时，又邀请我以这幅字为背景合影留念。也许正是这首诗情真意切，写出了这位老人的心声，触发共鸣，才得到他的高度认同。从另一角度看，程信和教授的诗也代表了江老师当年法律系同事对他为法律系复办尤其是学科建设所做重要贡献的赞可。

谈到法律系的复办，这位老人感慨万千。现如今，最早参与复办工作的人就只剩下他、鲁英老师等人。中大法律系法学专业的第一个教学规划和课程设置是由江振良老师具体负责设计，并由他和端木正教授及马传方书记共同审定的。他既是制定者，也是监督执行者，某些情况下还是事务性工作的服务者。比如，他谈到有时候需要出面与兄弟院校联系购买讲义，否则某些课还开不成。在复办初期，江老师在学科建设方面很有远见卓识，他与马传方书记等达成共识：在全国法学教师都紧缺的情况下，必须尽早培养师资。1981年，由张仲绛教授牵头的刑法学专业硕士点就是在这样的背景下设立的。当时江老师等人对张仲绛教授给予了最大力的支持，他还专门给当时的刑法硕士生新开设了刑法史课程，并花费了大量的时间和精力进行钻研和备课。后来，江老师以当时的讲义为基础，写成了专著《中国历代刑法》，由香港东方时代出版社出版。该书在海内外产生了广泛的影响。为了强化师资培养，1984年，江老师还根据系里的决定亲自拟定青年教师的进修计划，使当时刚刚分配到法律系工作的一批青年教师按照专业分工得到了系统专业进修的机会。

专业方面，他首先是法制史学家，但也曾花不少精力搞特区经济法律制度研究，而且有重要的研究成果。比如，他主编的《广东经济特区涉外经济法研究》，他撰写的论文《论经济特区的“特”与“不特”》，都在当时的学界被广泛引用。就其中的缘由，我趁这次采访请教了他。他认为，作为个人的研究专业，他的主攻方向无疑是法制史，但是，作为法律系的创业者之一（虽说是复办，实际上是从无到有），还有个办学方向和办学手段的问题，以及团队合作的问题。积极参与广东的改革开放特别是经济特区建设，从中吸收教学、科研营养，培养人才要体现改革开放前沿的特色，是大多数法律系参与复办者的共识。因此，很多老师亲身参与了广东省以及深圳经济特区的立法、调研和决策研究咨询工作。后来一些老师还组织起来，共同申报了一个国家重点项目——特区经济法研究，这是法律系复办以来第一个国家重点项目。江老师说："我们也需要用实际行动向社会证明我们服务改革开放的整体能力。"另外，为了支持、配合经济法硕士点，他还给该专业研究生开设过"中国证券法"课程，这都是需要花大量的时间和精力新起炉灶备课的。全系一盘棋，服从安排，其他一些老师也曾上过非本专业的课程。这是由当时的条件所决定的，也是法律系复办初期老师们团结协作精神的重要体现。

作为一名出色的法学教育家，对于教学理念，江老师有自己的见解。他认为讲课"讲得好"不一定就是教学水平和质量高。因为一味迎合奇异的思想潮流或者学生的叛逆心理等做法，也可能会赢得学生一时的掌声。（按我的理解，他这里说的讲课讲得好不是实质意义上的"好"，应是指讲课现场受欢迎程度高的意思）教师应多搞科研，但一味搞科研不行，搞科研最终是为了提高教学水平，搞好教学。因此，应当把科研成果贯穿在教学内容中，使学生长远受益。教学相长理论是没错，但更重要的是教师应当促使学生勤于思考，善于提问，提高学生的能力，鼓励学生挑战老师，概括起来就是教、研、学互动。

受采访人口述[①]

一、我与法学四十载

我是 1948 年考进中山大学法律系的，从那时起便开始了我的法学学习和研究生涯。当时中山大学就有法学院了，包括四个系，一个是法律系，一个是政治系，一个是经济系，还有一个是社会学系。接受四年本科法学教育后，1952 年，我从中大毕业。之后，我被广东省统一分配委员会保送到中国人民大学去读研究生。那时是新中国成立初期，只有中国人民大学可以招收研究生，因为它是中国第一所新型大学，校长是"中国四老"之一的吴玉章先生。

① 分标题为编者所加，后同。

它是新中国为数不多的几所大学之一，专门培养第一批新中国的干部、教师。我们中大当时被保送去中国人民大学的一共有四个人，我十分幸运能够被选中去读研究生。后来，从事专业教学工作的只有中大经济系的李学柔教授和我。那时，我是中国人民大学招收的第三届法制史学研究生，我们这个专业总共有四名学生。在中国人民大学念书的时候，全部是由苏联老师给我们上课，讲授国家与法权通史、苏维埃国家与法权历史。我们中国的老教师由于接受的是旧法教育，在那个批判旧法的年代很少能发挥作用，他们在我们上课的时候也会去旁听，学习苏联知识，接触新思想。

1955 年，我从中国人民大学毕业，当时有关老师希望，并且我也一心想留在中国人民大学任教。但是由于我讲话方言较重，普通话语音不够标准，以及家庭关系等多方面因素，我只好服从学校的安排，到上海华东政法学院任教。在那里一直工作到华东政法学院被并入上海社会科学院。之后，在 20 世纪 70 年代初，我到了复旦大学教书。复旦大学当时也没有法律系，这是受整个社会环境所影响，当时法学还是教育“重灾区”，没有相应的课程设置，我到了复旦主要是讲政治理论课。原先体制设计上，政治理论课包括这几个方面，一个是哲学，一个是政治经济学，一个是党史，一个是国际关系。直到后来政治理论课才逐渐分由各个院系负责。在上海期间，我印象较深的是我参加了新中国第一版《辞海》的编写工作。当时，我们组负责的是政治法律编，组长是我的好友王珉灿同志。《辞海》的编写过程十分漫长，大概持续了七八年之久。一个学者作为一个普通撰写人，为这样一本严肃的“国家著作”费心费力，是需要定力的，你顶多也就是有个名字在里面而已，而耗费的精力却是巨大的。第一版《辞海》后来也顺利出版了。

1979 年，我从复旦大学离开，回到广东，来到了中山大学。在中大任教 11 年，直至 1991 年退休。前后 40 多年，总体来讲，我把大半生的精力奉献给了法学，奉献给了法学研究和教育事业，奉献给了法制建设，我感到很自豪!

二、迎难而上复办中大法律系

1952 年全国院系调整的时候，中山大学法律系被取消了。法律系老教授都到武汉去了，有些去了武大，有些去了中南政法学院，包括原来中大老法学院院长曾昭琼教授等。“文革”结束以后，1978 年年底，中央提出要恢复法律系。当时基本上全国的法律系都停办了，中央提出来的是，先恢复一部分高校的法律系，最初有四所高校，主要还是教育部管辖的高校先恢复，中山大学是第一批复办法律系的大学之一。我记得还有南京大学，不过南京大学后来不知道什么原因没有顺利复办。1979 年，我本来是由当时参加组织全国法律系复办工作的王珉灿同志推介，冲着中大法律系复办来的，但刚调到中大的时候，法律系还没有复办，我就先到历史系讲哲学方面的课。没过多久，中大开始准备要恢复法律系，中大党委书记曾桂友让我一同去参加法律系复办筹备工作。但我一时也没法停下在历史系的课程，故既要上课又要筹备复办事宜，那段时间比较忙碌。

当时，“文革”结束没多久，法律系的复办工作是十分艰难的，毕竟国内法学界当时流行一句话，“搞法律其实是在刀尖上跳舞”，这种思维在一定程度上影响了参与复办的各路人员的信心。因此，我们的起步工作也受到不少阻力。总的来说，复办面临的困难有以下几个方面。

一是师资匮乏。一开始听到要复办，我们是十分欣喜的，停滞多年的法学教育终于重新启动了。但很快我们便发现了复办过程中最严重的问题——我们缺乏教师。首先，我们以前中大法学院的大部分老教师在院系调整的时候被调走了，去了武汉等地。如今要复办，我们也邀请过他们重回中大，有些人很愿意回来，但出于各种原因没法回来。再者，新中国成立初期培养的法科学生毕业后大部分又被分配或者调走去做别的工作，一时没有办法恢复专业知识回来授课。这也就严重阻碍了复办的进程。我们必须到各处请来教师，甚至我们从一些归队同志中邀请了部分人来。有一部分人曾经教过大学，但是后来转行了，有些没有在大学教过书，但他们也是法律系毕业，主动要求加入法律系，我们就接受了。他们来了以后，那些没有搞过教学的人就要被送去进修，时间上也耽误了一些。相较之下，别的院校的法律系恢复得很快。他们虽然停办了，但教师保留下来了，没有离开，师资都留在当地，比如上海、武汉、北京等地，所以他们恢复起来很快。例如，武汉大学收到教育部复办函是 1979 年 9 月，当我们 11 月底去访问时，他们已经恢复得七七八八了，教师已经基本到位，框架、规模也摆在那了。后来我们经过艰苦努力，才逐步将师资队伍搭建起来（那时我本人也陆陆续续联系了一些教师回来）。总之，法律系要复办起来，肯定离不开最基本的师资条件，我们只好想尽办法主要从各地调人来搭建和充实法律系。参加复办的老师都各显神通，尽最大的努力，为初期师资队伍建设做出了自己的贡献。

二是学科建设难。筹备阶段，关于如何安排设计复办以后的法学课程，这也是一大任务。当时这份工作主要是我在负责，我走访了几所大学，去了解它们的学科设置情况，比如去了北京大学。北大当时的法律系系主任跟我比较熟悉，叫萧永清，我们是在中国人民大学认识的，我向他询问了这方面的经验。我也参考了华东政法学院，它是恢复得比较早的学校之一，有一些经验也值得借鉴学习。在安排我们中大自己的课程时，很重要的一点是，我们不能照搬其他学校的设置，必须考虑到我们广东自身的特点。如地理位置上靠近港澳，并且对外开放的时间也比较早等，设计课程必须具有广东特色，符合改革开放的时代潮流。所以我们设计了不少关于经济、涉外方面的课程，当时还准备设置投资法、证券法、特区经济立法、外国法的一些选修课，等等。

三是筹备人员少。我从历史系过来法律系复办的时候，负责筹备工作的人就几个，复办事宜又繁多复杂，每个人都要负责许多工作。当时也没正式对外称为筹备组，因为根本没有几个人。我从历史系正式转来法律系时，马传方、鲁英已经在这里了。我们也总要聚在一起讨论商议的，前前后后很多事情都要去安排和实施，精神压力也很大。不过大家都很团结，迎难而上，共同进退，解决了一个又一个的难题。

从 1979 年的开始筹备复办到 1980 年招收第一届学生，我见证了中大法律系的重生，我也更加热爱这里了，下定决心要留在这里为法律系的建设和发展而努力。

从 1980 年开始，我在中大法律系既给学生授课，又兼任法律系的副主任。一开始我上的是法学理论课，后来也上法制史。因为考虑到法律系刚刚恢复，学生的基础知识还很薄弱，所以法律系率先开设法学基础课。上课条件也是慢慢变好的，最初上课是没有教材的，我们老师只好结合各方面书籍资料给学生编讲义。我本人的一系列自编讲义和有关手稿已经交给中大档案馆。当时条件艰苦，但是老师和学生都没有放弃，秉承中大人的艰苦奋斗精神刻苦学习。

到了 1981 年，中大法律系开始招收刑法学专业硕士研究生。张仲绛教授是老中大法学院的教授。一开始，他对于设立刑法学专业硕士研究生点还有所犹豫，信心有点不足，我便鼓励他说，“没关系的，我也可以帮你上课”。后来我就帮他上了一门“刑法史”课。我自己在 1984 年才收研究生，中国法律史专业，第一届就只收了一个学生。

当时我们考虑到中大法律系要谋求发展，除了争取到招收研究生资格以外，还必须在全国法学领域内做出一定成绩。在全国第一批重点科研项目中，我们中大法律系立足广东实际，结合改革开放的时代要求，进行了特区经济法研究。这是我们法学院第一个国家项目，后来出了一本书——《广东经济特区涉外经济法研究》，由法律出版社出版，端木正是主编，我是副主编。另外，我们中大法律系也参与了经济特区立法工作，到深圳调查研究。黎学玲、我、李宣汉、程信和以及黄社骥等老师参加了许多工作。毕竟经济特区是历史上首创，立法要符合特区自身特点，我们也为此投入了很多心血。

我当系副主任当了8年。系主任是端木正老先生，党总支书记是马传方，我们三个的任命书都是1980年颁发的。起初，中大法律系还没有挂牌，我们到外面参加调研什么的，都不是以学校的名义，也没有学校开的介绍信，所有都是以自己的名义去的，当时我在其他学校认识许多老同学，跟他们也很熟悉，出去办事都直接跟他们打交道，这也是很有趣的。当时法律系行政工作人员不多，也没有办公室主任，办公室就只有胡斌和曾淑芝。然后调李康敏同志做办公室主任，之后赵文杰同志接替他的工作，很多人后来才调进来。人手不够，很多日常事务性工作都靠我自己来做。像第一届学生的早操、开运动会，我都要去看，事情都比较琐碎。端木正老师主要负责对外联系，他跟国外联系比较多。他在法国读过博士，法语、英语都比较好，在法律系对外交往方面做出了很大贡献。马传方书记在招人方面也做了不少工作。他是总支书记，管党务方面工作，当然这也是一种组织上的支持。正是有了老师们的合作配合，我们法律系才能逐步发展壮大。

三、寄语法学院后来人

从1979年开始复办中大法律系，到如今的中大法学院，已经过去40年了。这40年里，法学院经历了无数风风雨雨，才有如今辉煌的成绩。在从事教学的几十年里，我本人对于学校教育有几点心得，希望能够与每个法学院的后来人分享。

首先，我觉得教学有两个方面，一个是教，一个是学。教是老师方面的问题，学是学生方面的问题。

教，怎么教得好？这里面也很有学问，须教学与科研两方面都要兼顾，相互促进。一个方面是教师得要教好课，讲课水平的提高十分重要。教学没搞好，教出来的学生没有很高的质量，院系就很难发展，要在全国法科院校中争取前列就很困难了，教师在这方面不能忽视。另一个方面是讲课“讲得好”不等于质量很高，有质量的讲课一定要跟研究结合起来。因此，教师既要搞好教学，又要搞好研究。

同时，学生学习效果对于学业进步也很关键。学生也不能光听课，要勤于思考，善于提问。教师也应该多多研究如何发挥学生学习的主动性。

其次，教师队伍应该有个“梯队”，必须有接班人。“梯队”的意思是指每一个年龄段都要提早培养一些人才，不然年龄断层就比较麻烦了。很多学校发展得快的一个原因就是他们很重视构建这个“梯队”，像复旦大学就是这样。有了这个“梯队”，法学院才会既有活力，又有积淀。老教师带动年轻教师上轨，年轻教师反过来促进老教师更新知识和技能，这是相互促进的。

最后，教师应当多参加学术活动。学术活动就等于对外交流，在参加过程中促进与其他学校的交流学习，还可以在竞争中相互学习。这不仅是学术能力的锻炼，还是教师提高自身水平的重要途径。

我希望法学院的老师、学生都能够继续拼搏，钻研法学，为法学院、为中大、为国家做出更大的贡献。

李宣汉

——法科学生除了实践还要加实践

受采访人： 李宣汉老师
采 访 人： 曾东红
采访时间： 2018 年 5 月 7 日下午 2 点
采访方式： 直面访谈
采访地点： 中山大学南校园李宣汉老师住处
整 理 人： 曾东红、黄永新

受采访人简介

李宣汉，男，1929 年 1 月出生，广州人，中山大学法学院副教授，硕士研究生导师。1980 年加入中山大学法律系，1991 年退休。主讲“经济法”“工业产权法”“专利法”等课程。主要研究领域是工业产权法。著有《工业产权法》《涉外经济法》（合著）等，发表论文、译文多篇。曾任广东省人民政府参事，曾兼任中国国际经济贸易仲裁委员会仲裁员（1987 年起至 1991 年退休），深圳仲裁委员会创始人之一并任该会仲裁员。

采访人前絮

李宣汉老师是个十分随和、耿直和厚道的实在人。平时待人接物，他常常给人大智若愚的印象。我在本科时修读过他的“工业产权法”课，他讲课十分专业。我对专利法、商标法的一知半解，算起来还是他教给我的，顶多后来办了一些案子充实巩固了一下。我还曾与他合作给中山大学夜大学（广州市中级人民法院）本科班讲授“经济法概论”。由于缺乏实践经验，常常觉得面对一批实践经验丰富的法官难以应付，他总是鼓励我说：“嘿嘿，不要紧的，办几个案子就有经验了。”记得我研究生毕业那年就上台给法律系本科生上课，因在课堂上一边讲课，一边大摇大摆地手摇纸扇纳凉而受到教研室会议的集体严厉批评。会上只有李老师没有附和批评，还不断用手势向我示意要冷静，他也不怕因此得罪其他老师。最后到他发言时，他笑一笑说：“嘿嘿，沉住气！没什么大不了的，注意一下就行了。”今年快90岁的李老师也许已经不记得这件事了，但是这句“沉住气！没什么大不了的”后来也成为我鼓励学生的一种信条和口头禅。李老师1991年退休后，与他老伴的生活很是惬意：冬天在温暖的广州，几乎每天早上在中大康乐餐厅或者蒲园餐厅“叹茶”，夏天在澳大利亚的女儿家避暑。当我拜访他表明采访愿望时，他憨厚地笑了一笑，说：“我有什么好采访的?”大概是看到我态度认真，他也就认真起来，要求思考两天，好好回忆一下再接受采访。两天后我带着学生助手登门采访时，他书房的桌案上已经摆好了经翻箱倒柜才找出来的各种证书、奖状和著作，还有一张手书的类似工作简历的列表。从李老师那堆资料里，我有幸第一次看到中国人民大学在20世纪50年代颁发的研究生毕业证书。除了吴玉章校长的签章外，毕业证书第二页还列有主修的课程及毕业论文成绩，以及教研室主任的签名和系主任的签名，看上去比现在的研究生毕业证书庄重多了。最有意思的是，毕业证书除了证明他是三年制国际公法专业研究生毕业外，还声明了一个校方资质授权：“兹授予李宣汉同志国际公法（课程）教员”。这就是说，现在我们特别重视的教师资格，中国人民大学早就授予李老师了。开始采访录音的时候，李老师一本正经叫老伴坐在旁边，请老伴与他一道互相启发，吩咐如果讲错了什么就立即纠正。而谈及他在“左倾”思想泛滥的年代所遭受错误的、不公正对待时，他也毫不遮遮掩掩，一五一十地展露自己的过去。李老师就是这么一个实在的人！

受采访人口述

一、加入中大法律系

我是地道的广州人，1947年高中毕业于在新中国成立前还算有名的越山中学（位于现时越秀区的北京路），当年考入广东省立法商学院（属于省立高等院校），1951 年从广东省立法商学院毕业后，被推荐到中国人民大学法律系国际法专业读研究生，在该校学习了 3 年（1951—1953 年），1953 年研究生毕业。因为学习成绩比较优异，组织上一度启动了推荐我到苏联留学的议程。但由于当时我有个叔父在香港，所以我因“社会关系复杂”而被否定掉了。研究生毕业后，我被分配到武汉大学任教，一开始讲了一段时间经济法（苏联的），后主讲国际法，就这样在武大工作了 10 年（1953—1963 年）。在这 10 年里，总体上是发展顺畅的。韩德培先生经常指导我的教学和科研，他对我的讲课水平很是认可，也可以说十分欣赏，我们结下了很好的私交。我被打成“右派”时，他舍不得我走。送我走的时候，他说：“现在是当作你夫妻团聚，放你回去。你讲课讲得好，你随时回来，随时要你。”就是我到了中山大学法律系后，他还写信给我希望我回去，这都是后话了。

也是在武大，我遭遇了人生的重大挫折。“反右”斗争之前，鼓励“大鸣大放”。一开始我是比较胆小的，而且作为广东人或者说广州人也以务实为本，不喜欢高调政治，故每次开会都不敢说话。后来驻校工作组不断鼓动我们要向领导提意见（之后我才知道这叫“引蛇出洞”），再保持沉默就要被批评为“落后”了，我决定对学校领导提提意见。当时武大某党委书记是工农干部出身，他做事的出发点也许是好的，但刚愎自用且工作作风比较鲁莽粗暴，大家都对这种外行领导内行的现象不满。我于是在提意见会上针对他提了意见，批评他“天生不足，后天失调”，希望他多学习文化知识，多调查研究。就是这句话让我吃了大亏，被打成“右派”，下放到广州市第十二中学教英语。说“下放”也就是后来才有的“斯文”说法，实际上原来的说法是“遣送回原籍改造思想”。我在大学教法律 10 年，回到广州后什么也不会做，相对来讲英语功底较好，便“戴罪”去中学教英语。下放到广州后，我一直没有停止过向有关部门包括向国务院有关部门、广东省委等申诉，并要求重新安排适合我专业的工作，后终于获平反。我对中国共产党和国家充满信心。

中山大学法律系复办时，虽然我的去向有包括武大、外贸学院等单位在内的多个选择，但广东省委早有意将我调入中大法律系。我们夫妇俩也比较喜欢中大，故也托了在中山大学工作的熟人（我在原广东省立法商学院的同学邱培强）向端木正主任、马传方书记等介绍我的情况，他们表示欢迎。因为我是省委直接调入中大法律系工作的，所以没有碰到什么阻力。1980 年我就过来了，一开始在国际法教研室，因国际公法专业已经有安排老师在备课，系里就让我上专利法课程。我毫不犹豫地服从系里安排，从零开始自修专利法。专利法的英文资料多，我备课积极，很快就能上堂讲课。后来我加入了经济法教研室，主讲知识产权法、专利法及经济法概论。

二、培养法科学生——除了实践还要加实践

据我所知，国外发达国家特别是英美，在应用法学部门，如刑事法、侵权法、合同法、商事交易法等领域，一个法学院讲课教授如果没有办过大案、名案，是不敢上讲台的，上去了学生也不会把你当回事。我很早就了解这个情况（现在有无变化就没有研究了），所以很重视实践，重视实践与教学的互动。

当然，在我看来，实践有大实践和小实践之分。所谓大实践就是国家之大势，也就是所谓社会洪流，小实践就是围绕自己的专业及相关知识的各种实务应用和实务印证活动。法律系的学生培养既需要大实践，也要熟练把握小实践。我们这一代人都是以身作则的。我们是改革开放初期复办的法律系，我记得我们这一代老师中像我、黎学玲、李启欣、江振良、程信和、罗辉汉、杨贤坤以及包括端木正主任本人等，都是积极投身广东改革开放实践、经济特区建设实践、涉港澳实践等社会活动的。就连刑法学专业的老师也很重视改革开放以来广东犯罪现象的社会调查。我和黎学玲老师等很早就是贸仲华南分会（现国际商会仲裁委员会华南分会）的仲裁员，该分会连仲裁规则也是黎老师带一帮人搞的。后来深圳搞深圳仲裁委员会，也是我和一帮人帮它搞起来的，我是创始人之一。也为广东省政府、深圳市政府做了很多调查研究，提供法律意见，搞法律论证等方面的工作。这些对确定课程方向甚至课程内容都很有启发。同时，你也不能光做不讲，要让学生知道你干什么。有时三两句话，不用夸大其词，就能把学生的热情激发起来，学生也知道了动态，知道要朝什么方向使劲。

兼职律师业务、仲裁员业务与教学互动也是当年我们法律系的一个特色，属于小实践范畴。当然，这有个前提，那就是本职工作是教学科研，兼职永远是兼职，这个定位不能变。你还要很自律，在做好本职工作的前提下才介入兼职律师业务，对律师业务中的知识收获要及时总结，应用到教学中去。当然，有个别老师失于自律，沉溺于办案，但这在我们法律系不是主流，可以通过一定机制约束。我兼任广东岭南律师事务所副主任多年，办了不少案子，一些也是大案、名案，但从来没有耽误过教学工作，相反，对教学很有促进作用。比如说专利法这门课，很多专业老师是自己清楚但讲不清楚，很多学生对专利说明书的定性和解读规则很头疼。我信手拈来几个案例，把不同类型专利的说明书拎出来帮大家分析分析，学生一下子就掌握了。又比如“know-how”这个概念，不少专业教师热衷于从下严谨的定义开始去教学生，结果是越讲越不严谨。我把不同类型的案子、不同类型的技术中的“know-how”讲给学生听，有些实例就是发生在他们身边的。在这些具体的实例中，原本抽象难懂的

“know-how”就容易把握了。这种教法对他们在大学一年级时形成的“一是一，二是二”那种思维定式产生很大冲击，但实践知识培养了他们的多维思考能力。多年以后，一些学生回来看我，都认为法律系重视实践的教学方式对他们帮助很大。像涉外律师做得不错的梁长安同学、法院系统的邓彦辉同学等，都多次谈到这个问题。

在我们广东办法学院，还是务实一点好。现在技术手段很发达，实践知识的获得方式和实践理念的培养可能有很大不同了，但万变不离其宗。还有一点，要千方百计使学生重视实践，崇尚实践，追随实践。培养法科学生，就是要把实践放在特别重要的位置，在校要灌输实践理念和知识，毕业前要抓好实习，还要发动实践部门的专家辅助我们培养学生的实践技能。一句话：除了实践，还要加上实践。

顺便说一说，做兼职律师会有些收获，包括物质利益和精神文明方面。这不必遮遮掩掩。不瞒你说，你（指采访人）现在坐下采访我的房子，当年它的使用权是法律系拿岭南律师事务所的收入帮教师“买来的”，每套房上交学校5万元资助建房，我记得一共“买”了12套房子的分配权。不解决住房问题，老师难解后顾之忧。我办案子也会取得一些正当收入，晚年生活过得轻松也与积极投身实践很有关系。这不羞耻、不丢人，可以堂堂正正把有关信息透露给学生。我相信正确地传递做人理念，做好思想工作，学生自己会有正确的选择。

刚才采访人提到的现在的院领导，除对黄瑶院长有印象外，对其他副院长都不太了解。祝他们工作顺利！祝法学院越办越好！

钟永年

——我的底线是正确和准确

受采访人：钟永年老师
采 访 人：曾东红
采访时间：2018 年 11 月 28 日
采访方式：直面访谈
采访地点：中山大学南校园蒲园区钟永年老师住处
整 理 人：孙华欣

受采访人简介

钟永年，男，1932 年 11 月生，广东肇庆人。1951 年毕业于中山大学法学院法律系，中共党员，中山大学法律系副教授。曾从事审判工作多年。主要研究领域为刑事诉讼法、司法文书。主编《刑事诉讼法通论》一书，参加中南六省法学教材《刑事诉讼法学》的编写，担任《中国司法文书写作》（国内 20 多所高校法律院系联合编写）教材的副主编。发表《开放城市流动人口的违法犯罪问题》《改革开放与打击投机倒把犯罪》《免予起诉综论》《论模拟法庭》《民事判决执行的几个问题》等法学论文近 20 篇。1992 年退休。

采访人前絜

当我电话联系钟永年老师时，他一开始表示不好接受采访，理由是眼下他记忆力大不如前了。我尝试问他记不记得我，他说："当然记得，但其他事情不好说呀。"我于是请求与他夫人——学校教务处退休干部张凤珠老师通话。原来，在半年多前，钟老师因病被误诊，过量服用不当处方药而导致病情久拖不愈并影响了记忆。虽经最近一两个月矫正治疗后身体状况有很大好转，但记忆有时会较差。在我的印象中，钟老师稍带粤语口音，说话一板一眼，咬文嚼字，比较讲究，逻辑缜密，有凡事记笔记的习惯。加上有张凤珠老师从旁协助，因此，我认为完成采访应该没问题。通过沟通，钟老师终于同意了。实际上，钟老师的记忆及逻辑思维并没有问题，只是说话的语速比以前慢了一些。

钟老师是我大学本科阶段"刑事诉讼法"课程的授课老师，他讲课时喜欢先对着认真准备的教案"照本宣科"一段，然后才脱离讲稿发挥一番。他的教案一般用两种介质书写下来，一是 16 开左右的大稿纸，一是 A4 大小的硬皮本。前者是开放性的，允许较大涂改，后者是他认为更稳定可靠的内容，较少涂改。当前一种讲稿的稳定性达到他的标准时，便用后一种介质再一次写下来。由于好奇，做学生时我曾到讲台"偷看"过他的教案。钟老师的书写功底深厚，漂亮的钢笔行书一字一字写在方格内，该抑扬顿挫的地方均有升降调标出，每一句重点都有清晰的着重号，页面两边的空白是准备用来穿插的案例或者举例，同样工整并标有用时限制。天哪，老审判员出身的他讲个案例还需那么复杂吗？几十年过去了，这次采访我对钟老师提起这件事，好奇问他这样写教案的缘由。这位 86 岁的老人思索良久，咬嚼出四个字：完整、准确。他说他经历的教训实在太多了："我教的学生将来都是政法战线或者其他要害部门掌握权力的人，我不能随意和大意。""我控制讲课时间和节奏（在家里我还经常先测试）是要在有限的时间内完整地讲授这门课的要领，当时连像样的教材也没有，令我满意的就更不用说了。我宁可呆板一些，但一定要准确，绝对不能出错，这就是我的底线。"这就是一丝不苟的钟永年老师。

受采访人口述

一、追忆求学中大经历

我的父亲和姑姑在新中国成立前都是做教师的（新中国成立后也都做了人民教师），受他们的影响，我自幼学习勤奋。1948 年，我从广东省肇庆中学考入广东省立法商学院，攻读法律专业。在毕业那年，由于广东省立法商学院被合并到中山大学法学院，我也顺理成章地在中山大学毕业，拿到了中山大学法学院法律系的文凭。我清楚记得新中国成立初期中大法学院由法律系、政治系、经济系及社会学系组成。当时的毕业证由组织全部留存在档案中，没有个人保留。

1951 年毕业前夕，我在台山县（现台山市）参加土改实习，正是因为这次实习，我和台山县结下了感情，实习结束后我就留在台山县工作。由于台山当地缺乏青年干部，组织上考虑到我是中山大学法律系毕业生，所以安排我去担任“领导”工作。

最初我担任乡组长，负责统筹一个乡的工作，然后又担任乡委书记的秘书。一段时间后，三个乡合并成立一个区，我担任第四区组长（区是比乡高一级，比县低一级的行政区划）。直到 1953 年我都在区里担任组长，领导区里的各项工作。

1953 年 5 月，我被调到了法院从事审判工作，包括刑事审判和民事审判。由于从事审判工作的同事很少，也没有具体划分负责刑事审判还是民事审判，总之随机接受任务，有什么案就审什么案。后来我又担任法院庭长，在法院前后工作了 5 年。之后，我从法院被调到江门市做英语老师。

二、复办初期被“包办”返母校任教

1979 年中山大学校庆前夕，校领导发函至我家，邀请我和夫人（张凤珠老师）回中山大学参加校庆。当时，我们感觉母校对这次校庆活动高度重视，便决定一起回来参加校庆。

在大礼堂召开的校庆大会上，习仲勋、杨尚昆等省领导分别做了讲话。大会结束后，法律系的领导告知我们还有一个座谈会。在座谈会上我得知自己的档案手续已经调到中山大学了，同时领导承诺我夫人的工作也会帮忙安排妥当。学校是在我完全不知情的情况下进行了档案调动，一手包办。后来在复办法律系的过程中，我才逐步了解了一些细节。我非常感谢几位曾向学校推荐我的老师，像谢健宏老师。谢健宏老师本是广东省立法商学院院长，在学院合并到中山大学后担任副校长一职（第四把手）。我本科在校期间是系学生会主席，表现相对不错，可能也给他留下了好印象。

所以我在 1979 年 7 月就算调入了中山大学工作，张凤珠老师一年之后才调入中山大学。为什么前后隔了一年？这要从中山大学的函件说起。

座谈会上，我了解到校庆前夕中山大学已经给江门市教育局发了公函。我到江门市教育局询问情况时，教育局不承认收到过这个公函。虽然几经波折找到了公函，但是教育局不同意放人，多次为难我们。甚至回复张凤珠同志：“你过了这么长时间还没有去，中山大学应该不要你了。”

后来我三番五次地找教育局的上级领导，教育局迫不得已把她的档案推到江门市组织部，组织部也对我们做了挽留，同意提供法院、公证处、检察院等几个部门让我们挑选，而且如果留下的话就可以直接当领导。总之千方百计要把我们留在江门。后来，我始终还是觉得自己适合从事研究工作，权衡之后离开了江门。

三、探索教学模式独辟蹊径

当时全国复办法律系的共有四所院校，包括西北政法学院等。复办的主要动因之一是《刑事诉讼法》在1979年颁布实施后，国家急需这个专业的人才。

复办法律系过程中，中山大学也非常重视对新入职教师的培养，曾委派我与其他三位老师到西北政法学院进行为期八个月的学习。其中，我和陈登贤主攻刑事诉讼法，覃柱中和另外一位（印象中是吴世宦或者张洲江）主攻宪法和法学概论。我们在八个月学习的过程中偶然结识了钟庆铭，当时他正在检察院工作，他了解情况后赶忙联系中大法律系，毛遂自荐到中山大学工作。

我从1980年开始上课，主要教授"刑事诉讼法""司法文书""法律概论"这三门课。我认为在教学上有所创新的是最早开设模拟法庭，最早牵头带学生到公检法部门实习。因为我曾在法院工作，结合法律工作者的实际需要，我首先提出了开设模拟法庭课程，相关照片在学院的纪念册里面应该有。开设模拟法庭课程的过程中，完全没有经验可参考，一切都是从零开始。我自己设计教材、流程、案例，组织学生，租借服装，等等。先是在干部班试验，后在本科，在当时都产生了良好效果。

四、恪守本职工作兢兢业业

我上课的一个标准是给学生讲的内容一定不能出现错误。为达到这个标准，我的备课本都做得非常工整和细致。在保证严谨的情况下，可能课堂气氛相对没有那么生动。

为了让学生对知识点的印象尽量深刻，我讲课常常喜欢结合案例，包括我自己下基层的经历。讲案例也是个深入浅出的问题。一开始例子不能讲得太专业，因为学生刚接触刑诉法，对涉及具体规则的案例还不容易理解。比如讲总论的基本原则的时候，我喜欢用这个亲身经历的例子：有一次，民兵在海防巡逻时发现海上有一个白色的点，就以为是敌人舰只，大张旗鼓迅速召集全体民兵做好伏击战斗准备，但是靠近后才发现是一只白鹤——这叫先入为主。很多毕业学生到现在还对我讲的这个例子有印象。等同学们对刑诉法有一定认识了，我就会多讲一些判错案的例子。通过这些案例，我告诉学生学法律的人一定要坚持实事求是的原则，以事实为依据、以法律为准绳，不能够片面判断，仅凭自己的想象来判断事实。

我还担任过班主任工作。当年本科生一个年级有两个班，我是杨建广的班主任。作为班主任，我要带学生做早操、晚上查寝，很多时候早上出门时天才蒙蒙亮。我还要辅导学生论文，学生一个个交给我，我负责改好。总之，是我的分内工作我就会十分负责任地做好。如果说班主任工作存在做得稍有欠缺的地方，我觉得是为班级争取名誉方面做得不够。本来我们班的学生干部确实做了工作，具备评先进的资格，但是因为我谦让，给了其他班级。所以学生干部有时对此会对我有意见，毕业后他们回来看我还经常提到这一点。

在中大工作两年后，我评上了讲师职称，但是评上副教授没过几年就退休了，也没有机会评教授。因为那时候学校的政策是一般晋升副教授 7 年后才能申请评教授职称，那是件令人遗憾的事。我在刑法教研室工作，同在刑法教研室工作过的有张仲绛老师、陈登贤老师、王仲兴老师、黄文俊老师和刘杰老师等。特别怀念张仲绛教授，他很重视我的教学科研，也欣赏我、关心我，如果他不是过早地离开我们，也许情况有所不同。我的论文主要是刑事诉讼法方面，当时学院资料室应当保留了，应当是教务处也复印了，共印制了 6 本。我也有找资料室要过自己的论文，但是要了两次都无果，也是有些遗憾。

五、思忆学院同仁良师益友

马传方老师对工作非常负责，而且有丰富的行政工作经验，是个优秀的党务工作者。他对人真诚，敢于批评，善于表扬。他对新人特别关心，我刚调来的时候，他常常叮嘱我工作闲暇之余要多出去运动、锻炼才行，不能老待在家里搞论文、搞教案。我在他住院的时候也陪护过他。我们两人保持了良好的同志、同事友情。但是因为他说话做事非常讲原则，所以，难免有个别老师可能会对他工作方式有一些意见，但都不是关于老马的为人问题。

端木正老师对老师鼓励多批评少，所以很少有人反对他。他主要负责教师管理，对学院工作也提出了很多建设性的意见，我个人认为马传方老师和端木正老师对法律系的贡献都很大。

李斐南

——法学英语是首创　原著研译见真章

受采访人：李斐南老师
采　访　人：曾东红
采访时间：2018 年 5 月 7 日上午，7 月 15 日上午，7 月 25 日上午
采访方式：直面访谈
采访地点：中山大学南校区李斐南老师住处
整　理　人：曾东红、蔚泽洋、黄永新

受采访人简介

李斐南，女，上海人，1930 年 9 月出生，中山大学副教授。1948 年考入东吴大学法学院，1950 年转入燕京大学法律系，次年随燕大法律系并入北京大学法律系并于 1952 年毕业。毕业后先后在最高人民法院华北分院、北京市西城区人民法院、华侨大学海南分校、海南农垦师范专科学院等单位工作。1981 年调入中大法律系，1995 年退休。历任教员、讲师、副教授。主讲“法学英语”“国际法原著选读”等本科、研究生课程。主要著作有《法学英语》《现代法学英语》《法学英语实务》等。主要译著有《国际公法百科全书》（第一专辑）、《国际公法百科全书》（第二专辑）、《国际法案例选》等。

采访人前絮

88 岁高龄的李斐南老师虽然眼睛有点不太方便，但思维仍然十分敏捷。

因为没有太多专业交集，李老师退休之前，我与她交往不多。每每在学院里邂逅她，她给人的印象总是戴着厚厚的深度近视眼镜，永远保持着矜持、优雅、高贵及恰如其分的那种冷傲，手里经常捧着一本英文法学著作，边看边心无旁骛地在法律系走廊里走动。碰见她，我会毕恭毕敬地道声“李老师好”，而她最多也就礼节性地微微点点头，似乎并不认得毕业后已经与她同事几年的我。她退休之后，就更少见到她了。然而，出人意料的是，当我带着学生登门采访表明来意，因担心她不认得而欲介绍我自己时，她却直接打断我说：“不用介绍了，你不就是曾东红嘛！你外甥女与我外孙女还是好朋友呢，请坐下说吧。”她对我如此了解，我一下子有点蒙了，不由得紧张起来，生怕提问不严谨会招致她的诘问。但实际上，一旦畅谈起来，气氛就完全不一样了。她的直率和直接，只不过是毫不掩饰的一种纯粹，是她独特的性格而已。比如，当谈到书香门第之家世，谈到小时候即使逃难他乡也能够力压群芳而考上重庆南开中学，她脸上会明显洋溢出孩提般的自豪神情；当谈到当年法律系复办，从外单位“挖人”组建师资队伍的艰难时，她口中用“虎口拔牙”来形容，手上也做出表达很艰险的“拔牙”姿势。而当我看到她成果累累，好奇地问为什么她的职称还是副教授时，她并没有介意，而是平静地说道：“学校给我什么职称是学校的事，自己把握住就行了。再说，我很早就以中大法律系学者的身份赴美国一些大学讲学，听过我讲过课的美国大学的教授们、学生们早就认为我是一个教授。我讲的课程连同个人简介上过美国大学的招生简章呢！我访问过、讲过学的国内大学的师生们也认同我，这还不够吗？”

李斐南老师为法律系的早期教学科研工作做出了十分重要的贡献。她当年在本科教学中主讲的法学英语以及主编的《法学英语》教材是全国首创，对推动改革开放背景下的法学教育有重大意义；在艰难条件下给研究生开设的“国际法原著选读”课程对培养高级法律人才也起到了很好的作用。对外交流方面，她在法律系复办初期赴美国一些大学的讲学效果良好，为对外塑造我校法律系形象，推动法律系对外合作做出了自己的贡献。

受采访人口述

一、我加入中山大学法律系

我是上海人，小时候因抗日战争爆发流落到重庆生活了几年。在那里，我凭自己的努力从成百上千名竞争者中胜出，考入了当时的重庆南开中学。记得当时只有2%的录取率，十分不容易。后来，大约在1948年秋，考入东吴大学法学院，后转入燕京大学法律系国际法专业学习。著名的国际法学家陈芳芝对我的学习影响很大，后来赵理海老师也给我们讲课。1952 年燕京大学法律系与北京大学法律系合并，我便进入北大法律系继续学习，毕业文凭是北京大学颁发的。大学毕业后，我先是分配到最高人民法院华北分院工作，担任书记员。当审判员还没有资格，当时的审判员都是一批老革命。华北分院撤销后，我又到北京市西城区人民法院担任审判员，积累了一定的审判工作特别是婚姻案件审判工作的经验。后来，我调到华侨大学海南分校的热带作物系教外语，华侨大学被撤销后，我便转到海南农垦师范专科学校教英语，直至调来中大法律系。

1979 年，我老伴张平到北京大学进修，其间了解到中山大学法律系要复办的信息，我为之一振，由此也就开始了申请调入中大法律系的艰辛历程。某种意义上说，我调入中大法律系的过程就是中大法律系复办过程中搭建师资队伍之艰难的典型例证。一开始，当我把简历和调动申请寄到中山大学法律系后，因我的学历和工作经历符合条件和需要，立即得到当时总支书记马传方和系主任端木正的重视，并很快得到中大校方的批准。然而，当我把中大方面调令拿到我原单位时，立即给卡住了。卡你的理由也很正常，因为当时海南专区要改为省，需要办自己的大学，专区政府明令大学老师一律不得外调。幸得海南农垦一位开明的副局长的支持，我至少五次坐船往返广州与海南之间折腾，最后是抛开调令自己拿着档案来中大报到，1981 年年初才算成事。来中大法律系后，我才慢慢了解到，我的调动经历还不算是最艰难的，像黎学玲、张洲江、张毓泰、陈致中、梅卓荦、陈志南、杨贤坤、李启欣等老师，哪一个没有类似的艰辛呢？而且，就是那么艰难地进点人，还是在省委明确批示支持下才有的结果。因为后来我还从端木（即端木正，下同。编者注）那了解到，广东省委对中大法律系的复办进展很关心，点名要端木老师前去汇报工作。好在老马（即马传方，下同。编者注）早就与端木商量，写好了专门报告，报告中列了需要调入人员的名单，再加上端木自己对名单的补充，一并报告了省委并得到批准。

法律系的成功复办也是主导及参与复办的老师们呕心沥血的结果。端木老师及马书记对复办法律系尤其功不可没，我们都是在他们领导和带领下做了一些工作，那都是很不简单、特别不容易的事。筹备复办是 1979 年上半年，开始是老马，稍后端木也过来了。他们二人，后来还有陈登贤等，成立了复办小组。学校让老马任总支书记，当复办小组组长，请端木任系主任，江振良任副主任。他们一个一个人地找，一个一个请进来。我们几个老师都调侃说每进一个人都像“虎口拔牙”。上至总支书记、系主任等领导，下至办公室的李康敏、曾耀天、胡斌等行政工作人员都要做很多艰苦工作。“文革”不让办法律系，大家都不办，现在都要办，专业知识却都断了，只好一个一个先送去有条件的学校进修。端木老师和老马特别重视教师进修的事，我本人也于1981年下半年被送去北大进修一年（正是这次进修我才有机会正式拜王铁崖为师），回来就得站台讲课（有些专业课老师进修半年就得讲课），讲课的内容很多就是照搬进修时学到的，时常为了讲堂课，一个安稳觉都成奢望啊！

二、我与法学英语教学及国际法学术研究

我在与老马、端木商量调入法律系工作的时候就已经约定，我进来就负责上“法学英语”和“国际法”两门课。其中，我们还有个共识，那就是在改革开放热火朝天的广东办法律系，十分需要培养既懂法律、又熟悉法律英语的人才，法学英语的教学须十分重视。因此，到法律系第二年，我便自编教材给80级开设了“法学英语”这门课。实事求是地讲，我们在全国首开这门课，影响很大，效仿者众多，好几家法律院系包括华东政法学院承办的司法部法学英语师资培训班等都邀请我去讲课，交流如何开设“法学英语”这门课。香港大学法律系有个课程叫 Use of Chinese in Law，邀请我去讲课，并把我讲的“法学英语”纳入课程内容，把我编著的《法学英语》教科书列为指定书目。编写法学英语教材也演绎了“三部曲”：第一部是我自己独著的《法学英语》，该书采纳了端木正的建议，选采英美有关法学的百科全书及法学著作中的材料为主要素材进行编写，对学生打基础很有帮助。这也是改革开放后全国第一本大学法学英语教材，前后有20多间院校采用它作为教材或指定参考书。第二部是与黄瑶合作的《现代法学英语》，也是打基础的，且更注意内容的与时俱进。第三部是与黄瑶、曾报春等合作写的《法学英语实务》。总体上需要不断地与实践互动，不断完善。说到这里有个趣事，是王铁崖先生告诉我的，可以讲一讲。王铁崖先生的女儿80年代末去加拿大、美国，请教父亲要带什么工具书，王先生说：“你带上中山大学李斐南编写的《法学英语》就可以了。”现在中大法学院把“法学英语”这门课作为保留科目，我甚感欣慰，我是该课的第一任授课教师，对现在的学生来说也算是“祖师爷”了。

谈到国际法学术研究，我希望向学生特别是研究生传递严谨治学的理念。我坚持给国际法研究生开设“国际法原著选读”这门课也是出于这种理念，做学问不能搞“人云亦云”。还有件事对后辈可能有些启发。80年代中期，端木不知是用系里的外币经费还是他自己利用国外探亲机会自掏腰包，给图书馆（法律系资料室）买回一套12卷的《国际公法百科全书》，该书是由联邦德国的 Maxisplus Institutes 组织世界各地权威国际法学家、法官、著名律师等合写

的，很有价值，很珍贵。当时全国只有2套，北图一套，我们一套。我和陈致中老师到图书馆各捧一卷阅读，看后觉得很有翻译价值，决定利用寒暑假把这套百科全书翻译成中文，端木很高兴。我们在很艰苦的条件下（连稿纸都要自己买）进行翻译。其中，有个别案例原文用的是案件审判法院所在地语言，往往是小语种（如爱沙尼亚语），我们都一一请教外语系老师，没有办法解决的再请教外交部有关工作部门（实际上外交部也没有搞这么偏门的小语种人才），到最后走投无路了，我们也不会得个大概结论就糊弄过去，而是原文照录，附上真诚道歉并说明未能翻译原因的注引。我们做老师的完成了第1、2卷翻译，第3、4卷是指导研究生完成的，也是这个标准，绝不不懂装懂。中大出版社主编刘汉博同志是个识货之人，知道该书的价值。第1、2卷出版后，他特地向当时的国家教委立了个项，后续翻译条件才好起来。后来，端木去瑞士访问，巧遇 Maxisplus Institutes 的总编。听闻端木谈及我们正在翻译他们的百科全书，大为惊奇，特意派助手到中山大学来找我们。我当时因没有授权就翻译别人著作，心里还是很紧张的，一见面就主动认错，并说由于当时我国没有加入世界版权公约，难以获得他们授权，故请谅解。没想到对方说，他们此来并不是为了版权问题，而是来看一看把他们的出版物介绍给12亿中国人民的人是谁，也是不相信我们能翻译那么大、那么复杂的百科全书，老问我们的翻译团队在哪里。他们表示，如果我们想要版权，可以立即授予。后来该套百科全书再版时合并为5卷，Maxisplus Institutes 又慷慨地送给我系一套。

学术研究与教学互动也是我们的基本方法，陈致中开设的“国际法案例分析”，我开设的“国际法原著选读”，都是基于科研成果。应该讲，由于端木老师事务繁多，国际法硕士点的很多实际工作都是由陈致中和我来承担的，当然后来还有谢石松和慕亚平等，我们基本都是贯彻这些理念。

三、我在法律系的对外交流

我个人感觉，身处广东改革开放前沿，端木、老马他们对有关开放、包容的办学思路是清晰的，这种思路在我们那一代老师中也是有共识的。我记得1983年由端木联系和接洽，我系为美国西南大学（Southwestern University）办了一个“中国法律培训班”，能用英语讲课的教师都上讲台了。这是我系第一次针对外国大学和外国学生开法律班（也是全国大学第一次），应该说为当时我系的对外交流打开了一扇窗口。端木讲概论，温刚均讲合资企业法，陈志南讲合同，请林致平①（当时还在外语系没有调过来）讲了民事审判制度，还有其他老师我一下子记不起来了。端木要求我讲婚姻法。我在最高人民法院华北分院时负责过宣传婚姻法，在北京西城区法院也有婚姻案件的审判经历，对欧美人权观念、婚姻观念都有一定了解，讲起课来驾轻就熟，案例多，对口味，结果大受欢迎。由于讲课效果得到参加那个班的外国教授的赞赏，我由此也就开始了5次受邀到美国大学讲课的经历。从1983年起到90年代初，我先后到美国4家大学法学院讲过学。其中，印象最深刻的是为迈克·乔治大学开设1学分的小学分课程（Mini-course）。该大学法学院虽然世界排名100名左右，但在开设外国课程方面很有特色，也很有名气。我先后开过“中国婚姻法”，“中国涉外经济法”（我把当兼职律师亲历的案子全用上了），均大获成功，我的简历也上了该校的招生快览（相当于招生简章），搞得都有点收不住了。2005年，他们又一次邀请我去开课，我说我年纪大了，走不动了，这才作罢，校方负责人还委托他们的教授写信来安慰我呢。我们法律系组织“211工程”评审材料的时候，还跟我借了我给美国西南大学等讲学的照片。

四、我的老伴与我们这代人做贡献的方式

刚才你（采访人）提到我老伴张平同志，提到他曾在法律系资料室热情地向同学们推荐当时刚出版的周鲠生的《国际法》的情景，我想顺便多提一下。张平同志先后做过新华社、中国新闻社的记者，为毛泽东、刘少奇、周恩来、彭德怀等党和国家领导人拍过新闻照片。前段时间，中国新闻社为了纪念老记者，把他们老一辈记者在职时拍的约500幅老照片都发表出来了。我女儿从中选了若干张出版了一本纪念相册，表达了我们全家对他的缅怀。张平同志与我因历史原因一起从北京调到海南工作，又因为我从海南调来中大法律系，他没有选择，为了支持我只能一并调过来。当时端木主任怕他一个大记者被安排在法律系资料室委屈他，特意找他谈话做思想工作。张平说：“只要能支持老李工作，我干什么都行。”我……（哽咽）我是想说，我们这一代人就这样，夫妻俩一个人为了另一个人的事业，比如说为了我更好地投入法学学术研究和人才培养，对方就得陪着你，就得不同程度地做出牺牲。据我所知，参与法律系复办和前期建设的老师中，这种情况并不是个别现象。比如说，唐表明、黎学玲、李启欣、江振良、林华、钟永年、张毓泰、陈登贤、张洲江、王仲兴、程信和等老师，大概都有类似情况。我们不能忘记他们的另一半为法律

① 林致平老师于2020年4月22日与世长辞。他1984年从中山大学外语系调入法律系国际法教研室，主讲法学英语等课程。——编者

系做出的直接或者间接的贡献。

现如今，法学院在黄瑶他们的带领下发展很快，前段时间听说法学院还进入了英国 QS 全球法学院排名的151—200 强，太好了！很多方面我们这一辈都望尘莫及了。如果还有什么祝愿、嘱咐之类的话，我希望法学院传承传统，越办越好！

罗伯森

——从懂事起我那爱国心就很浓

受采访人：罗伯森老师
采　访　人：曾东红
采访时间：2018 年 11 月 30 日
采访方式：直面访谈
采访地点：中山大学南校园蒲园区罗伯森老师住处
整　理　人：吴劲文

受采访人简介

罗伯森，男，1935 年 10 月生，马来西亚归侨。1960 年毕业于中南政法学院。中共党员，中山大学法律系教授，硕士研究生导师。1997 年退休。曾任法律系副系主任。主要讲授“经济法”“合同法”“涉外经济法”“仲裁与诉讼”等课程，主要著作包括《中国经济法》《经济合同法知识》《中国合同法教程》等。发表《确立国有企业产权法律制度》《涉外经济合同与经济合同的主要区别》等学术论文多篇。

采访人前絮

罗伯森老师是归国华侨，这我很早就知道。但我一直以为他像许多归侨那样，主要是因为在侨居国受迫害而不得不归国的。“个别国家确实发生过迫害所在国华侨的逆流，但我是主动回国的。我当时也没有什么伟大的举动，回来祖国完全是出于本能的赤子之心，有些人可能不理解、不相信，但这是真的。”在罗老师看来，打从识文断字开始，自己就本能地向往祖国，关注祖国发生的事。他年少辍学打工，也接触到马来亚共产党地下组织的一些宣传，新中国成立后，回国的愿望更加强烈，觉得不管是回国参军，还是仅打一份工为国家建设做点贡献，都愿意。他说服了父亲，决然回到广东增城老家。在家乡，罗老师重新上学完成了初中学业，考上了佛山一中，进而在 1957 年考上中南政法学院。如果不是政府“助学金”以及赏识自己的中学老师的帮助，这些对当时在家乡举目无亲的罗老师来说也许根本是不可能的。特殊的经历，加深了罗老师对党和国家的热爱和忠诚，感恩之情常常溢于言表。

20 世纪 80 年代末 90 年代初，罗老师担任过分管中大法律系行政工作的系副主任，工作非常勤勉。常常见他提着简易的手提袋，东奔西跑，忙忙碌碌——为教师谋福利、保后勤，为职工解决种种困难，为搞好司法培训、自学考试指导等烦琐的事务性工作，他没有半句怨言。程信和教授曾形象地夸他这个管行政的副主任为“合格的行政科长”。在教学科研上，罗老师也毫不含糊，为了备好课，他会毫不犹豫地放下身段，向有关领导、同事借讲义、教案学习、借鉴，这对许多教师来说不一定能做到。当他意识到科研需要补短板时，他会以教授标准要求自己。除了教学以外，他会放下所有的事情（包括停止兼职律师业务），论文一篇一篇地发表，著作也厚积薄发。功夫不负有心人，他在退休之前数年晋升为教授。他认为，这标志着他的努力终于得到学校的认可。

作为他的同事和学生辈，我对罗老师对后辈、对学生的爱护感受深刻。在系里，他乐于帮助后辈是有目共睹的，无论是教学、生活还是推动福利政策决策，都有他默默支持的身影。他的逻辑很质朴：谁都是年轻过来的，谁也都会老去，中老年同志应当关怀爱护年轻人，年轻人应当敬重中老年同志。这样，各个年龄段的同事之间才能友谊常青，感情长久，法律系才像个大家庭。这是他在职时常常教导年轻人的。退休 20 多年后，结果是否如他所愿？我想至少是温馨的。比如，至今我还时不时见到罗老师被邀请“混迹”在当年的“小鲜肉”、如今的中青年教师社交堆里。当然，他不再参与争论，只是静静地倾听他们讲些什么，听得满意时，笑眯眯地呷一口酒。本院谢晓尧教授是他的学生，不止一次向我提起过一件感人的事：罗老师平易近人，还有那么一点可爱的惧内。那时候教师工资都不高，罗老师平时把零用的百把块钱“私房钱”都用塑料袋包好，“深藏”在裤子的表袋（20 世纪七八十年代男裤的一种防盗设计，袋口在腰带部位的内侧）里。有一年，有两个学生丢失了暑假回家的火车票，手足无措地求助于罗老师。当时许多学生还比较困难，优惠学生票是学校统一预订的，没有第二次购买的机会。听完学生解释，罗老师长叹一口气，费劲地摸索半天，取出表袋里的钱，给学生买了全票回家。大热天，那钱上散发的“特别气息”应该是可想而知的，它让班上的学生念叨了几十年。

也许像罗老师说的那样，他没有什么特别伟大的举动，然而，这并不妨碍他做了一个伟大的老师会做的事。在一个中国味很浓的法学院大家庭里，这样的教授难道不显得更加特别吗？

受采访人口述

一、早年颠沛流离终回故乡

我祖籍广东增城，父亲是地地道道的客家人，家境贫寒。父亲见难以维持生计，被迫“下南洋”前往马来西亚打工求生，一直当矿工。我的父亲33岁才娶妻成家，生了4个男孩1个女孩，而我是家里面的长子。小时候，家里的经济状况十分贫困，我只读了2年小学就被迫辍学，14岁便出门打工补贴家用。1951年，我16岁，共产党领导的新中国已经成立两年了。我和父亲商量，我想回祖国发展。父亲说：“在祖国无亲无故，你还这么小，如何生活下去？”我根据各种渠道获得的情况，对父亲说：“共产党是为人民服务的，在共产党领导下的新中国，只要我努力，就一定能解决生活问题。”父亲终于同意了。我于1951年6月回国，回到了自己的故乡广东增城县。因为当时我有个表姐两年前从国外回到增城中学读书，我去增城中学找她，经介绍认识了增城中学的老师。增城中学的领导了解我的情况后，说我年纪这么小，应该读书。他说现在可以申请助学金，申请免费住宿，解决我的生活问题。于是，我按照增城中学领导的指示办理手续，进入了增城中学读初中。得到祖国和政府的资助，在老师的关怀和帮助下，加上自己努力，我考上了佛山一中，继而于1957年考上了中南政法学院。

二、不忘读法学初衷，结缘中大

我这样一个穷孩子，能读十年书，直到大学毕业，完全是祖国和共产党的培育，我更爱我的祖国，热爱共产党。我下定决心，一定尽最大努力奋斗，争取早日加入共产党，成为一名党员，报效祖国，全心全意为人民服务。我大学毕业后被分配到了武汉市卫生学校当教师，负责教授政治课，并担任班主任。不久，学校成立学生科，要我兼任学生科科长。因为教学和学生科工作都不错，我很快就被批准加入共产党，不久便被评为“优秀党员”。我还当过武汉市的人大代表和政协委员。当我得知中山大学法律系复办的消息时，我想学以致用，很想到中大法律系担任法学教育工作。后来，我委托熟人联系，把我的学历情况和表达强烈愿望的申请送到中大法律系领导手上。中大法律系很快给我发来同意调动我到该系担任教学工作的答复。可是，武汉卫校领导不同意，说除非中大有发来商调函才同意。不久，中大法律系很快就给武汉卫校发来商调函，问题就这样解决了。卫校领导对我说过，当时还准备提拔我任副校长。

三、扎实教书育人勤勤恳恳

1983 年，我正式调入中山大学法律系。刚调进来的时候，端木正主任找我谈话，问我愿意教授什么科目。因为我本科期间对经济法类课程就感兴趣，具有一定的相关知识储备，因此，我提出愿意教授经济法科目。后来我便加入了经济法教研室，给本科生上“经济法”这门课。与此同时，我也担任 83 级本科生的班主任。刚开始在大学教“经济法”，我觉得有些困难，于是便注意向教研室的同事学习，经常去听他们讲课，借阅他们的讲义学习借鉴，向他们请教问题，等等。逐渐地，我就熟悉了“经济法”这门课的教学。其后，我还开设“合同法”“涉外经济法”“仲裁与诉讼”等课程。1987 年，我被选上兼任系副主任一职，负责行政工作。我尽心尽力，做了不少工作。比如，其中有一项工作我印象很深，我接受系领导的指示，在香港创办了自学考试学习班，并长期教授“经济法”课程。在此过程中，香港三联书店的工作人员主动找到我，说学员反映我“经济法”课讲得好，内容也重要，希望我写书出版。于是我就写了本《中国经济法》，很快就由该书店在香港出版了。

我担任系副主任工作四年。1991 年系领导换届，我也被选上拟连任系副主任。但我想专心搞好教学科研工作，不希望再当系副主任，于是向系和学校组织部门领导提出请求，获得了他们的理解和支持。此后，我便全力专注教学科研工作。我当上副教授后，除了给本科生讲课外，还做硕士研究生导师，一共带过十几个研究生。我的教学工作虽然没有优秀成绩，但总算尽心尽力，培养了许许多多学生，为祖国法治工作培养了人才。

回顾人生路，我一个出生在马来西亚的贫穷家庭，小时候只念过 2 年小学，14 岁就开始打工，16 岁回到祖国的孩子，在祖国的培育下，读了十年书，能在大学里教书，当上了教授，这是何等荣幸！我的一生，用一句话概括：没有中国共产党，就没有新中国，就没有我的今天。

四、教学与实践兼施

我还曾经有一段兼职律师的经历。那个时候，我是不需要通过考试来取得律师执业资格证的。我以高校法学教师身份申请到了兼职律师资格，后来就加入了岭南律师事务所。在所里面，我办了不少案子，积累了丰富的实践经验，对提高教学水平帮助较大。当然，就律师方面的贡献而言，当事人对我的办案能力也都很信任。我作为一名律师，最大限度地维护了当事人的利益，维护了法律的尊严。在教学、实践相长的过程中，“敬业勤奋、博学多才”是我行事的座右铭。

五、畅谈院系历史追忆前辈

法律系复办早期，我们除了搞好法学专业本科教育、研究生教育及学科建设外，不仅办了干部专修科法学专业，还为广州市中级人民法院以及政府机关部门开设了业余大学、夜大学，主办、主考法学专业全省自学考试。使得那些法制一线司法人员可以利用周末、晚上的时间参加法律知识学习；在法制人才最缺乏的时候，帮助我省地方培养了很多的法制建设人才，为社会做出了很大的贡献。

现在回忆起来，我们法律系的复办和后续的发展，在很大程度上要归功于早期的一批领导和老师，包括端木正、马传方等老领导、老前辈，他们给我留下了美好的回忆。我从武汉卫生学校调入中山大学法律系的时候，端木正主任就是在这边接应我的人，在教学工作早期，他给予了我很多指导和大力支持。我记忆犹新的一件事是，80 年代中期广东省教育厅提出在香港创办自学考试班，但由暨南大学负责办，不选择我们中山大学法律系办。我坚决不同意，认为既然广东省自学考试由我们主考，香港自学考试班也应当由我系来办。端木正主任十分支持我的主张并向上反映，后来的调整也遂我们所愿。复办前期端木正对外交流事务很多。马传方书记相当一段时期也在某些方面代为管理教学工作，他比较重视巡堂监督。他的巡查很严格，包括备课内容、迟到早退及板书错别字等都要管，警示后不改的作为教学事故处理。可见那时教学管理之严。但马传方书记的办事风格是“对事不对人”，对学生负责，对教学负责，而且做人很清白。总而言之，我们在端木正、马传方两位老领导带领下复办了法律系，我们中山大学法学院能有今日的成就，不能忘记两位老领导及前辈做出的杰出贡献。

李启欣

——法律系（法学院）是我们共同的事业

受采访人： 李启欣老师
采 访 人： 曾东红
采访时间： 2018 年 4 月 7 日下午
采访方式： 直面访谈
采访地点： 广州市滨江东路金雅苑李启欣老师住处
整 理 人： 曾东红、卢恩冲、冯鹏贞

受采访人简介

李启欣①，男，1931 年 9 月生，广东梅县人，印度尼西亚归侨。1954 年毕业于中南政法学院。1981 年调入中山大学法律系。中山大学教授。1987 年至 1995 年担任法律系系主任，校学术委员会委员，其间于 1993 年担任中山大学法政学院首任院长。曾兼任广东省人民政府参事，省学位委员会委员，广东省监察学会副会长，中国法学会常务理事等职。1998 年退休。主讲“外国法制史”课程，主攻研究法律渊源及其发展，特别是古代印度法、现代英国法和伊斯兰法等领域。主编《外国法制史论文集》《香港法教程》《外国法制史》《社会主义市场经济法制研究》《中外法律史新探》等书籍。发表《古印

---

① 李启欣教授因病于 2020 年 5 月 6 日在美国加利福尼亚州与世长辞。他生前在国外审阅了本文。——编者

度法的渊源及其发展》《伊斯兰法的渊源及其发展》《英国法的历史渊源》《国际商事仲裁前景》等论文、译文多篇。

采访人前絮

李老师85岁了，退休后移居美国，与儿子李南颖医生一起住。今年三四月间他在儿子的陪同下回广州处理一些个人事务，这给我提供了当面采访的机会。由于李老师身体不太好，记忆也大不如前，故我打电话与李医生联系请求拜见时，李医生曾因此犹豫再三。然而，当电话旁的李老师得知我的请求后，却二话不说，慷慨应允了。去见李老师之前，李医生告诉我，李老师身体近年来变化较大，有段时间每况愈下，近几个月才稳定下来，眼睛黄斑问题也越来越严重，平时在家里话已经不多。所以他再三叮嘱谈话时间不要太长，不要让他激动，期望值不要太高。不过，这都是晚辈们的“一厢情愿”。当我带着学生助手踏进客厅，情况就“失控”了。李老师一见到我，猛地从沙发上站起，大声直呼我的名字，我赶紧快步向前，搀扶住李老师的双手。李老师本能地用客家话连连询问我近况，但是，当他看见旁边还有学生时，立即收住正讲了半句的客家话，改用普通话寒暄起来。整个客厅的人也许只有我才会注意和体会到这个中细微的变化。法律系师生很多都知道，李老师讲的普通话是客家人中少见、难得标准的那种，一点客家口音都没有。这是他年轻时为了讲好课苦练的结果。因此很少人知道他是客家人。1987年我分配到中大法律系时，被叫到法律系办公室见他，那时他就严肃地与我约定，以后凡是有非客家籍人士在场的场合，自觉讲普通话，不得讲客家话。刚才那种细微变化，要么是他记起我们之间的约定，要么是他一生自律修为的自然反应。也许是受到我这个学生、老下属兼同乡来访的刺激，李老师激情满怀，一下子把话匣子打开了，采访竟然持续了一个多小时。整个采访过程中，李老师表达了对法治的向往，对曾经的学生、同事和下属们的赞扬以及对法学院当今情况的关注，唯独没主动把话题引向自己。李医生插话说，李老师第二天就要启程回美国了，前几天还特意到法律系看了看。由于节假日，法律系并没有人办公，李老师就孤独一人站在法学院门口，仰望、端详门面上挂着的各种招牌，几经催促，久久不愿离去。我听后心头一阵酸紧，眼睛不觉模糊了。当被问到法律系复办40周年大庆之际对法学院后辈有何嘱咐时，李老师收住笑容严肃了起来，沉默片刻后庄重地说：“法律系（法学院）是我们共同的事业，希望老师们精诚团结起来继续为之奋斗！”

受采访人口述

一、我加入中山大学法律系

我 1951 年考入岭南大学法律专业，是岭南大学法律专业的第一批学生，我记得那年才 20 岁。1952 年岭南大学文理学科全部并入中山大学，我自然也转入中山大学法学院法律系。但仅一年之后中山大学院系再次调整，我们又被并入了中南财经学院（现在的中南财经政法大学）继续学习。1954 年，我从中南财经学院毕业，当年的毕业证书上盖的还是国务院教育部的四方大印。由于成绩比较优异，毕业后我就留在中南财经学院教授"外国法制史"，一教就四年。我记得罗伯森老师以及曾任佛山市中级人民法院院长的邓自强同志都曾听过我的"外国法制史"课，他们也称我为老师。后来邓自强院长领导的佛山法院系统对我系很支持，包括接纳你（指采访人）和邓伟平到佛山法院系统挂职锻炼，支持我系实习安排，都是有渊源的。大概在 1958 年，外国法制史课程被取消，组织上又让我去武大化学系学习化学。1963 年从武汉大学化学系毕业后，我先后在湖北大学、广州市第一机械学校、广州师范学院担任教师，主要教授的是化学。其实，我体会到，学法律与学化学，教外国法制史与教化学，其根本方法是相同的。

1979 年中大法律系筹备复办，1980 年开始招生，大半专业课老师还没有着落，急需外国法制史的专业教师。法律系复办工作负责人之一的马传方同志毕业于原中山大学法学院，是我的上下班同窗，对我比较了解。主要是他的力促，我才有机会加入中大法律系。当时很不容易，由于我在广州师院已经是教学骨干，教化学几年来也攒下了一些口碑。一开始该院是怎么也不肯放我走的，是老马拿省委领导批示"软硬兼施"，加上细致的工作，才有了松动。先是老马请组织出面让中大化学系的一个讲师到广州师院代我的课，我则到中大去给法律系 80 级上"外国法制史"课，两边都暂不涉及人事调动。但这边讲着课，组织调动也没闲着，大约是 1981 年我就正式调过来了。化学系的那位讲师代了一年多的课，却没给人家留下，所以广州师院还是做出了牺牲的。

二、我看备课和讲课

我接受任务几个月，就能上台给法律系学生讲"外国法制史"这门课，而且讲得还算可以，有些同志觉得惊奇。其实，这得益于备课。年轻时，我讲了四年的"外国法制史"，可以说每年都在备课。当时苏联法学家研究西方法制史比较深入，我就注意日积月累，不断完善讲课内容。虽然 1958 年后取消了外国法制史，我曾经的讲稿也大都不见了，但那些讲稿的骨架还深深印在我脑海里，再加上一些经典的教材和资料我都保留了下来，所以重新备课上手较快。我始终觉得，无论你多权威、多专业、多熟练，不认真备课就上讲台是不够负责任的。因为你自己拥有是一回事，你灌输给学生，给予启发，又是另一回事。

我讲课要求自己脱稿讲，这是给学生信心的问题。如果你自己都囫囵吞枣，讲个概念逐字逐句念讲稿，整堂课读讲稿，学生怎么信你服你呢？但脱稿讲容易信口开河，这就更考验备课功夫了，你还得安排恰当。由于条件简陋，为梳理安排上课内容，我经常备课至深夜。讲课要不怕累，声音要力求洪亮，用足中气，有激情，才能感染学生。因为当时平房课室比较大，设备简陋，也没有话筒，所以，我讲课就自觉提高嗓门。记得有一次我小孩他下课后路过我讲课的课室，听到我的声音传出课室外还久久回响，回家后他就调侃我是在教室里“轰炸弹”。哈哈！再有，板书很重要，一个合格的老师要恰如其分地安排好板书。安排板书很大程度上也是为了安排好学生听课的节奏，突出重点，生僻的概念及名词如人名、地名也要写出来。我看到现在学校的宣传材料强调多用、用好多媒体工具，我想道理是一样的。我还省下其他方面的一些花销，自费买了一些较贵的油性粉笔，为的是避免擦板书的粉尘干扰我及前排学生。但家里人那时不理解，怎么大学老师还要自己买粉笔上课呢？

三、我看行政领导工作

大约自 1984 年起，我接手江振良老师担任法制史教研室主任。大约在 1987 年间，端木老师要去广东省人大常委会工作，组织上在全系民意测验的基础上任命我做法律系系主任，接手端木老师的工作成为法律系第二任系主任；王仲兴、程信和、罗伯森做副主任，后来借调去新华社香港分社工作的陈少彬也做过一段时间的副主任。大约是 1993 年，法律系与政治学系、社会学系以及中山大学人口研究所一起组建成立中山大学法政学院，我担任第一任院长，王仲兴老师也是副院长之一。总体上我的体会是，做行政领导工作意味着你要付出更多的时间和精力为老师、教学科研管理服务，为对外交流服务。大小事务你都得管，谁来找你解决问题都要耐心听着，而你解决的问题可能总是很有限，你作出的牺牲可能是别人不理解的。我觉得，无论谁做领导，最重要的事情是怎么团结带领大家劲往一处使。因此你要做好各种协调工作，对老师、对下属、对学生要有宽容之心，要有包容精神。记得那时端木老师去省人大后常回系里来看看，我也常向他汇报工作。他的一句话我现在还记得，那句话是说："你做一个单位的领导，工作做得好不好，不用问别人。一进门后秩序井然，听不到吵架、告状，说明你的工作差不离了。"

刚才采访人问我还有什么话要对法学院后辈说。我想，对我们的老师和学生要多肯定，多鼓励。法学院今后要更加团结合作，共同奋斗，因为中山大学法学院是大家共同的事业！

林　华

——法科学生应当重视传统基础理论教育

受采访人： 林华老师
采 访 人： 曾东红
采访时间： 2018 年 11 月 15 日上午
采访方式： 直面访谈
采访地点： 广州市海珠区怡乐路某小区林华老师住处
整 理 人： 凌慧婷、徐明

受采访人简介

林华，男，1930 年 2 月出生，福建浦城人。1960 年本科毕业于北京政法学院。1960 年 8 月至 1963 年 7 月在北京政法学院法学基础理论专业研究学习并毕业。中山大学法律系教授，硕士研究生导师。主要从事法理学、宪法学等教学工作。1998 年退休。发表《略论人权与法权、主权》等论文 20 多篇，著有《新编中国法律基础》《法学基础理论辅导材料》《法理学教程》（合著）等。

采访人前絮

林华老师曾担任法律系 1981 级 1 班班主任，我曾在该班担任学习委员，有幸从大学一年级开始就更多地得到他的指引。师母顾正芳老师曾是某专科学校图书管理人员，与林老师从江苏镇江南下一起加入法律系，在系资料室工作。当我到他们家采访时，门口首先迎来的是顾老师。她虽然年迈体弱已久不出门，但仍把做家务当成锻炼身体，家里收拾得井井有条。这让我想起做学生时就经常看到她不停地收拾资料室，把法律系三楼几间拥挤的资料室整理得井然有序的情形，心里别有一番感慨。于是采访话题便先转向了法律系的资料室，老两口自此打开了话匣子，你一言我一语地聊了起来。显然，他们当时在法律系的工作是“你中有我，我中有你”，彼此对对方的工作都“了如指掌”。按照他们的说法，在中大，法律系作为一个新设（虽然说是“复办”，但基本上也就是从无到有）系，配备专门的资料室是很不容易的，是当时的马传方书记和端木正主任特别重视和坚持的结果。他们认为资料和人才（师资）是复办法律系最基本的两个要素。由于他们的重视，废弃在学校图书馆角落里的一些宝贵资料才得以抢救出来，如《中华民国条约集》等。从他们开始，历届系主任（院长）及主管领导都很重视资料室建设，资料室一次一次地扩充。现在的图书馆法学馆并非一天建成，它包含着全体资料室老师们的心血与辛劳。黄文俊、顾正芳、张平（李斐南老师丈夫）、张晶（经济法教研室罗辉汉教授夫人）、邱慧专、林玉云、唐乐其等老师都先后在资料室为不同时期法律系（法学院）老师及不同年级的同学服务过。

当我把话题转向林老师的教学科研时，他的表情开始严肃起来，说：“你是比较了解我的。在法学基础理论的教学上我的观点是比较传统的，我至今仍然认为，对低年级同学来说，重要的是打好马克思主义法学的基础，而不是刻意渲染花里胡哨的其他观点。”“重视打基础与启发学生的创造性学习思维并不矛盾，但有个时机的问题，低年级把学生思维搞乱了，后面就不好办了。如果说有什么经验教训与后来者交流的话，我的这点体会就算是吧。”

受采访人口述

一、北上求学北京政法学院

我小时候家住在县城，父亲是做小生意的，父母都属于城市贫民，经济条件并不宽裕。家里的子女也比较多，我有一个姐姐、两个弟弟和两个妹妹，祖母也和我们在一起生活。父母供我读书也是很不容易。中学是在福建的浦城县第一中学上的，我通过自身的努力考进了浦城一中。当然，浦城一中的教育质量、教学水平尚不如福州、厦门的高中，不过在闽北一带，能考进浦城一中仍是一件值得骄傲的事。不比闽南的福州，当时闽北可以说很少人能考上大学。

1956年，我顺利考上北京政法学院，就是现在的中国政法大学，本科专业就是法律。本科班级一共有16个，每个班近50人，总共加起来差不多七八百人的样子。平时上课都是在大教室里面上，一般是1班到4班一次课，5班到8班一次课，以此类推。1956年刚入学那会儿，主要由苏联专家讲授课程，但是之后他们由于中苏关系恶化就离开了，我们的课也都是中国老师上了。我记得钱端升教授教过宪法，陈光中（那时就已经是讲师）讲授刑事诉讼法。那会儿也没有统一的法学教材，有的课会发一些讲义，有的则没有，我们学生只能拼命记笔记。真的有点像现在说的“上课记笔记，下课对笔记，考前背笔记”，哈哈。因为我在高中18岁的时候就入党了，所以一进去就被指定当班长直到毕业。

1960年毕业以后，我就直接留校读研究生。那会儿读研究生不用考试，直接在本科16个班级里面挑选12个学生，也就是在七八百人里头选拔吧。选拔的条件从实际结果来看，似乎是学习成绩与综合素质并重。当时都是自己先填志愿，然后学校统一分配。因为按照学校要求，填志愿必须要把边疆填在第一个，然后才能填其他地方，所以我填的第一志愿就是在新疆搞教学科研。结果我被分配留在学校当研究生。我们那届留在学校读研的一共就12个人，我读的是法理学，当时叫法学基础理论。法理学里面就3个研究生，我、张增强和陈礼泽。所谓研究生，其实是没有怎么专门学习研究生课程的，我们就是跟着相关专业教研室的老师一起活动，相当于助教一样，教师要参加的活动我们都要参加。比如，讨论教材，研究专题以及辅导一些学生。我们也有挂名的导师和主任，每个礼拜都要和我们见面指导，列参考书目给我们看。说起来，北京政法学院与我们法律系有点缘分，我之前有个学生叫钟庆铭，他是1953年进入北京政法学院大专班学习（那时候北政只有大专，没有本科），大专毕业后跟随苏联专家做研究生，我们法律系复办后加入法律系讲授民事诉讼法。之后还有个学生叫鲁英，1964年进入北京政法学院，毕业后也辗转各种工作，最终参加了中大法律系复办，后主要讲授婚姻法。

二、南下辗转任职镇江检察院

1963年研究生毕业以后，我被司法部分配到上海的华东政法学院（今华东政法大学）做教员，那会儿华东政法学院也刚复办。江振良老师当时在华东政法学院法制史研究所，因为法理学和法制史是一个组，我们可以说是学习在一起，搞运动也在一起，“文革”也在一起。我们都是保守派。不过他1979年就到了中大，在中大历史系，比我早些。我爱人那时候在福建南平造纸厂，后利用镇江办纸厂需要技术人员的机会调去镇江工作，我随后也要求调到了镇江。

我去镇江之后，刚开始是说到市委宣传部，但是到了以后单位没有办法安排房子，镇江中学是有房子可以解决的。我就去了镇江中学工作，在镇江中学当指导员。说到指导员这个岗位，你们可能很好奇。其实是因为当时镇江中学的管理方式和现在的中学不一样，是准军事化管理，所以我们不仅有政治指导员，还有连长。我当时还兼任班主任，还要给他们上政治课或者作政治报告。所以，在法律系给你们当班主任之前我就做过班主任。在镇江中学待了一段时间之后，我就去了教育局教研室当教研员，管全市的政治课教学。然后我又到了检察院。因当时检察院复办需要人，他们通过法院一个认识我的人联系到了我，在了解我的专业及学术背景等情况后就把我调到了检察院做检察长秘书。在那里，那时候懂得法律上规范操作的几乎就我一个人，什么案件立案、批捕、起诉等法律文书都要由我起草或者细改，再交给检察长批准，一般的公安局和法院部门之间的联系都是我去办的。所以，后来评全市的先进工作者，检察院也就我一个。

我虽然在镇江检察院办了些案子，但是原来在学校学的法学理论不能充分运用，就考虑到还是当老师比较好。那会儿各个法律系的复办都需要老师，《光明日报》专门发表了一篇社论，阐述了中央有关尽快复办法律系的要求，呼吁过去学法律的适合当老师的人归队，要求各个地方都要支持，对相关人才、骨干教师都要放人。我就在几个地方——南京大学、厦门大学、中山大学里面考虑。南京大学法律系要我过去当老师，就来找检察长，检察长不让他们来见我。检察长向组织部部长讲这个事情，组织部部长就给我做思想工作，说："你不要去了，检察长很重视你，我们也很需要你，和你说穿了，检察长很快就要退休了，你要代替他的位置当检察长，就不要去当老师了。"我想着自己不适合当官，也很怕自己当不来，还是当老师比较适合。如果我没有读三年研究生的话，就可能会考虑留下来了。我也晓得组织部肯定不会放人，就把《光明日报》上的报道画出来给组织部看，耐心地做他们的工作。

在三所学校中，我最后还是决定到中山大学。与我同在北政法学基础理论研究生班学习的同学张增强当时已在广州，比我先到，在暨大教书（后成为暨南大学法学院教授），我们两人分析形势，都有同样的结论，那就是法制建设需动真格，看好法学教学研究的前景。另外，中山大学在广州，气候相对比较好。我那会儿有鼻窦炎容易感冒，广州的南方气候确实比较适宜，加上自己年龄也不等人了，那会儿都有 45 岁了，需要确定发展方向了。1979 年，我就写了封信到法学院，就一个要求，即我爱人一定要和我一起去，一起在中大工作。1980 年 1 月刚过完年，我就来了中山大学。

三、我讲授法理课并曾任辅导员及班主任

1980年年初我刚过来时，当时法律系也没有几个老师，中大法律系已经决定80级就开始招生、开课。而且那时低年级基础课程授课教师已经有安排，我便暂时被安排做专业课辅导员的工作。复办阶段大家的心是很淳朴的，也比较心齐，都希望努力做好自己那份工作，促使法律系早日步入轨道。没有人要求我一定要去听授课老师的课，但是我考虑到自己要辅导学生了解问题，就坚持去听他们必修的每一节课。当时80级女生住在“广寒宫”（中大女研究生宿舍），男生住在东区宿舍。每天晚上，我都要去学生宿舍走一圈，看看他们有什么不懂的问题需要辅导。基本上教学楼、宿舍楼两个地方来回跑。我那时候的身份是教员，那会儿大多数人没有职称，也没有助教一说，但是我干的也是和助教差不多的工作。

到了81级扩大了招生，领导决定让我当1班班主任，钟永年当2班班主任，整个年级的“法学基础理论”课就由吴世宦上。我实际上就成了81级1班50多名学生的班主任兼专业课辅导老师。因为你要做好班主任，就要主动关心学生的专业课学习，解答他们的问题。在生活管理方面，我做班主任有点像中学里一样，学生早上不能睡懒觉要做早操，做完操还要集中起来开班会、干部会、全体会等。做班主任，思想问题要注意，生活上也要关心同学。每个礼拜学生打扫卫生，我也会亲自去。除了指挥以外，也和大家一起干，还要收工具，检查打扫得是否干净之类的。有时候学生有感冒发烧之类的，要督促他们及时看医生，个别病得较严重的还要吩咐其他同学轮流关照。我也常常在家里把中药熬好送过去给有需要的同学，校医院当时是不负责给学生熬中药的。大学班主任的工作有时也要求很细致才有效果。比如，你要注意观察，往往女生的矛盾比较多，哪怕很小的矛盾，如果不及时介入处理，对这帮刚从中学上来的学生也影响较大，影响团结，进而影响学习。记得有个学生学习成绩也很不错，但是和同学关系比较紧张，不怎么和其他人来往。她对自己要求比较严格，要干净整洁，这是好的，但如果以自己的要求苛求别人，可能就会看别人不顺眼，看不惯。自己学习刻苦，功课得到专业课老师表扬，就有点居此自傲，看不上别人。再加上80级有个男生经常在宿舍走廊找她聊天，影响其他人正常作息，结果女同学对她怨声载道，关系就更紧张了。对于这件事，我不是简单地大张旗鼓地在全班公开场合批评训斥了事，而是针对该女生的特点想好工作方案。通过运用心理学的一些方法，加上对她做实实在在的思想工作，终于理顺了和同学之间的矛盾。我还记得有一次学院组织看内部电影《红与黑》（美国片），我也事先做了大量的思想工作。因为当时看外国原版电影的

机会并不多，该片暴露镜头多，担心同学们不理解外国生活方式会引起负面影响。事后有同学反映这个思想工作很及时。在现在的班主任们看来，也许我的方法有点“过时”，但我们就是这样干过来的。

从法律系82级开始，我正式上讲台讲“法学基础理论”（法理学）这门课，吴世宦讲一部分，我讲一部分，以后也慢慢两人分班来讲。对“法学基础理论”这门课的教学我有自己的看法，与吴世宦老师的观点不尽一致。比如，讲法的特征，大家都认为法具有阶级性，但对法的本质，吴世宦老师强调法的非阶级性，我强调法本质的阶级属性特别是统治地位阶级的属性。其实我并不否定法某些方面的非阶级属性，但我认为对于低年级本科生来说，应该强调正统（即主流）观点的教育，接触不同观点的事在高年级比较合适。因为接触不同观点需要辨别能力和批判能力，需要有参照物，同时认识事物都是由概念联系起来的。以主流观点教育低年级法科学生，就容易打下基础，为比较、鉴别其他理论观点包括西方观点提供基本的参照物。反过来，把少数人的观点灌输给刚从中学生上来的、低年级法科学生的头脑，就像一张白纸被染了杂色，容易“喧宾夺主”，有可能使学生盲目地以少数人的观点为基本参照物，批判并进而否定马克思主义法学的主流观点。当然，大家的初心都是为了高质量培养法学人才，为法制建设服务，这点肯定是一致的。

在中大法律系工作5年后，我评了副教授，后来再评了教授。90年代初期，黎学玲老师负责经济法硕士点工作，要我去招经济法研究生，说我的基础比较好，他们也需要导师，那个时候法理学还没有硕士点。带研究生的时候，我开了一门证券法课程，也算是赶鸭子上架。但我很认真，除了讲好课以外，还把证券法的讲稿、资料等弄好复印给学生。记得龚学泉就是我带的第一届研究生，大概带了有三届，都是经济法专业的研究生。1998年，我62岁的时候就退休了，退休以后做过一段时间的教务处督导员，之后又去新华学院当法律系系主任。

四、关于法律系复办的其他一些回忆

1980年法律系的复办是经过上面各个部门的批准定下来的。我们法律系复办的时候，其实有一个很好的条件，就是没有太多背景、文化水平等差异，大家都来自五湖四海，关系比较团结，没有什么矛盾或者纠纷。刚复办那会儿也没有教研组，像法理学就我和江振良，也建立不起来。以后宪法、法理合起来一个教研组，法制史后来也合进来了，民法、经济法一个教研组，刑法和刑诉也是合起来的，尔后才有教研室。刚进来也没有法理学的教研室，是以后才有的，李启欣老师和从天津调来的陈惠庆老师，以及后来的我和邓卫平老师等都担任过教研室主任。

当时任系主任的端木正老师对教师的要求也比较严格，要求教师以身作则，给学生做榜样，也要钻研业务，在业务上也要过硬。当时端木正老师也常要去参加一些会议，我们几个老师有时还给他写发言稿。工资也很低，不过比之前高，我原来单位是62块，到这里来是72块，也没有什么奖金，记得刚来那年只发了一次奖金，每个人给发了五块钱，还是拿卖废报纸的钱来发的奖金。端木正老师在国际法上是下了功夫的，研究得很深。很多老师，比如唐表明老师，就是他招过来的。还有系主任马传方书记，他在工作上很负责任，很正直，也兼管一些教学工作。

在法学院工作这么多年，有几件事是印象比较深刻的：一是之前我们重视教学与实践结合，较早办了律师事务所，成绩还是可以的，我也办了一些案子。不过那时候主要是为了教学实践，办案个人收入部分很少，主要为单位创收。做一个公司的法律顾问，一年也就三五百块钱，都交到事务所，我们每个人就拿50块。二是1985、1986年的时候，全社会都要进行普法教育，在这个很重要的普法运动中，我们法律系许多老师是做出了贡献的。那个时候，我感觉忙得不行，因为我每个星期都要和学校教务处的导学联系排课，还要联系各个学院的教务员安排上课时间以及联系不同的讲课老师。这个普法课（大概叫"法学概论"）作为两学分的公共选课，是全校覆盖的，每个系的学生都必须上。我们就选在最大的教室——梁銶琚堂上课。那次普法教育就连端木正老师也要讲课，还不止一次课。这个普法课就是概括地讲，讲讲宪法，讲讲刑法，讲讲民法、诉讼法，等等。需要到基层普法，我还有到广州许多单位及到普宁、揭阳、梅县等地讲普法课的经历。三是我们法学院有段时间办了香港的辅导班，为增强香港人对内地法制的认识，培养香港的人才，做了许多工作。我也多次去香港那边讲课，收到良好效果。

最后，我们老一辈教师都很高兴能够看到法学院发展得像现在这么好。我希望学院能够发展得又快又好，新生力量不断壮大。

黎学玲

——改革开放弄潮头　涉外仲裁展新章

受采访人： 黎学玲老师
采　访　人： 曾东红
采访时间： 2018 年 5 月 9 日
采访方式： 直面访谈
采访地点： 广州市天河区汇景新城黎学玲老师住处
整　理　人： 刘鸿仪、吕旦宁、钟玲惠

受采访人简介

黎学玲，男，1934 年 5 月生，湖南湘阴人。1950 年参加工作，1953 年 7 月加入中国共产党，1960 年毕业于中国人民大学法律系。曾执教于湖南医科大学和湖南大学。1981 年调入中山大学法律系，中山大学法律系教授。曾兼任中国国际经济贸易仲裁委员会仲裁员与该会专家咨询委员会委员，中国法学会经济法学研究会理事、广东省人民政府经济法规研究中心常务干事、广东省法学会常务理事、广东经济特区研究会理事、广州市人民政府决策咨询顾问团顾问、广州市人大常委会立法顾问等。在中山大学主要从事经济法、涉外经济法、特别经济区法的教学与研究。主要著述有《中国涉外经贸法》《特别经济区法》《涉外经济法教程》《国际贸易法大辞典》《市场经济运行的法律机制》等，合著有《中国现代经济法》《新编经济法学》《中国经济法律百科全书》《法学大辞典》等。先后有九项独立或合作的成果获得省部级以上奖项。自

1993 年起享受国务院颁发的政府特殊津贴。2012 年获“中国国际经济贸易仲裁委员会荣誉仲裁员”称号。2012 年 6 月获特区仲裁“拓荒牛”奖，2018 年 5 月获“特区国际仲裁 35 周年功勋人物”称号。

采访人前絮

我拜读过黎学玲老师的自传体大作《时代烙印》，被他深深折服。精确细致且图文并茂的殷实材料，鲜明的观点与感人肺腑的情怀，烂若披掌的把控与朴实无华的描述，等等，已经使读者对他所希望表达的“时代信息”一览无余而又回味无穷。这其中就包括了他调入中大法律系，为了法律系，为了学生，为了学科建设，为了改革开放的情和事。因此，当我采访他时，说实在的，一时也不知该问些什么，不知该写些什么。

黎老师 2001 年退休，他是我本科阶段的授课老师，是我在经济法教研室工作的老教研室主任之一。就请允许我借这个“近水楼台”之利，说说他让我感受深刻的四件事情：马列主义信仰，涉外商贸仲裁，他为人的重情重义以及他与老伴谭尧芝老师的互敬互爱。也许，这四件事情在一定程度上可以映射出他的家国情怀吧。

先讲政治情怀。我觉得黎学玲老师的信仰和政治情怀始终是马克思主义。记得 20 世纪 80 年代初期第一次听他讲课是讲“经济法概论”，教材采用的是他在中国人民大学学习时的老师关怀教授主编的《经济法》。与课本内容不同的是，黎老师用国家与法、经济基础与上层建筑关系等哲学原理分析经济法在新时期（当时的提法）的作用，十分透彻。这是我首次听一位大学老师用马克思主义哲学原理讲法律课。也是因为他课中的推荐，我用非常有限的生活费毫不犹豫地购买了中国人民大学李秀林教授等主编的哲学教材《辩证唯物主义和历史唯物主义》。研究生毕业后，我回到中大法律系经济法教研室工作。这使我有机会进一步领略到，马克思主义的基本立场、观点和方法，既是黎老师治学的根本，也是他一生的政治情怀。他中学阶段就入了党，虽然是中国人民大学法律科班出身，但始终对马列主义理论研究更为投入。他大学本科毕业后虽然从事了一段时间实际部门工作，但他那“更高一层”的兴趣促使他后来欣然、毅然地放弃从政，到湖南医学院从事马克思主义理论教学工作。进而在 20 世纪 60 年代末二进中国人民大学，在教师进修班专攻马列主义哲学经典著作。20 世纪 70 年代初期转调湖南大学马列主义教研室（参见黎学玲著《时代烙印》第四章）。这些，实际上都注定是一脉相承的。记得我第一次到黎老师家中（他在中大的最初住家，位于中大园西区的红砖旧楼房）拜访，是为了请他为我写硕士学位论文答辩推荐信，那时大约是1988年年初。当时印象最深的，是一张挂在狭小客厅的重要位置中的毛主席和国家其他领导人接见高中等学校思想政治理论课工作会议代表的合影（照片上面写着“1964.7.17，北京”），黎老师自豪地指出他是其中一个被接见并合影的代表。这次我带着学生到他家采访，时间已经过去整整30年，搬家不知多少次了，那张合影现在依然挂在他书房最显眼的位置上。《时代烙印》首先写给谁看？“我是一个在中国共产党长期培养下成长起来的知识分子，当然是想以此方式向党作一次系统汇报。”（见《时代烙印》自序）我真切感受到，这是黎老师初心的由衷坦露，发自肺腑的真情之言啊！

再讲改革开放情怀。我总觉得，黎老师能来中大法律系，从根本上讲是国家改革开放和法制建设的号角唤起了他重返法律领域迎接新挑战的意识。而亲身参与特区建设的伟大实践又促使他准确地将自己专业教学研究的主要方向定位于涉外经济法领域，辩证和联系的观点、方法让他确立了民商法与经济法一体研究的视野。这些，应该是毫无疑问的，在《时代烙印》及本次采访口述中都有充分的佐证。采访人需要补充的，恐怕是他因谦逊而没有过多提及的一系列震撼性成果。黎老师的许多贡献都是变革性的。比如，他对特区经济立法的研究，对推动经济特区的经济立法起到了非常重要的作用。他推动对深圳经济特区涉外仲裁制度（包括涉外仲裁规则）国际化、自治性的改革以及特区国际仲裁机构的创建，对后来深圳国际仲裁院的建立乃至全国涉外商事仲裁都产生了重要的影响，他是深圳国际仲裁院的创始人之一，对我国涉外经贸仲裁做出了开创性的贡献。他是最早在全国高校法学院系开设涉外经济法和经济特区法课程的人，所主持编写的《经济特区法教程》《涉外经济法教程》《国际贸易法大辞典》等在全国范围内都是独创的，并产生了广泛的重要影响。

黎老师重情义不仅体现在对亲戚朋友的情义上，更体现在对工作单位的情义，对同事、朋友、学生的情义上。小微之处露真情。比如，他在中大的住房，是80年代中后期法律系利用老师们在岭南律师事务所兼职的创收向学校换取了一批住房的“分配权”后，安排给他住的，后来因“房改”成为私产。他把这套住房看得很重，郑重其事地称它为“祖屋”，是他属于中大法律系（法学院）的历史见证，是永远不卖的。又比如，在采访中他多次对我表达了对学院的网页中没有设置包括他在内的退休老师的专栏页面的不理解。他动情地对我说：“你们应该为我们退休教师设个页面，这不是想让学院宣传我们，我们的地位早已经得到社会的认可。我们只是想让人们知道，我们为法学院工作过，虽然退休了，但仍有义务为法学院站站台，发挥一点余热。也让我们的学生知道，他们的老师还在，还在注视他们努力地工作。”我还想起一件令法学院许多老师感动的生活小事。黎老师退休后，凡是到他家拜访他的法学院教职员工，不管是在职还是退休的，不管是因公还是私事，他都一定要在小区会所的酒家里盛情款待。大家的感动倒不是宴席的丰盛，而是他发自内心的那句深情的话：“你（们）是娘家来的客人，都要吃顿饭，这是我湖南老家的规矩！”

黎老师在访谈中总是孜孜不倦地畅谈，旁边坐着专心倾听并不时对某个事件进行补充的是他的老伴谭尧芝老师。谭老师随黎老师调入中大之前，早在20世纪五六十年代就在湖南湘阴从事新闻与广播的编辑、记者工作，是个有丰富经验的优秀校编，是黎老师学术写作的得力助手。“我的每一本著作，每一篇文章，都离不开谭老师艰苦细致的校编工作。”因为谭老师晚年身体不太好，黎老师对老伴的呵护也极其用心。吃什么药，吃什么饭菜，配什么样的营养，黎老师全记在心上，一一向我们道来，俨然一名合格的护士。

长达2个多小时的访谈结束了，黎老师和谭老师坚持要送我们到小区大门口。跟我们道别后，他们又开始了老两口每天坚持的环绕小区散步。天空飘起了细雨，黎老师左手拉着谭老师的手，右手撑起一把超大的雨伞，俩人在蒙蒙雨雾中蹒跚而坚定地前行……望着他们的背影，我内心一阵怦动，仿佛冥冥中有一种安排，让我见到自己将来晚年要努力规循的示范，一种很多夫妻梦寐以求却又难以达到的境界。

受采访人口述

一、我的政法工作经历与马克思主义哲学教学研究

我是比较早从事政法方面的工作的。1950年，我是乡政府的公安员，1953年我就在湖南省公安厅。在湖南省公安厅的时候，我有两个身份：一个是文化辅导员，一个是理论辅导员。负责辅导中级组，中级组就是处以上干部。中级组学什么呢，学斯大林的《联共（布）党史简明教程》。后来我被调回到政治部，专门搞审查干部工作。我当时计划要高考，就是工作三年以同等学力参加高考。因为白天工作时间非常紧张，所以我就晚上学习。每天晚上到长沙市一中高中补习班去补习文化课。长沙市一中是长沙有名的学校，专门为我们准备高考的干部开办了补习班，每天晚上我就在这里补习高中文化课程，然后在1956年参加了高考。我高考成绩很好，在法律专业排名第二，考上了中国人民大学，入学后被指定为学习班长。

我于1960年从中国人民大学法律系毕业，毕业后被分配到武警部队干部

学校从事宣传工作。当时有七个人去，我被指定带队，其他六个人被分配当教员，而我被分到政治部搞宣传，待了差不多两年。当时干部学校是在武汉，我要求调回湖南，因为湘阴县是我的老伴所在的县，也是我的老家。我就被调回湖南省湘阴县公检法联合办公室当主任，但在那里的时间不长。我在政治部的时候主管宣传，在公检法联合办公室抓运动，抓中心，没有多少充实的事干。后来我想回到高等学校教书，不想从政。因为我想着，在人大学习的时候，我最感兴趣的还是研究马克思主义。我就向湖南省委宣传部写信，问他们能否根据我的情况把我调到高等学校去教书。我很快就得到回信了，他们就把我调到湖南医学院，讲授中国党史、哲学，后来又从湖南医学院调到湖南大学马列主义教研室。我这人就是这样，不愿意从政，就想教书，立志从教。1974 年，我在湖南大学教马列主义，开设专题研究和专题讲授，内容包括“五四”新文化运动、马克思主义在中国的传播等。我专门准备了讲稿，讲稿保存得很好，厚厚的一叠。在湖南医学院教书期间，我还到中国人民大学哲学系的进修研究班学习经典著作，在那里我比较系统地学习了哲学经典著作。从马克思的《神圣家族》到毛泽东的《关于正确处理人民内部矛盾的问题》，一共十二本哲学经典著作，我逐字逐句地读，很多段落还能背下来。从早到晚睡得很少，做了很多笔记。我的这些政法工作和马克思主义哲学教学研究经历让我后来搞法学教学研究受益匪浅。我后来在中大执教法学，在研究生课程里面贯彻哲学思想，教他们观察问题怎么运用马克思主义哲学，怎么样坚守唯物辩证法。

二、缘结中山大学法律系复办

在来中大之前，我在湖南大学教马列主义。1980 年，我在《光明日报》《法制日报》上看到中山大学法律系复办的消息。当时中央有关部门发布了一个文件：政法干部要归队，学过法律的要归队，有条件的高等学校要恢复法律系，文科学校如南京大学、复旦大学、厦门大学、中山大学、武汉大学等都要恢复法律系。看到这个消息，我非常振奋，很高兴，马上就跟一位老同学商量。当时那位老同学就跟我说：“老黎，到最高法院来吧，刑庭需要人。”然后南京大学的同学也跟我说：“老黎，你到我们南京大学这儿吧。”那时候南京大学、最高人民法院听说我要归队的消息，都来信了。我不想去北京，也不想去南京，因为到北京生活不习惯，到南京气候太热，要去就去广州中山大学。我的老伴对广州也很感兴趣，我就决定去中山大学。中山大学接到我的信后，很快就给我回信了，当时马传方书记前后给我回了七封信，问及我对工作的具体想法。我告诉了他我到这里来想教什么专业，经济法也行，法制史也行，国际法也行。我为什么还想到选教法制史呢，因为我的法制史成绩优秀，学得比较扎实，国家与法的历史（包括外国的、中国的）掌握得比较好。当时的考试不是如今这种考试方式，是抽题口试，抽到一个题目，你就当场组织当场回答。我抽到的题目是评《六法全书》，我评了一个多小时，最后给了我一个优秀。教国际法也行，因为我在人大法律系的后期，参与过编写国际法教材。但我首选的还是经济法，因为当时正值改革开放时期，经济建设是当时的重点，经济问题尤为突出，我觉得要研究问题的话，还是经济法的问题多。中大对我也很热情，来到中大后，我被定位到了经济法。我很满意，很高兴。

我 1981 年来到中大，当时中大法律系有分几个教研组，民法组的有梅卓荦老师、张洲江老师，经济法组的有罗辉汉和我。在 1981 年到 2001 年这 20 年间，我对民商法与经济法的研究是一体进行的，涉外经济法为重点。为什么我说涉外经济法是重点呢？我之前讲过，我在深圳筹建仲裁机构的时候进行过很多次调研，我就感觉到，广东地区的法学教育，应当将民商法和经济法作为重点，特别是涉外经济法。广东是改革开放的前沿地带，在知识产权、科学技术发展方面，广东也是走在前面。我觉得从长期来讲，我们中大法学院要办有华南特色的法学院。要有自己特色的话，还是应该考虑从对外经济贸易法律方面、知识产权法律方面着力去发展，在教研人员、资金各方面重点投入。如果还是一般地去研究民商法律问题、国际法律问题，也不是不可以，只不过不会成为我们的优势。而且我还感觉我们与武大相差不是太大，如果我们自己好好干的话，会干出成绩的。为此，我专门郑重向端木正老师做过口头汇报，但这个想法并没有引起他的足够重视。除此之外，我还有一个想法，我到教育部参加学科规划建设研讨会，然后也曾向领导们汇报，希望我们把法律系整合改为法学院。在中大法律系里，鼓励高校办法学院这个信息我是最早知道的，我向他们传达了，但遗憾的是也没有引起决策者的重视。这也许是仁者见仁、智者见智的事，但我讲这段历史是希望引起法学院后来人的重视，发展方向的问题一定要坚持大格局，要与时代要求、国家大势、地区实际紧密结合起来。

三、深圳经济特区的仲裁制度改革

我调入法学院初期，当时 80 级学生还没有开经济法的课程，经济法的课程排在后面，我暂时没有事干。后来有一个机遇来了，就是深圳办特区要加强法制建设，省委、省政府在中山大学、暨南大学这几所学校以及政府部门抽调了 20 多位干部、老师，由省政府法制办带队到深圳去参加特区立法工作。中山大学抽到了我。到深圳以后，分成几个小组，一个是企业立法小组，一个是知识产权立法小组，还有一个是特区仲裁机构调研小组。我被分在特区仲裁机构调研小组，被指定为组长。同组的一个是省高院的，一个是省司法厅的，一个是深圳中院的，一个是深圳司法局的，加上我一共五个人，共同负责调研与筹建深圳经济特区的仲裁机构。

1982 年，广东省第一次召开经济特区理论研讨会时，我代表法律组在大会发言，讲仲裁制度改革。1983 年深圳法学会成立时，他们邀请我在大会上做学术报告，我就讲仲裁改革在深圳的设想，一下子轰动了，从会场出去的时候十几个记者把我围住了，当天的香港电视台都有我的镜头。第二天，《文汇报》《星岛日报》《南方日报》都报道了这则消息。实际上，我对仲裁制度的改革特别是特区涉外仲裁制度的创建是花费了很大精力的，我做的一些工作圈内也是公认的。在提出仲裁制度的改革设想之前，我几乎可以说是废寝忘食地进行了大量的调研、咨询和文献资料的收集工作。北大的老师芮沐教授，就是我在调研咨询中认识的。调研中我还找了社科院，找了外经贸部，找了司法部，找了任建新同志，他当时在贸易仲裁委员会任法律部部长。我还找了国务院特区办，特区办张戈同志当时对我们的调查研究非常支持。后来我跟张戈也建立了很好的友谊。我还找了国务院经济法规研究中心的顾明同志。他们都对我非常热情，我当时交了很多朋友，为我后来的研究打下了很好的人脉基础。我在 1982 年里就几乎都在负责组织和亲身参与实施这项工作。在扎实的调查研究的基础上，我提出了深圳特区国际仲裁机构的筹建方案，在三个月的时间里搞出了四稿的仲裁规则。记得当时的研究有一个重大的发现，那就是中国国际经济贸易仲裁委员会的仲裁程序规则完全是照搬苏联的，一字不差，把苏联的仲裁程序规则拿出来与贸仲的规则一对比，完全一样。然后我又发现日本的跟美国的也完全一样。如果说我在仲裁方面做了什么贡献的话，那就是创建深圳国际仲裁机构，对仲裁制度进行了一系列的改革：第一，改革了仲裁体制，原来只有北京有一个贸易仲裁委员会，它不允许地方有，我在深圳搞了个国际仲裁机构。第二，我改革了仲裁员选择制度，那个时候是仲裁委员会委任制，委员很少。我主张设立仲裁员名册制，主张可以聘任港澳人士。第三，聘请外籍专家为仲裁员。我将原贸仲规则中“原则上公开审理”制度改革为原则上不公开审理，还改革了很多程序规则，主张提高办案效率。总的来讲，这个改革突出了一个自由选择性质，体现了意思自治的原则，因为仲裁的特点是民间性、自由性。为强化仲裁执行机制，我当时还提出了要参加《纽约公约》，并整理了一篇文章，发表在当时的《港澳经济》上，广东省政府有关部门看到这篇文章后觉得非常宝贵。

除了参与仲裁制度改革以外，我还参与了中外合作经营企业法好几稿草案的研究和讨论。广东省为合作企业法的制定举行了几次大型研讨会，我都是做主题发言，而且省政府的一些领导在他们总结发言里面都有提到我的发言，都对我的发言进行了肯定。因为我当时研究得比较细，做了很多调查研究。上海法学组派了一个专家组过来，我把一大堆有关合资合作的资料都给了他们，他们高兴得不得了，非常感激我。后来他们写了一个调查报告，专门提到了我对他们的理解和支持。当时他们也找我座谈，我头一句话就是，外商投资里面有很多新的法律问题要研究。我跟外经贸部门交往密切，跟经济学界的专家也是很好的朋友。可以说，我的研究的特点很大程度上是跟经济学家结盟、跟实际部门结盟的，不是关门的、纯书生气的。

四、亲身参与改革开放实践造就了我的经济法和涉外经济法教学研究

这段经历成为我研究经济法及涉外经济法的一个切入点，也为我研究涉外经济仲裁问题提供了很好的平台。我后来的教学研究以涉外经济贸易法律制度为重点，就是从那时候缘发的。关于本科和研究生的经济法、涉外经济法的教学理念和教学方法，在我写的《时代烙印》里有详细的阐述。总的来讲，就是一个“固守”，一个“原则”，一个“一体”。我调入中大法律系后，就始终把教学与研究、教书育人摆在首位，固守这个基本点从未动摇过。在教学中我始终坚持理论联系实际原则。理论上，无论是对经济法、涉外经济法、特区经济法还是涉外仲裁，我都做过系统的理论研究，并且取得很多论文成果。我从参与改革开放的立法、调研、仲裁实践中所吸取的灵感和营养，全都用在了教学上。甚至对本科生、研究生的毕业论文指导，我也要求他们实实在在地贯彻理论与实际相结合。我的教学其实就是在坚持理论与实际相结合基础上的启发式教学，而不是灌输式教学。在教学与研究的视野上，我历来主张民商法、经济法一体研究，两个学科的内容体系相互衬托和渗透，为实践服务，为改革开放服务。

1988 年，我牵头与教研室同事程信和、罗辉汉、李宣汉老师一起（后来有罗伯森老师），设立了经济法专业硕士研究生学位授予点，这是本校第三个经国家教委批准的法学硕士点。最初设涉外经济法和比较经济法两个方向，后来随着指导老师的增加尤其是考生的增加，逐步增设了经济仲裁和经济诉讼方向。1988 年 2 月起，根据法律系同事们推荐和系里决定，对各教研室进行了调整，我出任经济法教研室主任，一直到 2001 年退休。

1991 年，经过前期充实的教学科研成果积淀，我带领经济法教研室同事们把中山大学经济法创建成为重点学科。

我先后给本系本科生（从 80 级开始至 89 级）、本系和经济系干部专修

科、经济法专业硕士生（88 级至 97 级）、法律硕士班（98 级至 00 级）及中山大学夜大学（与广州市中级人民法院合办）法学专业等讲授过“经济法”“涉外经济法”“经济特区法”“劳动法”“台湾经济法规”等课程。从本科 80 级开始到 96 级，我指导的学生有 100 多人，毕业论文达 100 多篇；从 1988 年开始招收经济法专业硕士生到 2000 年，我直接指导的涉外经济法方向硕士生有 51 人。

鲁　英

——执着于妇女权益保护与立法推动

受采访人：鲁英老师
采 访 人：曾东红
采访时间：2018 年 11 月 8 日
采访方式：直面访谈
采访地点：中山大学蒲园区鲁英老师住处
整 理 人：邹淑雯

受采访人简介

鲁英（又名鲁英巧），女，1945 年出生，上海人。1968 年本科毕业于北京政法学院法学专业，中山大学法学院副教授。曾任中山大学妇女与性别研究中心首任主任。主要研究领域为婚姻家庭法、社会性别与法律、妇女权益保障法、劳动法等。在中山大学主讲“婚姻法”“律师与公证制度”“社会政策与法规”“社会性别与法律”“婚姻家庭继承法案例教学”“妇女·性别·家庭文化与立法研究”等课程。曾先后兼任中国法学会婚姻法学研究会常务理事，中国法学会比较法学研究会理事，中国妇女研究会理事，中国劳动法学研究会理事，广东省法学会婚姻法学研究会副总干事、顾问，广东妇女研究会常务理事；广州、惠州、肇庆等地仲裁委员会仲裁员。2005 年退休。现任职广东公尚律师事务所高级（二级）律师，兼任中国法学会婚姻家庭法学研究会理事。主编、合著或参编了《妇女打工者权益保护》《家庭伦理》《婚姻法修正案释义与实证研究》《广东妇女社会地位调查》《广东妇女地位概况》《妇女法律地位与社会认同》《外国婚姻家庭法汇编》《外嫁女个案纪实》等著作多部。发表《对完善我国婚姻法中离婚问题立法之探讨》《浅论中国内地与澳门边际离婚诉讼法律适用及离婚判决的确认》《户籍制度与外来打工妹权益保护》《劳动争议中女工权益保护的调查与对策研究》《法律执行与女工健康权益保护》等论文 10 多篇。

采访人前絮

在中山大学法律系（法学院）1979 年复办后，鲁英老师是最早主讲婚姻法课程的教师。也许这门课不是我擅长和十分感兴趣的课程，所以本科阶段在课程方面我对鲁英老师并没有太多的记忆，只记得她讲课热情如火，充满激情，讲课内容生动。我研究生毕业后回到母校工作，与鲁英老师接触多了，了解才慢慢多了起来。鲁英老师是个耿直、执着又随性的人。耿直是鲁老师性格的真实写映。用眼下的时髦语言来说，她就是“眼睛容不下一纳米的沙子”。尽管她内心和善柔软，但只要认为是原则问题，她批评起人来就不讲情面，不讲究转弯抹角，不讲究委婉，甚至可能不太讲究场合，“直抒胸臆”就是她的基本风格，更不可能有任何阿谀奉承。她在本职工作中对领导、同事，在兼职律师工作中对法官、检察官都一个样。唯有对学生例外，总是和颜悦色，说不尽的商量、商讨，甚至有些“纵容”。她总是给犯错误的学生鼓舞和纠正错误的机会，生活方面总想着关心学生，经常像大姐那样关心他们。难怪我采访法律系复办第一届——80 级的学长、学姐时，他们谈论鲁老师是如此敬重，如此亲和！鲁老师的耿直也不是光对别人，也一样针对自己。比如，采访中她也毫不掩饰地给我讲了教学生涯初期的一些不足，比如，“有时候脾气太坏……”她喜欢实事求是地讲述自己的优点和缺点，从不故弄玄虚。

鲁老师既是女性独立的一种典范，也是维护妇女权益的斗士。鲁老师家里摆满了与家庭成员的各种影照，谈吐间幸福溢于言表。但一谈到妇女问题，她就马上会严肃起来。她说她其实并不是生性喜欢做妇女工作，但工作一生与维护妇女权益有关。大学毕业后除了短暂的部队锻炼以外，其余时间不论干什么工作，她都会自觉不自觉地与妇女地位、妇女权益联结起来。她说道，早年在政府部门工作时就主编了一本《马恩列斯毛论妇女工作》的小册子，1987 年还与哲学系章海山教授等合著了一本《家庭伦理》。虽算不上是现在评职称用的“高大上”成果，但在当时对指导妇女工作有着实实在在的影响和作用。为了备好本科婚姻法课程，她曾先后到哲学系、社会学系、人类学系听课、学习，还到法院搞教学调研，并借此与全国婚姻法学界同仁建立了广泛良好的联系。80 年代初曾有一段时间投身兼职律师事务，她与张克敌、邓永碧、文兵被业界称为广州四大女律师，曾先后承办过不少很有影响的案件。她本可以全方位发展律师业务，但之后多年却主要以婚姻家庭案件，以及外来女工与农村妇女法律帮助及法律援助案件为主，多是吃力不讨好的既烦琐又复杂的案件。那些年，经常见到她接受电视台和媒体采访，以案说法，不遗余力地宣传推广妇女权益保护。2001 年，她毅然与夏季梅、周光复、艾晓明等教授共同发起成立了中山大学妇女与性别研究中心，为妇女问题的立法、法制宣传、教学与研究，为推动性别平等与立法，搭建了一个在高校与社会中有一定影响的平台。她是随性的人，但她的学术观点是理性而严谨的。例如，2006 年 8 月她在《羊城晚报》上发表鲜明观点，与中国社科院某著名学者就“聚众淫乱罪已经过时、卖淫应该非罪化、一夫一妻过于单调”等观点展开讨论，就该种观点社会传播的危害性，从法律视角进行了一针见血、逻辑严谨、严肃的批评，深受学界赞赏。退休以后，她仍毫无倦意，不追求享乐与安逸，念念不忘继续为社会做些公益工作。不少人难以理解她对事业的执着，对此，她对我说：“不为了什么，我那代人就是想为社会做些工作。”

受采访人口述

一、在新中国受到良好教育，毕业后经受丰富实践的历练

1945 年我出生在上海。父亲去世时，我才两岁。我有两个姐姐，二姐 9 岁、大姐 14 岁就去了纱厂当童工。我母亲白天在工厂打工，晚上靠洗衣补贴家用，家庭贫困。我能从小学读到大学，能受到良好的教育，得益于新中国的社会主义制度。感谢我的母亲，是她含辛茹苦让一个女孩子从小接受良好的校园教育和家庭教育。我很幸运能上五爱小学（后改为肇周路小学），尔后到淮海中路的比乐中学。我都是在上海最优秀的学校读的书，非常完整正规地接受了 17 年优良的基础教育。在读小学时，我的理想就是长大后做一名记者，或做一名人民警察，为人民服务，为社会服务。1964 年，我如愿考取了北京政法学院法学专业。

北京政法学院是当时全国唯一的政法院校，首任校长是钱端升。我读书时的校长是刘镜西，副校长是鲁直，教务长是雷洁琼。教师大多是从燕京大学、朝阳大学等院校调进的，还有部分留苏回国学者如江平等教授。那时学院的师

资强，学风也很好。这种环境下的教育使我终身受益，我对在政法学院受到的教育感受非常深刻，现在回想起来还感到很自豪。

就专业学习来讲，那时的大学虽然学科也较齐全，但没有今天这么多通过正式立法程序的成文法律作为学习靶标，20 世纪五六十年代成文法只有1950 年的《婚姻法》和 1954 年《宪法》两部法律。我对宪法课印象很深，老师对比西方国家的三权分立，讲授我国宪法体制，强调以领袖、政党、国家、群众为该体系四要素，体现社会主义制度的优越性。老师授课过程中引证过不少经典著作，如《资本论》《反杜林论》《哥达纲领批判》等。那时在大学中学习与生活，无忧无虑，能感受到人与人之间的平等、友爱与幸福。接受的教育信念是“我为人人，人人为我”。其间曾有一小段时间闹“串联”停课，只能将社会“实习”当作课堂。我那段时间经常躲到图书馆，看了不少书。后半段有幸到重庆市公安局“待”了几个月，跟着干警上山寻找犯罪嫌疑人犯罪证据，到山上刨坟验尸，观看公安局法医解剖尸体全过程，直至返校学习，至今难忘。1968 年 9 月从北京政法学院毕业后，我先后到过部队，去过工厂，再到惠阳地委、广东省委工作，后来去了广州市公安局，再到咱们中大。

1966 年到 1970 年的大学毕业生，人称“老五届”，几乎所有毕业生要么去部队，要么去农村或工厂劳动锻炼。1968 年我被分配到 6855 部队女三连。一个女大学生到部队，经常早起晚睡，干起活来，与男兵没有什么两样：能挑起 100 来斤装满泥土的竹筐去修堤，也能跳到粪坑中淘粪，可以在齐腿深的水稻田中插秧，下雨天也可以爬到房顶修补雨漏。因为肯吃苦耐劳，表现好，我在连队先后当过班长、副排长、连队团总支书记、连队文工团团长。1969 年11 月 23 日我被批准加入中国共产党，在党的旗帜下宣誓。其实那个时候，我们女三连的每一个大学生都是一名战士，都一样不怕苦、不怕累。我们互相学习，互相友爱，互相帮助。回忆起当时的一个个画面，我至今仍觉得那时的年轻人很单纯，很真诚，很幸福。

1970 年从部队转业后，我去了广东惠阳地区机械厂锻炼，当了半年车工。后被分配到惠阳地委政工组组织办，负责地委的市县青年、妇女工作。1973年年初，我被调到广东省委组织部群工办，参与广东省工会、青年团的成立（复办）工作，之后广东省妇联成立，我被留在妇联宣传部。回想在地委、省委工作，前后有 7 年，那时的机关干部主要是下乡做农村工作，与现在的乡镇干部不同，真正做到了干部是人民的仆人。我曾与原惠阳地委专员谭桂明及部队派出的一位指导员共三个人组成党支部，带领一批老干部下到和平县最基层的乡、生产大队、生产队“三同”，访贫问苦达半年。1975 年我参加广东省基本路线教育工作队，任队部资料员一年。回广州后，我就以法律专业对口为理由，申请调出省委到广州市公安局工作。虽然组织部不同意，人事任免处陈开达处长找我做思想工作，从梅花村走到东山电影院。也许年轻时就是倔，我坚持了自己的主见。1975 年年底，我终于如愿调到广州市公安局办公室研究科，参与编写《简报》（负责青少年、妇女栏），管理文件以及负责女性违法犯罪、女强劳思想教育等研究课题。我是非常喜欢在公安局工作的那段时间。有时喜欢什么是解释不清楚的，只有自己知道，也许是学法律的不忘初心吧。

二、见证法律系（法学院）复办40周年

1979 年 7 月中山大学法律系复办，我于 1979 年 10 月从广州市公安局函调到中大法律系任教，是第一个调到中大法律系的教员。中大收到教育部批文决定复办法律系，1980 年要开始招生，一边招生一边建设教学队伍。复办法律系有很多工作要做，筹办的最早期，系主任端木正教授还未到任。法律系筹办工作小组，最初只有几个人，法律系新任党总支书记马传方负责全面工作，还有办公室行政人员胡斌，端木正老师、江振良老师稍后也到位了，但印象中他们比较少参加我们的筹办小组会议。那时法律系还没有办公室，法律系红楼还未能腾挪交付使用。马书记只能在家办公，我是在人事处人事科临时加了一张桌子办公，协助马书记人事调动和学生招生这一块，需要商量工作时，我们就到中大标志性建筑大钟楼顶层阁楼开会。报到后，我所有工作证件、图书证等在法律系的编号都是 NO. 1（第 1 号）。我也是第一批以法学教师身份参加兼职律师的。1980 年广东省律师协会成立，我的律师证编号是全省 NO. 6（粤司审字〔1980〕第 6 号）。那些年，心里有种“开辟新天地”的使命感。

法律系复办是在广东奋发改革开放的时期，一个朝气蓬勃充满阳光的时代。中山大学及老中山大学法律系也不是浪得虚名，故复办中大法律系事件在当时也颇有反响。国内外一些学者、教授曾纷纷表示有兴趣到法律系来任教或者表达关注。记得当时我曾陪中国社科院《法学译丛》主编潘汉典先生参观建设中的法律系。潘先生懂 12 国语言，曾担任过董必武的秘书。没想到他人没来成，我和他以及通过他认识的原清华大学郭道辉教授倒成了忘年之交，我深受他们教诲。潘先生后任北京政法学院比较法学研究所所长。北京还有一个陈盛清教授，他是法制史权威之一。当时，陈盛清教授本已函调中大法律系，也已办好所有调动手续，马书记也安排我们第二天去火车站接他和他的家属。但在前一天晚上通知我，不用去接了，他不来了，他去了安徽大学。著名法学家王珉灿原是司法部教育司副司长，我也缘于复办法律系和他有过一段很好的

交往，他也曾很热心地为法律系介绍一些教师。早期访问过法律系的还有香港地区大律师张耀棣、日本的丹生孝义教授等。有人来访的话一般就是马传方或端木正老师带着我去接洽。

在复办阶段，我主要是兼管人事，我记得最早到法律系的老师有李斐南、李宣汉、钟永年、陈登贤等，还有林华、顾振芳等老师，大家互相之间关系很好。林华老师是我母校的师兄，北京政法学院的研究生班毕业，他们是自己从报纸上了解到有关信息把联系函投递到法律系的。也有一些是经我具体办理组织手续调进法律系的。如钟庆铭老师是马传方书记推荐的，也是北京政法学院毕业的。马书记当时对我讲，要是你觉得不错，就把档案留下。法律系早期进来的还有吴世宦、黎学玲、罗辉汉、张晶、张洲江、刘伟南等老师，我虽然只是负责人事方面的具体工作，但应该说还是努力为复办做了一些事情的，大幅度加班加点是常有的事，毫无怨言。

开始一两年招生也是我一个人去。我们当时在大钟楼阁楼开招生会议，1980 年正式招生的时候学校才把社会学系等办公的楼（法学院现在的南校园红楼）腾出部分给我们。我们 80、81 级的本科学生，他们自己调侃称为“黄埔一期”“黄埔二期”的学生，都是我一个个招来的。我还记得当时招录 81 级最后一名学生时，有一男一女考生高考分数一样，我就录取了体育得分更优异的一个女生，算是我用一次实际行动体现对“妇女”的尊重吧，哈哈。当时招生绝对公平，每个人我都详细看过他们的档案。

三、无论教学科研，心往婚姻法，心系妇女权益和地位

我刚调进来的时候，马书记首先让我选准备讲授的课程，我选了“婚姻法”。我喜欢这门课，因为我有法学专业知识，更有长期基层工作的经验，可以讲好。1980 年上半年，我为提升自己业务水平，积极到中大的社会学系等院系去听课，包括古代婚姻史、心理学等课程。记得完成 80 级招生任务后，1980 年下半年我又回到北京政法学院法律系研究生班攻读，当时并没有拿毕业证和学位的想法，目的只是进修。北京政法学院法律系里所有有名的老师都给我上过课。民法课是佟柔教的，我把民法学笔记（包括案例）带回来给中大法律系老师分享，印象非常深。比如，教民法课的张洲江、梅卓荦，他们当时上课用的例子很多都是我的进修笔记里的案例，也是边干边学。我的进修倒不是组织刻意派我去的，是我自己主动提出进修申请并联系母校，但肯定是经过中大组织批准的。

进修后回到中大，我自己选的还是讲授婚姻法课。因为我觉得婚姻法没有什么直接政治因素，更重要的是，在我们国家维护妇女权益任重道远。这既是

我以前实际工作的所感所悟，也是我学习研究的使命所在。所以，进修时我就主修婚姻法，导师是吴长生。

我对教学和科研的兴趣与追求是始终如一的，也可以说是执着的。举个例子，里面有一段历史是这样的，1981 年，学校曾让我当法律系总支副书记，已经经过校党委讨论。但我本来就是政府部门出来的，以前在公安局也是直接协助领导工作的，搞行政不是我的兴趣，我首先考虑的是怎么样先把业务搞好，所以我就谢绝了组织上任命我为副书记的提议。

除了 80 级的课外，我还教过 81 级、82 级的“婚姻法”全部或者部分课程。后来因各种原因就没有给我安排法律系本科的课，但我在珠海校区和大学城校区还有课上，上“婚姻法”和“律师与公证”课。1984 年，法律系为了教学实践需要成立了岭南律师事务所，我当了兼职律师。当时推选副教授名额，我是全票通过的，但我一直到 1994 年才被评为二级律师，以副教授名额评的二级律师。我虽然在事务所当过兼职律师，但实际上我根本没有脱离过法律系，我一直是法律系的人，编制也是法律系编制，其间也陆陆续续上一些全校公选课。岭南律师事务所转制后，学院 2001 年重新安排我上法律系的“婚姻法”课程。2001 年 3 月学校安排我到一个学术机构——妇女与性别研究中心工作，并任命我担任该中心主任。全国各地有 300 多个教授与该中心有密切联系。社会学系、法律系都有老师在这个中心，也有很多老师参加了中心的活动。我虽然是法律系的老师，但是我有一段时间基本上都是在系外上课。不过我在 2005 年正式退休之前还在大学城校区给本科生上过几年课。

我作为最早来到法律系参加复办的人之一，衷心希望法律系好。我心里始终装有两点做人的信念：第一，我是一名法律人，要干与法律人相称的事；第二，即便社会丑陋现象比比皆是，我也要做对得起自己良心的事，要有自己的事业追求，这是我受的教育。我主持的妇女与性别研究中心做到了在国际上有一定知名度。我在妇女与性别研究中心帮助了很多人。我参加广东省人大立法工作会，在妇女立法方面做出了应有贡献。媒体对我的采访率也很高，中心的中外影响力都还比较大。我对婚姻法、劳动法、律师公证领域都有一些研究成果，包括香港的第一批律师的辅导课是我去教的婚姻法、经济法。我在管理运营该中心过程中给不少老师提供了对外交流的机会，也提供了一些研究资源。我现在还在策划创设一个婚姻家事中心，整合全国的相关学科资源，也包括台湾地区的、外国的，可以集中各种专业人士。

如果说我在法律系有遗憾的话，那就是复办初期的法律系对婚姻法领域的教学研究在全国是颇有影响力的，我们法律系本来是有资源、有能力可以把婚姻法做到全国最好行列的，但我很遗憾因种种原因没有把法律系的婚姻法带起来。我曾反思我自己做得不够的地方，同时也反思法律系曾经存在的种种不足，我在这里也借这个机会提出来，供法学院后辈参考：一是对老师的评价机制是否应当更加民主、全面，应该给老师自我完善的机会；二是应该给教师必要的较大的自我发挥空间；三是学院的课程设置和排课固然要尊重教研室机制的作用，但给教师开课排课的权力应该由全系（全院）统一协调，这样才有利于全院竞争机制的形成。

四、与原法律系同事的交集

在法律系复办早期，我们同事、同仁之间关系是非常团结、非常融洽的。

我认为马传方是一名优秀的共产党员、党务工作者，他对工作认真负责，对人事工作呕心沥血，尽管我和他在教师引进理念和工作方式上曾有分歧。他和端木正老师、江振良老师等对法律系的创办都有很大贡献。江振良老师主要是课程设置和教学管理。他们对法律系的发展、学科的建立、教学方面都付出了心血、做出了贡献。开始创办期间，我常跟着他一起工作，目睹他做事都是亲力亲为。比如说法律系南校那栋办公楼以前是个女生宿舍，为把它变为法律系办公楼，他做了很多细致的工作。马书记也很关心同事、下属，他家煲汤时常会送给我一份。

端木正老师是法律系的创办人之一，在人事方面也做了很多指导工作甚至直接过问，比如陈致中老师的调动问题就是在他直接过问下促成的。他们为法律系在全国的发展、声誉的提升等方面，做出了很大贡献。我觉得法律系现有的体系、格局，与端木正教授和他卓越的对外交流工作是密不可分的，与前期参与法律系复办的一大批老师的艰苦创业以及专业建树是密不可分的。端木正老师对我也很关心，他有更长远的眼光。当年我在北政进修，他让我读完研究生全部课程拿了毕业证再回来。我当时并未完全理解他的苦心，一心想快点让工作上轨道，加上马传方书记叫我回来上课，所以没有念完研究生班全部课程我就回来上课了。回来上课之后发生的一系列事才使我回味过来，还是端木老师有远见，不过这都是后话了。

我们法律系很幸运进来了一批当时最好的老师，第一批如端木正、张仲绛、唐表明、温光均等。在这之后比较优秀的老师就是黎学玲、李斐南、陈致中、吴世宦、林华，等等。

对于法学院来说，有个好的氛围是很重要的。一个院系的好坏关键在于能否有一批优秀的教师人才，一个好的教学团队一定要有有影响力的、优秀的教授。现在我觉得黄瑶老师他们还蛮适合的。我们各个学科都是较完善的了，并且还在完善的过程中，近年在国际法方面的研究是很突出的，但其他学科应迎头赶上、齐头并进。希望以后不断有更加优秀的后来人加入，我希望法学院能够更加好。

王仲兴

——原本一介教书匠

受采访人：王仲兴老师
采 访 人：曾东红
采访时间：2018 年 6 月 21 日下午
采访方式：直面访谈
采访地点：中山大学南校园中山大学法学院院楼
整 理 人：郑恺歆

受采访人简介

王仲兴，男，安徽凤阳人，1945 年 6 月出生于云南下关。1969 年本科毕业于中国人民大学法律系，1982 年中国人民大学法律系刑法学专业硕士研究生毕业后进入中山大学法律系任教，历任讲师、副教授、教授，2009 年退休。曾任中山大学法律系副主任、主任、法政学院副院长，以及全国法学教育指导委员会委员等职。主要研究方向为刑法学、犯罪学等。在中山大学任教 27 年，先后为本科生、研究生及大专生讲授过“刑法学”“刑法原理”“罪刑各论”“刑事法专题”“刑法前沿问题”“经济刑法”“澳门刑法”等多门课程。先后独著、主编、参与撰写并出版《市场经济下的犯罪形态》《刑法学》《内地与香港刑事司法合作研究》《内地与港澳法律体系的冲突和协调》等著作 10 多部，发表《论转化犯》《论罪名的法定化》《数罪并罚若干问题初探》《犯罪方法基本理论纲要》《反思与重构：犯罪客体新论》等论文 70 多篇。

采访人前絮

王仲兴老师是法律系复办后的第三任系主任。仔细算起来，他在系副主任、系主任岗位（其间曾兼任法政学院副院长）上工作了16个年头，是法律系在行政领导岗位兼职时间最长的一位教授。在高校，诸如法学院系的院长、系主任（无论是正职还是副职）这样的岗位兼职，到底有多累、多耗精力，我想稍有法学院系工作体验的人都会有所感触。当我采访王仲兴老师时，好奇心驱使我问的第一个问题就是这个长期担任系正、副主任的经历。王老师没有直接回答这个问题，反而对我说："最难写的是身边事和现代史。你肯接手啃硬骨头，很有胆气，佩服。我本来不想也无力接受采访，但你那么有诚意，三番五次说服动员我，让我感动，应该支持你。"然后淡然一笑，回答了我的问题："16年的兼职经历与其他所有经历一样，都是一种缘分，是充满机缘巧合的命运的一部分。对我来讲，只是顺其自然而已。在这个过程中肯定存在不少缺点，留下不少遗憾，但只要尽心尽力发展法律系的事业，为师生们服务，就可以问心无愧。"在我的心目中，这位豁达、睿智、无私无畏、行政经验丰富的系主任的品格和魅力，也许就是他在任期间收拢法律系凝聚力、广罗各类人才的重要因素所在。他带领同事们为其后法律系及法学院的进一步飞跃发展奠定了十分重要的基础。在他的治系理念中，非常重视学科建设、教学、科研及其他工作的全面协调发展，也很看重课堂教学。他身体力行，不管多忙多累，也要坚持讲好每一堂刑法课。当年他以清晰明了的讲课逻辑，设计独特、丰富生动的讲课内容，幽默的讲述风格，加上浑厚、充满磁性的男中音，迷倒法律系一届又一届学生。而当我就此请教"秘籍"时，王老师一笑了之："哪有什么秘籍。犯罪与刑罚是一种经常发生的社会现象，刑法课内容接地气，学生爱听，也容易讲得生动，哪一位老师都会讲得好。我顶多就是阅历丰富一些，对关键的节点问题多琢磨一些罢了。"当谈到他与端木正老师、马传方书记等前辈老师时，王老师讲得很干脆："没有端木正、马传方等这些创办者和力行者，就没有法律系的今天，这就足够了 。要牢牢记住，40年来，法学院的每一位老师和每一个学生，不管地位和作用有什么区别，都为法学院尽了力，都对法学院的复办和发展做出了贡献。你既然写口述历史，就不能忽略他们每一个人。"当我坚持要求他谈谈自己时，他面色凝重起来，说："如果一定要说说我自己的话，我想我作为一介书生，一介教书匠，应自重其中，奋勉其中，怡悦其中，恬淡其中，我做了一些应该做的事，心安理得！"

受采访人口述

一、往来南北，缘定中大

我父亲是安徽凤阳人，母亲是云南昆明人。我1945年6月出生在云南下关。抗日战争结束不久，襁褓中的我就随着父亲往来南北，先后居住在昆明、上海、南京、天水、西安。在北京、天津、武汉上小学，在武汉读完中学。1964年，考入中国人民大学法律系。1970年，分配到海南岛，在当时的儋县（现在的儋州市）革委会保卫组工作。1972年，儋县人民法院恢复，我即调入工作。1979年，重返母校攻读刑法学专业硕士研究生。二进中国人民大学，我对母校和老师的恩泽、同学的情谊，刻骨铭心，感慨万千。读研期间，我有幸聆听老一辈大家如王作富、高铭暄、孙国华、张晋藩、张希坡、陈士正、吕世伦、谷春德等老师的授课，耳提面命，受益匪浅。特别要说到我的导师王作富老师。他与人为善，宽人严己，淡泊明志，无欲有容，敬业重教，勤勉严谨，见微知著，春风化雨，润物无声的品格和风范，深刻地影响着我的后半生。当时刑法学专业只有我一个研究生，好几门课是一对一地在老师家里讲授的，而且还与刑法教研室一起开会学习。慈母般的鲁风主任、本科时的辅导员阴家宝老师、耿直的陈德洪老师以及后来担任校党委副书记的力康泰老师，还有曾宪义老师、曹重三老师、佟柔老师等也都给了我巨大帮助，给我留下了难忘的记忆。1982年春，我托人联系了端木正老师，询问到中山大学工作的事情，得到了“非常欢迎”的答复。最早见到的是鲁英老师，她赴京出差开会，并受端木正老师和马传方书记的委托与我见面。之后的分配过程与细节，居然“失忆”，只记得毕业后到广东省人事厅报到，好像还有省司法厅、省高院等单位的选择，不过我还是确定了心仪的中山大学法律系。7月份的一天，我来中山大学报到，人事处的冯老师接待了我。适逢暑假，端木正老师出差外地，未能拜见。与马传方书记是报到当天在他家中见面的。

回顾以往，我的前半生往来南北，可用一个“动”字概括，连搬家都为常事，仅在中大就搬家6次，2000年后才安定下来。后半生缘定广州，一个“稳”字概括，我在中大校园居住了38年。

二、敬业重教，历经二十七年

第一次讲课是在1983年春天，在第3教学楼给82级干部专修科法学专业学生讲刑法。干部专修科是省委组织部委托中山大学开办的，分为法学和经济学两个专业，时限十年。法学专业的学生是省市县公检法司的科级以上干部（后几期降低了级别标准）。当时他们住的宿舍是省里拨款兴建的，三四个人一间宿舍，还带卫生间，足见组织上对这些学生的重视。82 级被戏称为“黄埔一期”。这十期法学专业学生后来成为广东政法界骨干，其中不乏叱咤风云的人物。“黄埔一期”的学生跟我年纪相当，又有实践工作经历，首次讲课我确实忐忑。但讲下来，学生反映挺好。受教研室委托旁听的陈炽基老师很高兴地说：“给你打 95 分，不打满分是怕你骄傲。”虽是过誉之词，却帮我建立了信心。首战成功，不枉大半年备课的辛劳。1983 年至 1984 年，我的老婆孩子尚未调来中大，和七八个刚毕业的硕士合住苏式楼的大房（无单独卫生间）。由于我住在专修科附近，又在同一个食堂吃饭，时常跑到他们那里蹭电视看。其实与前几届学生亦师亦友，关系很好，至今还经常联系。十期干部专修科，我绝大多数都教过。我第一次给本科学生讲授“刑法学”课程，是从 85 级开始的。之后基本上每届本科学生的课程都上过，一直到 2009 年退休。1993 年至 1996 年，我招收了法律史专业中国当代刑法研究方向硕士研究生。1996 年起，开始招收刑法学专业中国刑法研究方向硕士研究生，直至 2009 年退休。其间，还开办了几期刑法学专业硕士研究生班。除此以外，我还参与了法律硕士、成人教育、自学高考等各种层次各种类型的教学工作。

当学生 21 年，使我钟情于教育事业，憧憬校园生涯。27 年来，看到迎来送往的学子成长成才；38 年来，徜徉于红楼绿幽之间：对当年的选择非但无怨无悔，而且非常庆幸！初心不可忘怀，理念和情怀也随着时光在深化与提升。这些年来，从教员、讲师到副教授、教授，从副主任到主任，不论职称和职务如何变化，我觉得有一个称呼是不变的，那就是“老师”。我更喜欢“教书匠”的称呼。“匠”，本义是木匠，引申为有专门技术的工人，也指在某一方面造诣高深的人。“造诣高深”，实不敢当。我取“匠”原本平易的含义，诸如皮匠、花匠、石匠等。原本一介书生，原本一介教书匠！

教育，就是教育教化，是个教书育人的过程。当好大学“教书匠”不易！这是崇高的职业，是一种责任和担当。只有拥有对社会的良心，对学生的爱心（对早期学生视为兄弟姐妹，对后来的学生视为子女），对教育的诚心，对专业的精心，对教书的尽心，才能当好“教书匠”。

许多人有个误解，觉得大学教师不坐班，还有寒暑假，是很舒服很自在的行业。其实不然。各行各业都不容易，大学教师亦然。我记得有一位教育家说过，老师的自由时间是创造奇迹的土壤（大意）。实际上也是这样的。我经常这样比喻，有些行业就像鸡在扒土奔跑，忙在面上，大家都看得见；大学教师却像鸭子游水，看起来很悠闲很浪漫，可是它们忙在水下，腿蹼划水，尤其是逆水而行时。在现代高等教育中，教学与科研并重，目的是培养人才和创造知识。教学备课离不开科学研究，因为自身积累的深刻厚重如何，决定了层次高低。述而不作尚能体谅，但绝不可以述而不学，述而不读，述而不研。备课、科研、课题、外语等必然要花费时间和精力。这样，挤占周末和假期，加班加点，甚至通宵达旦，就成为常态。我记得，夜深人静时，在752栋301听到的轮船汽笛声，在模范村听到的瘆人的鸟啼声。特别是撰写论著时，山穷水尽的懊恼，柳暗花明的喜悦，个中酸甜苦辣，每位教师都深有体会。当然，在一些高校里，职称评定的导向、获奖标准的取舍等方面，有些重科研轻教学倾向，是值得商榷的。

三、缘定刑法，精心打磨

我是1970年接触刑法的。开始在儋县保卫组五办工作，当时的五办相当于公安预审、刑事检察和法院刑庭的三合一。1972年后我在法院也基本上从事刑事审判工作。读研是刑法学专业，进入中大后一直从事刑法、犯罪学和刑事诉讼法的教学与科研工作。1984年成为律师，至今仍然在岭南律师事务所挂职，办理的也大多是刑事案件。这样算起来，与刑法结下的不解之缘是没有间断的50年。缘分到了，就是一辈子。

教学是有其自身规律的，需要下足功夫，需要长期打磨积累。我虽有读研3年的理论功底，有司法实践9年的感悟，但随着日新月异的立法和司法发展，法学理论的深入，越发感到不能懈怠懒惰。除了要研究刑法学以外，教学与育人、刑法教学自身特点与规律、教学方法、因材（研究生、本科生、专科生等层次直至学生个体）施教、因时制宜等方面都需要认真深入研究。仅以法学本科教学计划中的定位为例，我系和其他院校大体相同，刑法学课程安排一个学年，时间是一年级第二学期和二年级第一学期。刑法课成为本科学生最早接触的实体法学课程。由于刑法贴近生活接地气，采取案例教学法，对于在校门之间前行而缺乏社会经验的“菜鸟”们来说，容易接受和理解。然而，刑法课任老师还负有这么个使命：在法理学等课程的基础上，继续承担法学教育入门与导行。也就是说，要把法的本质和精神、基本规律和规则、读书方法、思维方法、研究方法、论文写作方法融入刑法学课程教学之中，使学生得以启发和吸收，举一反三，不仅学好刑法，而且为后来的学习打好基础和创造条件。授人以渔比授人以鱼好。此外，案例教学方法深入浅出的表述，让一年级新生听得懂、记得住、有兴趣，也很重要。以浅显寓深奥，以简明解繁复，反倒是大学问。教学要遵循由浅到深、由低到高的规律，正如谁也不会轻慢小学中学教育一样。记得曾经安排在四年级开设系列讲座，专门讲前几个学年课程的前沿理论和最新实践，就带有补充与提升的意味。

当然，刑法教学的发展离不开全体教工，更离不开刑法教研室的前辈和同仁。第一任教研室主任是张仲绛老师，虽结识两年，却印象深刻。他年过七旬，个子不高，精神矍铄，和蔼可亲，对我关怀备至，让我很感动。1981 年经教育部批准，张仲绛老师面向全国招收了 81 级和 82 级两届刑法学专业研究生。遗憾的是，刑法学专业硕士学位授予权还在申报审批之中，他老人家于 1984 年年初驾鹤仙去。尽管 81 级 4 名研究生的硕士学位是依托外校取得的，但研究生的毕业证是中山大学授予的。这批研究生毕竟是法律系培养出来的第一届研究生，其中两名学生还留系任教。只可惜张仲绛老师没有等到开花结果，但他是辛勤无私的播种浇水培育人，其功不可没！教研室第一任副主任和第二任主任是陈登贤老师，曾任中国法学会刑法学研究会理事，广东省法学会刑法学研究会总干事。他豪爽大气，性情中人，热爱教育事业和学生。早期的刑法教研室还包含刑事诉讼法、刑事侦查、司法文书在内，成员有陈炽基老师、钟永年老师、张毓泰老师、杨建广老师、刘杰老师、黄文俊老师、黄小霞老师等。现在没有教研室了，任教的是一批年富力强、学历高、水平高的新生代。学科学术带头人是杨鸿老师，成员有聂立泽老师、杨方泉老师、庄劲老师、陈毅坚老师。老一辈和新生代的老师们，为我院的刑法学及其他刑事法学教育事业做出了积极的贡献。例如，刑法学以及其他相关课程的开设与完善，法律史专业中国当代刑法研究方向硕士点和刑法学专业硕士点的建立，省级刑法学精品课程的授予，校级刑事法学研究中心的挂牌，甚至大大小小课题和奖项的获取，都是大家共同努力的结果。

四、十六年兼职，顺其自然

法律系复办之时，端木正老师任法律系主任、江振良老师任副主任。1984 年的第二届行政领导班子由端木正老师任主任，江振良老师、陈致中老师和我任副主任。1988 年的第三届班子，由李启欣老师任主任，陈致中老师、罗伯森老师和我任副主任。1992 年的第四届班子，李启欣老师任主任，程信和老师、陈绍彬老师和我任副主任。1996 年至 2000 年第五届班子，我任主任，黄建武老师、刘恒老师和慕亚平老师任副主任。1993 年起，我还兼任过法政学院（由法律系、行政管理系和社会学系组成）的副院长。

法律系复办前期的党总支书记是马传方老师、副书记是刘伟南老师（后由林祥平老师接任）。1992 年起林祥平老师任党总支书记（党委书记），张元勋老师任副书记。

端木正老师出身世家，留学法国，掌握多门外语，为人温文儒雅，睿智幽默，扶持后学，对学校、学系及师生充满感情。马传方老师严于律己，清廉刚正，坚持原则，对学系和师生充满真心诚意的关爱。因为端木老师校内外工作繁忙，所以我协助他处理了许多事务。江振良老师是中国人民大学法律系早期的研究生，曾参与《辞海》法学词条编纂，处理了系里的大量行政事务。1984 年，他受端木老师和马老师委托，动员说服我担任系副主任。李启欣老师担任了第二任系主任。他刚正稳练，严谨缜密，不苟言笑，仗义执言，却菩萨心肠，内心柔软。林祥平老师和我年龄相仿，同于 1982 年到法律系，他从副书记到书记，我从副主任到主任，搭档十六年，时间最长。他头脑清醒，言语不多，但讲到点子，还带点幽默。他为院系的党务特别是学生工作付出了大量心血。还有其他领导班子成员就不在此一一赘述。总的来说，这几届党政领导班子还是团结合作、齐心合力、锐意创新、积极奋进的，为学系的创立与发展做出了贡献。

让我参加行政工作，要深深感恩前辈和所有老师们对我的热心关怀、真诚扶助、热情帮助和殷切期望。

那些年，行政、教学、科研、课题、外语乃至家庭纠缠交错，忙忙碌碌，好像做了许多事，又好像什么也没做。如具体做了什么？哪些做得好些？哪些做得不好？哪些可以做得更好？等等，由于缺少资料，记忆力衰退，懒怠心态，疏于动笔，时隔 20 年，再想 30 多年前的事，有些困难。大体上记得参与行政工作的 16 年，开始是协助主任处理行政事务，后来协助主任从事教学管理，最后主持全面工作。前期由于个人业务及家庭以及工作中的难度，曾真诚地数次提出辞职而被劝止。后来想开了，顺其自然，一段经历一份缘，怎么过都是人生。总的来说，我的想法是，尽心尽力为大家服务，不谋私利，与人为善，尊重长辈，团结同事，爱护和扶助青年老师，体谅和关心基层工作人员，尽量发挥每个人的作用（特别是教研室主任的作用），促使法律系大踏步地前进。想法是好的，但实际上并没有完全达到要求，出现了许多失误与不足，留下遗憾与愧疚。

五、火热年代，从无到有

中山大学法律系在 1979 年就筹备复办了，这在全国是相当早的。那是个火热的年代，当全国人民从禁锢中解脱，感受到只要努力就会实现美好前景时，就会焕发出难以想象的热情和干劲。1982 年我来中大任教，就听说了许多让人热血沸腾的往事，亲历了许多让人难以忘怀的事情。与其他院校一样，当时的法律系也是按照“边设计，边施工”办法践行的。那段时间，端木正老师、马传方老师、江振良老师、陈登贤老师、鲁英老师等元老们，“忙得热火朝天，不可开交”（端木正老师语）。1980 年夏就要招收本科生，外出取经、制订教学计划和招生计划、送审报批的任务很繁重。更头疼的是师资队伍建设，要有人讲课啊。为讲课老师没有落实而着急上火的情形经常发生（用马传方老师的话来说，像救火一样）。进人工作很不容易做。例如，有人主动表示了调动的意向，可是要么是考察后发现不合适，要么是相中了但单位不放人。根据线索主动外出挖人更难，碰钉子是常事，要么相中的对象不肯来，要么单位不放人。在大家共同努力下，一年左右，师资队伍和组织结构就初具框架，完成了一个从无到有的过程。当时，法学院与其他院系共用南校园现在的法学院大楼。开始是与社会学系共用一楼，他们在第三层，我们在第一、二层（即现在的第二、三层。现在的所谓第一层，岭南大学和中山大学过去一直叫“地下”）。上台阶后，左手第一间房，当时是行政办公室，现在是传达室。右手第一间房，既是阅览室又是会议室。那时的装修简单，设备简陋。我来的时候，教工已经有 20 多人了。早期开会和学习往往是全系大会，挤在一起倒也其乐融融，气氛友好团结。后来几年，师资队伍的年龄结构、学科结构和学历结构得到改善，走上正轨。端木老师他们属于前辈教师；1984 年后，陆续引进了改革开放后培养的学生，成为青年教师；自从青年教师出现，我和程信和老师等人，荣幸地由小字辈上升为中年教师。当时基于历史原因，中年教师呈稀缺状。中青年教师对前辈教师很尊重，前辈老师也很关心、爱护、信任中青年教师。至于后来大批精英新锐充实师资队伍，促进法律系的快速发展，就更是后话了。

复办之初师资队伍有三个特点：一是这些前辈大多毕业于法律专业，少数是非法律专业的。二是有些老师由于历史原因而改行。例如，端木老师是国际法博士，后来专攻法国史；李启欣老师改行教化学了；有的老师改行教物理；还有的老师教英语或德语。三是长期从事政法工作的，但搞过教学的很少。在这种情形下，系里当时给人的感受是，学习与备课氛围极浓。例如，前辈们积极争取机会，到全国各地参加各种培训班；到母校或者其他院校拜师求艺；到处买书借书，如饥如渴地研读；到公检法司机关查阅和讨论案例；争分夺秒地认真备课，甚至是边备课边上课。此外，有的老师还要承担班主任工作。这些前辈除了前面已经提到的老师外，还有陈惠庆老师、李斐南老师、黎学玲老师、林华老师、陈志南老师等；还有仙逝的唐表明老师、吴世宦老师、杨贤坤老师、梅卓荦老师、钟庆铭老师、温光均老师、罗辉汉老师、黄社骥老师、张洲江老师、刘恒焕老师、陈国伦老师、覃柱中老师、林致平老师等。

除了任课教师的积极贡献以外，办公室行政工作人员、资料室工作人员、党总支工作人员，他们在党务人事、学生工作、后勤、图书资料等许多方面，勤劳苦干，默默奉献，甘当无名英雄，也立下了汗马功劳。第一任办公室主任是李康敏老师，后来成为岭南律师事务所第一任主任。“老黄牛”赵文杰老师是第二任办公室主任，曾耀添老师后来当副主任，成员有曾淑芝老师、胡斌老师、李复英老师、陈开春老师等。图书资料室有张平老师、张晶老师、顾正芳老师、陈纯兰老师、林玉云老师（曾兼任干部专修科法学专业班主任）、邱慧专老师、唐乐其老师、康聪民老师等。党务学生工作人员有党总支副书记张元勋老师，人事秘书王继伟老师，辅导员何旭军老师、王岱华老师、江亚芳老师等。

其实，还有许多老师也为法律系的早期创建与发展做出了贡献，限于篇幅，就不一一列举了。

回忆往事，有激昂，有感慨，有怀念，也有许多忍俊不禁的趣事。仅以搬家为例，那时，学校和社会没有搬家公司之类的服务机构（就是有，也无力或者舍不得花那个钱）。每当有老师搬进中大时，力所能及的领导和老师都去帮忙。其中，办公室和教研室男士是主力，后期加入了学生。大家都是书生，虽手无缚鸡之力，却有蚂蚁啃骨头之法，就这样帮助搬了一家又一家。至今对有的老师还有印象，如哪家东西最多（那时候穷，除了柴，有的连米油盐也搬来），哪家的家具最重，哪个老师搬到中间挺不住了，等等。搬完后，大家累得好像只剩半条命，饭不吃水不喝（其实家没安顿好，哪有吃的喝的），拍拍屁股各回各家。很多年后，问到他们感受时，一言以蔽之：这些老师都是救命菩萨（指讲课救急）啊（赵文杰老师语）。

每当我回忆起复办之初这些往事时，对前辈们肃然起敬，深深怀念。

回顾法学院40年的历程，学系学院的复办与发展得助于天时、地利、人和。天时，是指我们这个时代法治大环境的前行趋势不可阻挡。地利，是指地处岭南，毗邻港澳，在华南地区有重大影响。人和，就是一代一代师生的团结、合作与奋斗。能发展雄起到今天，取得令人瞩目的成绩，是一堂课一堂课讲出来的，是一项工作一项工作干出来的，是一个学生一个学生教出来的，是大家共同努力的结果。这里所说的大家，包括在职的、离退休健在的、仙逝的老师。即使是那些短暂停留像流星一般离去的老师，也自有其一闪的光芒。就像一部机器，每个人都是其中的零部件，各不相同，各有作用，却缺一不可。只有团结协助，共同发挥作用，才能让机器正常运转，才使得我系的教育事业得以蓬勃发展。

长江后浪推前浪，一代更比一代强，这是不可逆转的历史规律。我热切期望法学院发展得更好。

程信和

——心迹铸宏章

受采访人： 程信和老师
采 访 人： 曾东红
采访时间： 2019 年 2 月 19 日
采访方式： 直面访谈
采访地点： 中山大学南校园程信和老师住处
整 理 人： 曾东红

受采访人简介

程信和，男，1947 年 9 月生，江西高安人。中山大学法学院教授、博士生导师。先后任教于北京大学法律系、中山大学法律系（法学院）。主要教学研究领域为经济法、民商法。代表性著作有《经济法通则立法专论》《经济法与经济管理》《经济法新论》《中国 – 东盟自由贸易区法律模式研究》等，在境内外重要刊物上发表学术论文近百篇。历任中山大学法律系副系主任、法学院经济法研究所所长，中山大学法学研究所所长，校学术委员会委员、校学位委员会委员、校务委员会委员；中国法学会经济法学研究会副会长、比较法学研究会副会长，中国企业管理协会理事，中国国际经济贸易仲裁委员会仲裁员。曾荣获“中山大学优秀共产党员”、广东省“南粤优秀教师”“全国法学会系统先进个人”等称号。

采访人前絮

2019 年是中山大学法学学科复办 40 周年。受法学院领导委托，我先后采访了一些在中大法律系（法学院）工作多年的老同志，请他们讲述本系（本院）的过去、现在和未来。其中一位，就是首任经济法教研室主任的程信和老师。1984 年，时任系主任端木正教授独具慧眼，将 37 岁的程老师从北大引入中大，此后程老师就在中大法律系（法学院）奋斗了 30 多年。程老师与我，既是师长又是同事。他对我的本科毕业论文的指导，对我在北大攻读法学硕士、博士学位的支持，对我担任中大经济法教研室负责人工作的信任，以及我们对新兴经济法学的共同探索，这些都给了我极大的勇气和力量。2012 年秋，程老师退休（时年 65 岁）之后，仍继续指导尚未毕业的硕士生、博士生，直至 2017 年。他招收、指导了 23 届硕士生、13 届博士生，共 200 人左右。“晚风祈晚学，休却未能休”。作为法学家和诗人，程老师是这样自勉的，也是这样践行的。

退休 6 年来，程老师继续“发挥余力”，给人们留下了深刻印象。

2012 年冬，他带领广东省经济法学团队，与全国经济法学界同仁一道，为纠正有关教育行政部门对经济法学学科的不当安排做出了突出贡献，受到老一辈经济法学家和各地经济法学界同仁的高度评价。

他曾连续 10 年在当年举行的中山大学毕业生学位授予仪式上执掌学术权杖（退休前 6 次，退休后 4 次）。

他于 2017 年出版新诗集《入我心怀是大山》。光是这个大气的标题，就足够令人神往的。与一般的诗词有所不同的是，程老师将诗与法巧妙地结合起来。

更为可贵的是，2018 年，正值总结中国改革开放 40 周年成就和经验之际，这位年逾古稀的学者，向全国经济法学界发出“推进经济法定型化系统化”的倡议，并且身体力行，连续苦战半年之久，起草出中国首部《经济法通则（学者试拟稿 300 条）》。尔后，又促成全国人大代表向最高立法机关提交一项《经济法通则》立法议案。此事在全国法学界引起热烈反响，中国法学会经济法学研究会组织过两次专题研讨会。“中国首部《经济法通则（建议稿）》的起草者”，人们这样由衷地称赞他，而他只淡淡地回应道：“这不过是一位退休学人的‘抛砖引玉’之作而已。”

程老师在赠送给毕业学生的诗句中写道：“心迹铸宏章。”其实，这也是程老师自己的写照。我仔细翻阅凝聚着程老师大量心血的两部力作——《经

济法通则立法专论》《入我心怀是大山》，不由得思绪万千：法学加文学，可谓出彩矣。

程老师在法学界是德高望重的学者，但一点也不摆架子，他是一位很平实的人，大家都愿意与他打交道。作为我的师长，他却经常诙谐地称我为“东红兄”，我竟然不知不觉也习惯了。与他的交谈总是平等、亲和而愉快的。在整理他与我访谈记录的过程中，我不时为他看似朴实、平淡，其实甚为深刻的人生哲理观所触动，过后心情久久不能平静。

我记得中大法学院院报 2015 年 12 月那一期对程老师采访的报道，其中讲道：

“他是中国经济法学的卓有建树的开创者、建设者和传承者之一。”

“他既是法学家，又是作家。”

我认为，此言不虚也。

我还拜读过黄瑶院长为程老师的《经济法通则立法专论》撰写的序言，题为《在经济法领域永不止步的探索者》，其中讲道：“程老师是我所认识的资深教授中，虽年逾七旬，但仍勤耕不辍而且能迸发新思想新学说的为数不多的学者。”“程信和教授此新著可谓是献给中山大学法学学科复办 40 周年的厚礼。”

我想，本文题述之“宏章”，与黄瑶教授所称的“厚礼”，是否有异曲同工之妙？

作为法学工作者，我同时也仰慕文学爱好者。虽不甚通平平仄仄之类，仍觉得应该写几句送给我尊敬的采访对象，请予笑纳之：

谈笑之间决胜无，
纵横穿越岂为虚？
岭南缘定赣西客，
人到古稀更识途。

不妨取题为《岭南缘》吧。

正如程老师所言：“江山如画，单位似家。何其幸哉，何等乐也！”

受采访人口述

一、回报

我出生于贫寒的农民家庭，父母含辛茹苦供我上学，他们的勤劳、节俭、坚毅、忠厚、善良，影响着我的一生。

在党的领导和教育下，在国家助学金的支持下，我读完大学，走上了工作岗位。我始终不忘入党初心，努力做好本职工作，我认为这就是践行为人民服务。

特别不能忘却的是我在北大的“三进三出”：经济系本科生，法律系研究生，法律系教师。

1978 年秋，真是三生有幸，我拜德高望重、平易近人的芮沐教授为师，研究生毕业后又在他直接领导和指导下工作，前后共 6 年，耳闻目染，潜移默化。芮先生进入古稀之年，解放思想，实事求是，为开创“中国经济法学”和“国际经济法学”做出了历史性的贡献，享誉国内外。立德、立功、立言，令后辈肃然起敬。记得 2008 年秋北大为他庆贺百岁寿诞之时，我专程赶赴北京，作了题为“论经济法之原创性——芮沐先生经济法学术思想学习心得”发言，其后全文发表于《北京大学学报（哲学社会科学版）》。（采访人插话：此事我亦记忆犹新。当时我拜读过您这篇文稿，给您发了个信息，大意是：总结非常到位，读后大受教益。）

与此同时，还有许多良师益友，特别是杨紫烜老师。你（指采访人，下同）知道，我曾写诗感叹：“一丝不苟学紫烜。”

中国人是讲知恩图报的。回顾以往，我所做的，就是将自己的绵薄之力回报社会、贡献给人民，尽管做得还很不够，但每当我遇到困难、感到迷茫时，我就会想起组织、想起老师、想起父母、想起同事和学生，许多问题随着国家的发展而得以解决。

现在，有的人忘了本，甚至走上歪道。我觉得，应当弘扬“社会人”意识。来之于民，回报于民，这不是顺理成章的事吗？倡导文明社会，人人有责。

二、奋斗

灿烂的思想政治之花，必将结出丰硕的教学、科研和社会实践之果。中大法学学科 40 年来从复办到兴旺的历史，正是一部持续不断的奋斗史。从法律系到法学院，在建制上一直都是独立发展的。老师们和同学们创新、务实、向上的精神，正是力量之源泉、希望之所在。

如今的中大法学院，以本科点为基础，硕士点、博士点学科齐全，队伍实力雄厚，学术成果丰硕，社会服务深受欢迎，在国内外影响越来越大。现已培养出了1万多名毕业生，他们奋斗在各个领域，为国家、为社会做出了重大贡献。

“小我”是融于“大我”的，经济法学科是与法律系（法学院）同步前进的。在校、系（院）的统一组织下，除了给全系（院）法律专业本科生开设经济法类课程之外，1986年我们开设了经济法专业本科，1988年开设了经济法学硕士点，1999年起招收经济法方向的博士生。先后加入经济法教研室、研究所的同仁们，有黎学玲、罗辉汉、罗伯森、李宣汉、我、黄巧燕、曾东红、李挚萍、李正华、刘国臻、谢晓尧、周林彬、王红一、杨小强等，大家分工合作，担负起经济法专业的各项教学任务，取得了满意的效果。其间，我、黎学玲、曾东红、李挚萍先后担任经济法专业负责人，与大家一道共同创业。

以教学带动科研，以科研促进教学。经济法专业的老师们，立足改革开放前沿，紧跟时代潮流，深入社会实践，在经济法基础理论、涉外经济法、企业法、竞争法、财税法、金融法、房地产法、环境法、合同法等领域，都取得可观的成果。其中，由本专业老师参与的、黎学玲教授主编的《涉外经济法教程》，黎学玲教授和我主编的《市场经济法律机制研究》重点项目等，都产生了积极的社会影响。

就我本人而言，开设过本科生的“经济法”“企业法”“民法”“合同法”课，硕士研究生的“经济法原理”“比较经济法”“港澳基本法”课，博士研究生的“经济法与政府经济管理”“法学前沿专题”等课。也出版过几本著作（包括国家社科项目），发表过几十篇论文（包括发表在《中国法学》杂志上）。还担任过《中国大百科全书》（第二版）经济法学科两主编之一，获中共中央宣传部、国家新闻出版总署颁发的荣誉证书。教学、科研是做教师的本分事，虽然成绩不大，但总算是尽了力的。

经济法的实践性很强，应用面很广。经济法专业的老师们在做好教学工作的同时，积极参加国家和省市立法、经济特区立法，参加各种法律咨询顾问和仲裁、司法活动，既服务了社会，又提高了自己。

假如还有来生，假如还可选择专业，我还是做一个经济学或法学工作者吧。

三、献礼

百尺竿头，更进一步。现在中大法学院正在争创一流学科，责任重大，任务艰巨。

刚才你一再询问我“对法学院继续向前发展有何高见”，我觉得似乎有点问道于盲，因我已离开教学第一线，没有实践的体验也就没有什么发言权。不过，作为在这里度过30多个春秋的老人，总还是有感情的，也会有点想法的。

历史不能忘记。我至今仍深切怀念端木正、马传方、陈致中、黄社骥、罗辉汉、杨贤坤等逝去的老同志，尤其是首任系主任端木正教授、首任党总支书记马传方同志，这两位开创者，他们的高贵品德和卓越贡献，我们将永远铭记在心中。对于仍健在的若干老同志，在保证他们颐养天年的前提下，怎样让他们为法学院的继续发展发挥一点余力呢？

同许多单位类似，法学院亦存在少许累积的问题，其中包括可能因缺乏沟通而导致的误解。我国现在提出构建“人类命运共同体”。我们法学院更应当成为共同体——“责任共同体和利益共同体”。要树立公心，顾全大局，开展正确的批评和自我批评，群策群力，形成1+1>2的效应。法学院要成为温暖的大家庭。

长江后浪推前浪。法学院的在职教师中已没有60岁以上的了，换言之，都是中青年。后生可畏，底子坚实，大有潜力。每个学科涌现一批拔尖的人才，法学院一流学科建设必然大有希望。

历史的接力棒，现在已传到以黄瑶教授为院长的这一代。法学院日新月异，令人振奋。古人云：“谋事在人，成事在天。”我觉得，如今是否可以改为“成事在天亦在人”呢？人是世间最可贵的。在共产党领导下，只要有了人，还怕创设不出一流学科来？内部提升与外部引进相结合，优秀的学科带头人定会脱颖而出。

最后，希望法学院每位在职教工都要保重身体，工作不要熬夜；希望每位在校学生都要珍惜学习机遇，做一个全面发展的接班人和建设者。总之，我们法学院的师生，都应拥有“高尚的人生，博弈的人生，快乐的人生”。

老朽不才，除说了上面这些可有可无的“寄语”之外，还以2019年1月刚刚出炉的小册子《经济法通则立法专论》作为献给法学学科复办40周年的一份“薄礼”。礼虽轻，情义未必轻啊。

慕亚平

——专业要执着和持之以恒

受采访人：慕亚平老师
采　访　人：曾东红
采访时间：2019 年 12 月 6 日
采访方式：电话访谈
整　理　人：邹淑雯

受采访人简介

慕亚平，男，1956 年 7 月生，河南滑县人。1982 年毕业于西南政法学院法律专业。1982 年 8 月至 1994 年 2 月在西北政法大学任教。1994 年 2 月调入中山大学法律系。中山大学法学院教授，硕士研究生导师。曾任中山大学法律系副主任，WTO（世界贸易组织）与 CEPA（内地与香港、澳门《关于建立更紧密经贸关系的安排》）法律研究中心主任。主要研究领域为国际公法、国际经济法、国际投资法。为本科生和研究生主讲“国际公法”“国际投资法”“国际经济法”“国际组织法”“海洋法”等课程。2016 年退休后，出任广东广信君达律师事务所律师，高级合伙人。入选司法部全国千名涉外律师人才，广东省涉外律师领军人才库成员。兼任中国法学会国际经济贸易法学研究会副会长，中国法学会国际经济法学研究会常务理事等，曾被中宣部、司法部、中国法学会连续特聘为“四五”普法、“五五”普法国家中高级干部学法讲师团成员。荣获美国安泰奖励金、日本笹川良一奖教金、广东省政府奖等 10 余奖项。著有《国际法原理》《CEPA 协议及其实施中的法律问题研究》《全球化背景下的国际法问题研究》《国际投资的法律问题》《区域经济一体化与 CEPA 法律问题研究》《WTO 中的“一国四席”》等著作 40 余本，在《法学研究》《中国法学》《法学评论》《现代法学》《法律科学》等重要学术期刊发表论文 110 余篇。

采访人前絮

与慕亚平教授同事多年，他的许多风格给我留下了深刻鲜明的印象，尤其是他思想的敏锐，勇闯敢创，笔耕不辍，以及为人的坦荡豪气。也许正是由于固有的“闯”与“创”品格使然，退休后他似乎更忙了，我虽几次约见却均遇不巧。还好，终于我还是有幸与他进行了一次较为深入的电话访谈。

受采访人口述

采访人：慕老师（以下简称“慕”）好！学院委托我以口述历史的形式组织编写一本书，主要目的是铭记老师们对法学院人才培养、教学科研及学科建设等方面所做的贡献，传承宝贵经验。您在本院执教多年，也担任过系行政领导的工作，能否谈谈您的有关经历、心得与体会？

慕：行！不过没什么准备，随便聊聊。

一、从西北政法调到中大法律系

采访人：可以先请您谈谈您加盟中大法律系的缘由吗？

慕：没问题。我是 1994 年从西北政法大学调入咱们法律系的。你要说具体缘由，我实话实说，主要有三：一是早就有所仰慕。我是 78 级的，在 70 年代末至 80 年代的大学生心目中，特别是对我们普通学校学生来说，中大是让人向往的学校。按当时我们读书时的说法，中国法学界按地缘划分有三大立桩，北方是北大，中部是武大，南方是中大。后来联合国向中国高校赠法学书籍、文献的事件也印证了这个说法，赠书也是赠给了这三所高校。二是改革大潮席卷。邓小平 1992 年“南方谈话”后中国也更加开放，有那种改革开放重新起步的感觉，催人奋进。我 1982 年毕业后去西北政法学院，到国际法教研室做老师。很快一边兼辅导员，一边备课，1984 年就已经开始正式给学生上课。从学术辈分上讲，还真有不少有名的学生，比如给葛洪义那个班级授过课，给董皓那个年级当过辅导员。在西北政法学院工作 12 年，主要讲授“国际公法”和“投资法”。虽然也小有成就，也评了副教授，但按当地俗话来说，总有点像“混成爷”那种懈怠感，自己都有不安的感觉。我慢慢感觉到西安的开放程度以及西北政法的平台对自己的发展有局限，开始尝试到中大等广东的学校去。三是得到陈致中教授等前辈老师的力荐相助。1990 年在西安举办全国青年国际法学者研讨会，我负责张罗这个研讨会，梁西老师、陈致中老师都去了，记得当时黄瑶老师作为陈致中老师的研究生也参会了。会议期间，梁西老师主张我可以到南方的中山大学发展并向陈致中老师作了推荐，陈老师很高兴与我接洽了此事。其实，我到中山大学来也不是一帆风顺的。西北政法不愿放人，我只好不带人事档案只身来到广东。好在中山大学人事部门比较开明，同意我可以在这边先上课，人事档案再分步解决。一开始，我本来还因为档案无法调过来有点犹豫的，来到中大之后有个偶然的机会促使我留了下来。那年刚好赶上举行广东公务员考试，本来广东省人事部门委托华师的老师写十万字的法律部分的讲义，却迟迟没完成，眼看时间迫近，急得省里到处找人赶书稿。他们通过苏一凡同志和人事处的林老师找到我，只给我两个星期时间要求写十万字。那时也没有电脑，我完全靠手写，夜以继日用了一个星期的时间完成了 13 万字的书稿，就直接发排印刷，用于其后的公务员培训。我还得到了一份我觉得很不错的稿酬，好像是六千多块钱，当时工资才几百块钱一个月呢。后来我就成为省人事厅公务员考试的命题专家。通过这件事，我给学校有关方面及法律系留下了较好的印象，我执教中大的决心也变得坚定了。另一方面，陈致中老师和西北政法那边的刘振江、刘海山等国际法老师、老朋友也不断举荐，中大人事处也重视起来。西北政法的王天木校长了解情况后，认为我并非为了下海捞钱才来广东的，所到的学校也是中大这所好学校，觉得还是应该成人之美放行。这样，我的人事档案才到了中山大学。

采访人：可以谈谈您刚到中大时对学校和法律系的印象吗？

慕：来到法律系后，我强烈地感受到三点：一是感觉这里的人很平实，没有那么高调。虽没有像通常北方人那种夸张热情，但是包容性很好，人与人之间的关系确实很融洽。广东这边的这些特点我喜欢，也使我感到安宁。二是中大法律系确实是唯才是任，使人觉得有用武之地。比如，我来了不到两年，好像是 1995 年年底 1996 年年初，王仲兴老师等老师就推荐我做系副主任，我也扎实做了一任。不像其他地方需要处理复杂的问题，简单的事处理起来还要生事。三是中大确实是有大格局，运作规范。我也参加过好几次评级评审活动，中大很务实低调，不屑于吹嘘，报的统计数据很客观。当时的校风很自由。校长很少露面，学校机制却运作得很平稳。不像我在北方有个感觉，校长如果出长差了，学校就基本停摆了。

二、教研室和前辈老师们

采访人：谈谈当时的教研室可以吗？

慕：我刚到那会儿，国际法教研室总体上是这么个情况：端木老师、陈致中老师、李斐南老师都在教研室，也都还上着课，温光均老师也在，但是上课就比较少了。当时这些老师年纪都比较大了，有意识地在做过渡安排，也给了我们年轻老师更多机会。谢石松老师当时已经做了教研室主任。黄瑶、刘兴莉老师也已经在教研室，罗剑雯老师好像在职念研究生。至于其他如陈东、张亮、梁丹妮、王承志等老师都是后来才来的了。我来的时候，国际法相对比较强了，也是比较热门的专业。虽然人数不太够，但是教研室力量还是挺强的，大家关系也挺融洽，做事挺顺心。

采访人：请介绍一下您的教学和带研究生的情况。

慕：我们教研室带研究生的情况总的来讲各有特点。谢石松老师主要是国际私法、国际经济法方向，他招生比较讲究，精英里面挑精英，招生人数比较精炼。其他年轻人自身发展的任务很重，很多时候不太敢带太多学生。我调来中大后，前期主要协助陈致中老师、端木老师等做些研究生指导工作，大概1997年开始自己名下带研究生，主要在国际公法、国际投资法方向。我这个人总是有“慈悲为怀”的情结，老是觉得学生考上线不容易，尽量给予读书的机会。所以，就经常挑大头担，学生也就招得比较多。我名下指导过的硕士研究生大概100多个，最多的一年我招了11个。

教学方面，我主要给本科生讲授“国际公法”“国际投资法”“国际经济法”，给研究生上的课有“国际组织法”“海洋法”“国际投资法总论”“国际经济法总论”。

采访人：能否放开一些谈，谈谈端木正老师和陈致中老师，特别是除了已有资料显示的光亮之外的一些平凡的东西，毕竟你们曾在一个教研室。比如说我拜访过端木达同志，他跟我谈起的一件事很让我感慨。端木老师在最高院工作后，仍然对中大法学院保持了不一般的关爱，比如几乎每年都坚持从北京回广州来参加国际法专业的研究生答辩，这已经成为佳话。其背后驱动的因素当然主要是对中大法学院的感情以及他的专业精神，但端木达同志认为，还有一个重要因素，那就是中国传统知识分子特有的情怀——“食君俸禄，替君分忧”。据端木达同志讲，由于各种各样的原因，端木老师虽人在北京工作，工资却是按照组织安排在中大拿的，端木老师对这个常常挂怀不忘，总觉得拿了中大的工资，应该为中大做些什么才对。

慕：对的。这种平凡的情怀实际上是极其闪光的东西，事实上现在有的人忘了或者根本做不到了。你刚才谈的也使我想起我任系副主任负责管财务时，涉及端木老师工资调整，他也很谦让。他始终认为中大是他另一个家，这一点也感动了很多人。我调来中大不久，端木老师就去最高人民法院（简称“最高院”）工作了，虽然交往不是很多，但受教匪浅，特别是他有关国际法发展历史以及总论方面的真知灼见。讲到平常的事，我还注意观察了一些细节。比如说坊间传闻说端木老师参加学生答辩有时候打瞌睡，但一到关键问题，他就会“醒过来”，尖锐和犀利的提问接着就来了。我觉得这里面有些误会，你以为他是神呀，该醒过来的时候就能醒过来？实际上，我和一些老师都觉得，端木老师毕竟上年纪了，身体也不太好。要坚持参加各种活动包括答辩等，闭目倾听已经是他力所能及的最好方式了，这种表象后面的坚持，已经十分令人感动了。

陈致中老师在国际法案例方面研究的杰出建树，到现在中国也没几个人能攀及。他是我难得的良师益友。我们来往密切，家里有点什么小事，例如，电脑坏了，家里哪个地方不好使，他都愿意叫我，我也乐意效劳，并且尽可能在生活琐事上关心照顾他。陈老师有四个方面让我感受特深：一是工作刻苦认真的程度。为了系里，为了学生，为了学术，他虽身带残疾，但常常超负荷忘我工作。我感觉一方面他就是那样的人，另一方面他对端木老师很崇敬，有点报知遇之恩的意思。据知情的老师讲，陈致中老师从广西一间中学调进中大法律系，就是王铁崖先生推荐、端木老师力排众议促成的。现在实实在在知道感恩的知识分子越来越少了呀！二是他的爱国情怀。听过他讲课的本科生，都反映他讲课特别认真，一身正气，很有激情，国家主权意识特别强。三是为人处世恪守规矩，慈悲为怀。记得有一次最高院某负责人主编一套丛书，把他主编的国际法案例选编进去了。看到他主编的书封面左上角还压着个总主编，他很不理解，认为这是名不副实的东西，很生气，甚至咨询过李颖怡老师，考虑打官司以正视听。我在最高院有关部门里进行了协调，最高院有关部门也向他进行了解释，陈老师了解实际情况后，也就一笑置之了。四是真情帮扶后辈。

三、搞科研要执着和持之以恒

采访人：在法学院中，您的科研成果应该说是相当丰富、厚实的，能谈谈最满意或者比较满意的大作吗？

慕：搞学术的人不该说对自己的成果满意这样的话，我随便说说吧。我先后写了40多本专著，虽说在首创、独创方面可能不一定很突出，但出版社的层次还是可以，几家重点出版社都出过，如法律出版社、中国社会科学出版社、北京大学出版社等。相对用功较多的是《国际法原理》这本书，原来是作为教材编写的，后来随着我的学术思想一步步成熟，体例做了较大调整和完善，也融入我很多论文的成果，成为一本专著，再版了七八次。反映新趋势方面，就是后来区域合作和 CEPA 领域的几本书，包括《WTO 中的“一国四席”》等。这本书获得了广东省政府的二等奖。后期做港澳、大湾区这方面研究比较多，成果多了，也就奠定了一定学术地位，也介入到了实践，包括粤港合作框架协议的起草和修改，乃至粤港澳的合作方面的小型会议，都会邀请我参加。2019 年出了一本关于大湾区法律问题研究的书——《区域经济规划中的法律问题——以粤港澳大湾区为例》，中国社会科学出版社已经出版了，最近中国社会科学出版社告诉我，香港某出版社很希望拿到香港去用繁体字再出版，我基本上答应了。

论文方面，除了携带学生发表的一些论文外，就我自己（含第一作者）发表的论文有 110 多篇。见仁见智吧，我比较留意的是《法学研究》3 篇，《中国法学》1 篇，以及在中国一些知名的法学杂志如武大、中南政法、西南政法、西北政法等高校的刊物上发表的文章，此外，在上海的《政治与法律》等刊物各有三五篇吧。其他入流的法学刊物一般都有发，而且比较均匀。唯一遗憾的是两次投稿《中国社会科学》，两次均通过了二次审稿，最后却都因各种原因被挤掉了。

采访人：搞科研项目方面有什么体会吗？

慕：搞什么都要执着和持之以恒，这是我的体会。我拿过国家课题，教育部、司法部、广东省的课题。就以“WTO 中的‘一国四席’”这个国家课题为例，同样的题目我报了两三次。我也得出了心得，申请国家课题要执着和坚持，不要老换题目。只要你的题目不差，那么，你的题目老在专家评委眼前晃荡，这就不再是混个脸熟的问题了，它会引发评委们的思考；你的申请材料也在申请中不断充实完善，最后大概率能中。其次是要搞自己的特色，包括地缘特色。我选了这个课题也定位了我的专业方向，重点研究区域合作，重点搞香港问题，CEPA。搞国际法的远离首都比较困难，你不要跟离外交部近的北京院校硬拼，要有专长、有定位，这个选择蛮重要的。像黄瑶他们也抓得很好，把南海问题、大湾区作为重点，这个别的地方就没有区域优势了。

采访人：能否谈谈系副主任行政工作？

慕：王仲兴老师任系主任时我任副主任，一起搭档的还有刘恒和黄建武两位副主任。我是管创收、管行政、管财务，杂事一大堆，我花了不少精力，总的结果回顾起来还是有点满意的。比如，当时有成人教育，自学考试对外办班，我把我的班办到了珠三角区市，包括港澳。后来，从教学发展重点、学校提高品位角度考虑，都不办了。但这个问题要历史地看，不能光看那点创收。

成人教育的这些学生在后来对社会都起到了很大的积极作用，校友队伍也得以扩展。他们有的原来学历不够本科，通过修读达到本科毕业，有的通过成人教育读到研究生，我们借助接地气的方式为地方培养了大批法律人才。我们也借此创收，改善了生活，扩大了社会往来包括与港澳合作。后来，我们法律系的校友会不是也发展到了香港吗？

四、退休后执着于专业，心念法学教学

采访人：看到您退休后还带着一帮年轻人干得红红火火，方便谈谈吗？

慕：退休之后，主要是为社会服务，也是利用专业继续为法治社会努力。退休前，社会工作主要有两块：一块为政府机关、社团、法院等提供咨询及专业意见，为企业服务，包括企业的独立董事、外部董事等；另外一块是做兼职律师。我 2016 年退休后，2017 年去了广信君达做了高级合伙人，组建了团队，我的团队有 16 个人，业务主要有三大板块：第一块是民商事涉外诉讼，这是老本行了。来广信君达两三年还是小有成就的，被列为司法部的全国千名涉外律师人才，入了广东省涉外律师领军人才库。第二块是金融和房地产，诉讼为主，兼做非诉。第三块是企业，包括并购和上市。今年有点转型了，重点可能往航空方向搞搞，前景比较好，也符合国家高端涉外法律服务的发展要求。也涉猎世界银行的营商环境标准的问题，北京、上海、广州和重庆等地都涉及。

退休后折腾那么多东西，有两句话我还是要讲一讲的：一是正如我前面所讲的那样，不管搞什么，都要有一份执着和坚持，坚持自己的专业特色。这几年办了几个案件都是典型案例，都获过奖，特别是广州白云国际机场股份有限公司诉美国通用电气商业航空服务有限公司（GECAS）航空器留置权案，也被《人民法院报》报道过，被列为广州市十大典型案例之一。这个案例是全国首例，航空器能否留置一直有争议，我这个案例是开了先例。还有全国首件涉“一带一路”建设案——广州白云国际机场股份有限公司诉泰国暹罗航空公司国际航空服务合同纠纷，被列为全国“一带一路典型案例”，因为这个案例我也获得了“全国‘一带一路’十佳律师”称号。二是我是法学院教师出身，心中总有法学教学、科研情结。办了那么多名案、大案，感觉与现时法学院的案例教学还不是一回事。总琢磨着怎么总结总结，念叨着有机会时回法学院给同学们讲一讲。也对有关教学体系作了一些反思，适当的时候提提改进建议。

采访人：谢谢您接受采访，谈得那么深入。

黄建武

——回望在法学院走过的几步

受采访人：黄建武老师
采 访 人：曾东红
采访时间：2019 年 1 月 9 日
采访方式：直面访谈
采访地点：中山大学南校园法学院办公楼
整 理 人：曾东红、郑恺歆、孙华欣

受采访人简介

黄建武，男，1957 年月出生，广西桂林人，中山大学法学院教授，法学博士。高中毕业后曾“上山下乡”、进厂。1981 年毕业于广西桂林师范学院大专部，后在中学任教数年。1986 年毕业于广西师范大学政治系（专升本）。1989 年毕业于西南政法学院，获法学硕士学位。1992 年毕业于中国人民大学法律系，获法学博士学位。1992 年 7 月后在中山大学法律系任教，1993 年任副教授，1997 年任教授。主讲“法理学”“法社会学”“人权法”等课程。1996 年至 2003 年，先后任法律系副主任、系主任、法学院常务副院长。曾作为访问学者访学美国史蒂逊大学法学院，哈佛大学哈佛燕京学社，耶鲁大学法学院（富布莱特项目研究员）。现任中国法学会立法学研究会副会长，中国法学会法理学研究会常务理事；曾任中国行为法学会副会长，教育部法学本科教育指导委员会委员，广东省法学会副会长，广东省法学会法理学研究会总干事。独

著、合著、主编、参编专业著作20余部，发表专业论文60余篇。主要著作有《法的实现》《法律调整》《法理学》《法理学教程》等。

采访人前絮

黄建武老师是2017年退休的。1999年，他成为王仲兴教授之后中大法律系第四位系主任。在此之前，他任系副主任4年，是王仲兴主任的副手。2001年法律系更名为法学院，他被任命为法学院常务副院长（主持工作）。

我曾有幸与杨建广、蔡彦敏老师一起，做过黄建武老师的副手（担任系副主任和副院长），大家在工作中，一起同过甘，也一起共过苦。交往中，我能感觉到黄老师公正、严谨、审慎的行事风格。

受采访人口述

采访人：黄老师您好，很久没见了，近来可好？

黄建武（以下简称“黄”）：很好，谢谢，很高兴见到你们。

采访人：学院想对学院发展的历史做一些整理，也是想通过口述历史的形式，来记录学院教职工与学院的关联，这样的材料可能更加生动鲜活，对后人更有启发。因为您在学院担任过教师多年，又曾经主管过行政工作，所以，我们想请您对您在学院做过的工作做一些回顾。也谢谢您接受我们的采访。

黄：好的，聊聊天吧，但愿对你的工作有所帮助。

一、加盟中大

采访人：从你到中大说起吧。你是1992年到中大的，你当时博士毕业后为什么想到中大来？

黄：我1989年至1992年在中国人民大学法律系读博士，导师是孙国华教授。毕业时确实有一些选择的机会，孙老师和教研室都希望我留在人大，实际部门也是可选的。当时的博士也很少，那一年，全国的法理学博士就两人，一个是北大的，另一个是人大的我。当时在北京读博士的大多留在了北京工作，我个人更希望到南方发展。因为在邓小平1992年“南方谈话”后，南方改革开放的风气和氛围更令人向往，而当时北京给我的感觉还是气氛比较压抑，所以不想留在北京工作。

1991年，博士毕业前的一个学期，我有个同学正好在中山大学工作，我让他帮我问问中大法律系是否要人，并让他帮我递交了一份个人简历。后来中大法律系系主任李启欣老师到北京开会时约我见了面，表示欢迎我到中大工作，还专门为我带了一包糖。我觉得这位领导十分可亲，我向李老师了解了法学院的基本情况，李老师也是比较细致地做了介绍。李老师问我，如果到中大，待遇上有什么要求？我说，与法律系老师同样待遇，如果我要不一样的待遇，你这个主任也不好当。现在看我当时这个态度好像有点觉悟似的，其实像我这个年龄的人，在那时多少还有一点 20 世纪七八十年代的遗风。当然，我也知道中大法律系老师的境况还不错。交谈过程非常愉快，我们就约定到我毕业时再联系。没过多久，黎学玲老师就到人大我的住处看我，说是李启欣老师委托他来看我，再次表示欢迎我到中大法律系工作。我觉得中大法律系的领导和老师都很真诚、友好，所以毕业后就直接拿派遣证到中大了。此前连书面协议都没有，我就告诉中大法律系可以让中大发接收函，我肯定到校。我还记得刚到中大报到时王继伟老师对我的热情接待，报到和安置的很多事都是由她帮助办理的。此后，李启欣老师对我的科研教学又给了很多关心和帮助，教研室主任林华老师、邓伟平老师等更给了我很多直接的帮助。还有，刚来头几年我常常到系图书室看书，在系办公楼的三楼，很安静的。当时的图书管理员邱慧专老师、顾振芳老师和林玉云老师，对我很关心，在我看书休息间隙，她们会给我介绍这里的生活知识和当地风土。对这些老师我一直心存感激，我到中大后生活舒心，发展顺利，与这些老师的帮助是分不开的。

我到法律系后先后开过的课有这么几门，本系本科生的“法理学”，学校公共课的“法学概论”，本系研究生的“法理学研究”“法社会学”及“人权专题”，从 1992 年任教至 2017 年。

二、对法学教育定位的认识

采访人：记得您经常提法学教育是精英教育，请您谈一下您是如何理解法学教育的定位的。

黄：作为教师或在学院管理职位上，我常说法学教育是精英教育。1999 年和 2001 在北京召开的法学教育国际研讨会上，我提交过相关论文或做过大会发言，后来也发表过相关论文；我上“法社会学”课程有一个专题是“法律职业”，也一定要讲这个观点。当然，这个观点并不是所有人都赞同。在民主化、大众化的潮流中用精英这个词好像是不大协调的。民主化、大众化，讲究的是人人平等，大家都一样。精英有精华之意，凭什么说你就是人中精华？凭什么说你要教出精英？这不是将人分出等级吗？特别是在教育体制和教育模式比较中，精英教育对应大众教育，前者通常指对贵族和社会上层人士的培养，后者指对大多数民众的知识传授和教育，现在教育体制和模式的走向都是大众教育。

所以，用“精英教育”这个词有点逆潮流而动。

但是，我讲的精英教育，是讲法学教育的目标和内容。目标是培养社会精英，内容是就这种精英有关的素养对学生进行塑造。这里的一个前提就是，法律人是社会精英，或者说应当是社会精英。

法律人是社会精英或应当是社会精英，并不是我要求的，这是社会要求的，民众要求的！你问民众希望什么样的人去做法官、检察官、律师，他会说出什么公平啦，正直啦，理性啦，责任感啦，有同情心啦，熟悉法律啦，等等，一大堆特点。这些特点就把他们与其他人区别开了。这些人共同掌握着国家的司法裁判权，他们的职能向社会输出的不是什么社会服务或产品。比如，IT 工程师设计出软件，建筑师设计出图纸，工人建造出房屋，这些行业输出的是服务或产品，但法律人的整个职能输出是人们所期望的公正的制度。也正因为这样，在法治国家，民众对法官、检察官非常崇敬，他们享有崇高的威望。当然这也包括律师，不过律师的威望和社会地位可能比前两者低点。从这些特点来看，这些法律人不是社会精英是什么？当然，这种社会精英不是说他们高人一等、有什么特权，而是说他们职业与权力和权威结合，他们承载着民众厚重的期望，承担着与一般人不一样的社会责任，民众要求他们不是普通的人。就像有人说的，一个跨国公司总裁的位子上可以坐着一个无赖，但哪怕一个最基层法庭的裁判席上，坐着的只应当是当地人认可的精英。

这种精英从哪里来？又不是天上掉下来的！不就是首先靠法学院教出来，然后再在法律人职业群体中捶打，然后就成了。所以我给学生们上课也常说，法学院的教育状况在很大程度上影响着一个国家法治的未来。法学院就是法律人的摇篮，摇啊摇啊，你们就出来了，成了个基本的法律人，后面的成就就是在这个基础上继续锤炼和修炼形成的。

我认为，法律人作为社会精英至少有这么几个基本素质：第一，有理念。要有民主、法治、公平、正义的理念，特别要有人的观念，将人视为目的而不是工具。第二，有情怀。有悲天悯人、关怀天下苍生的情怀，这种情怀也是一种担当，一种责任感。第三，有品行。有良好的道德修养，廉洁、正直，守道尚法，不谄媚于权势钱财。第四，有才能。懂社会、懂法律，有良好的专业知识与技能。这些素质是法学院教育所要围绕进行的。所以，法学教育不是制器，而是育人，是育法律人、育社会精英。不能狭隘地将法学教育理解为只是一种职业教育，是传授一种像设计、制造一样的职业技能，将学生培养成可以通过办案来挣钱吃饭的工作者。

因为这样的理念，我在管理工作中常提醒我们的老师认真对待教学，行为举止上注意做表率，我对学生要求也很严。但其实我也很喜欢我们的学生，特别是本科生，他们通过高考考很高分进入我们学院，都非常优秀，如果不好好培养，那是很对不起学生和社会的。在教学中，我也是尽力做好自己的工作，比如，每一次上课，都会重新准备，会根据学术发展和社会新问题补充新材料；注意根据学生特点调整教学方法，引导学生思考，回应学生的问题。在学院搬到大学城后，学生与老师难以联系交流。每个学期过半后，我专门安排每两周一个下午对本科生答疑，直到退休。对研究生教育也是这样。

三、对中大法学教育与社会服务关系的理解

采访人：前面您讲了法学院的教育责任，现想请您谈一下教学单位应不应当直接服务于社会。

黄：我认为法学院作为一个教学单位，也是研究单位，是应当服务于社会的。总体来讲，法学本身就是一门社会实践性很强的应用学科，它离不开社会。当然，教学和科研单位服务于社会要立足本职和学科特点，不能跑偏。

中山大学位居改革开放的排头兵——广东省，我们要想办法通过人才培养和学科建设让中山大学对广东省、对粤港澳合作、对整个社会的改革开放做出贡献。我认为比我先到法律系的老一辈是有这种抱负的，他们以及我们这一代人也是这样干的。

比如，广东省在全国范围内率先尝试结合改革开放先行先试的需要进行经济立法，包括涉外合同法和公司企业法等方面的法律实验。法律系很多老师包括端木正、黎学玲、李启欣、江振良、程信和等教授都积极参与进去，他们在全国首先编写了《经济特区法教程》教材。随即我们法律系也就开设了“特区经济法”课程，全国也只有中大法律系开设这门课程。不得不说，深圳在特区经济立法方面的突破和经验在全国得到推广，中大法律系在其中发挥了重要推动作用。很多老师都参与了政府咨询、调研及决策过程的活动，也培养了一批优秀的改革开放方面的法律人才。另外，中山大学位于粤港澳地区的中心，与香港也交流颇多。李启欣老师等曾组织老师们对香港法律进行研究，编著香港法律制度研究的系列丛书。香港基本法颁布后，他们也一直在坚持探索这些问题，为两地的合作提出意见。

我在担任学院管理职务时，也算是承上启下做过一些这方面的工作。比如，我们与香港律政司合作举办十多期中国法律培训班，老师们多次为律政司官员讲授介绍中国内地法律。当时的律政司司长梁爱诗女士也曾亲临中大参与指导过有关交流。我记得在我之后，我院又与校外事处办合作办了多期香港警署培训班，对香港警员进行中国法律常识的培训。这些交流为香港回归后两地的合作与发展贡献了力量。

又比如，我们办法律诊所，这既是一种教学模式，也是服务社会的一种模式。讲到这里，我必须说说蔡彦敏老师，很遗憾她已去世了。她为这项工作的起步和发展做出了很大的贡献，当然，她的贡献不仅仅在这个方面，我们是应当记住她的。记得2001年我们准备开办诊所教育时，蔡老师和我讨论要设哪些专业内容。当时起步的其他学校一般设刑法、民法。我建议设劳动法和环保法，理由是广东发展得早，正面临转型，劳工保护和环境保护问题突出且越来越受到有关部门重视。设这些专业既能训练学生业务，又能通过服务社会培养学生的社会责任感、对劳工和环境的亲近感。后来由蔡老师负责，黄巧燕老师、李挚萍老师、杨鸿老师等几位老师作为骨干，就这么办了下来。为社会做了不少事，帮助了不少需要帮助的人，也得到了社会的好评，选课的学生们也感觉收获很大。

我院服务社会、服务地方，也对我院的教学科研产生了积极影响，促进了我院的教学科研和人才培养。我想，可以说，这也是我们法律系（法学院）几十年来办学的特色之一吧。

四、关于学科建设与“系”改“院”

采访人：学院的学科建设是学院的一项重要工作，您担任过系副主任、主任、法学院常务副院长，一直都很注重这个方面，请您谈谈这方面的情况。

黄：我从1996年开始参与学院行政工作，分工中负责管理研究生教学和外事。当时的学科建设主要是硕士点的建设问题，所以一部分工作归到研究生这一块，相关的人事协调、教研室组合等是主任王仲兴老师全面抓的，我做的是参谋辅助工作。刚接手时只有三个学科点：经济法、国际法及法制史。早先还有一个刑法点，因人员退休、无团队支撑，停招了。后来我梳理了全院学术成果和各位老师的学术专长，发现要打破原教研室的格局，从全院整合资源，可以先后再建几个点，并提出了具体整合方案和建设意见，这些意见得到了系里几位领导的认可，后来经副教授以上教师讨论得到赞成。经过一段时间的努力，在1998年以前，我院增设了诉讼法、法理学硕士点。1998年，我们在全国第二批法律硕士点的申报获得成功。当时这个专业学位点的设置是司法部、教育部共管，申报条件是有不少于5个硕士点的支持，或者有不少于3个硕士点加1个博士点的支持。我们获批设点时，全国一、二批一共只有13所学校获得资格，包括北大、人大、法大、西政等学校。这个点获批后大家很高兴，因为这是在华南地区培养法律实务人才的平台。头三届的法律硕士给我们的印象特别深，他们来自广东、海南、湖南、广西等省区，因为当时招收条件是本科毕业后有不少于5年的政法工作经验，全国联考，所以招到的学生都非常优秀，有丰富的实践经验，上课讨论和论文指导都很有意思。面对这样的学生，系里的老师是很高兴的。学生中很多人后来都成为各个领域的带头人或领导者。

学科建设全系上下都很重视，通过内部培养、外部引进也加强了团队建设。后来刑法学硕士点恢复招生，系里又建了宪法行政法、民商法和环境法硕士点，各专业布点算是比较齐了。

但也必须说，在学科建设中我是有失败的经历的。在我任法律系系主任和法学院常务副院长期间，两次组织申报博士点均功亏一篑，没有获得成功。一次是 2000 年申报经济法，另一次是 2002 年同时申报了经济法和诉讼法两个专业，都以失败告终。这也怪自己的工作能力不足，没能将全系或全院的力量很好地组织起来。建成博士点是法律系或法学院老师多年以来努力追求的，后来是在学校的支持下，刘恒老师接任院长后才实现了突破，圆了学院多年的梦。

采访人：另外有一个问题，在您任系主任期间，法律系改成了法学院，您担任了法学院常务副院长，这对法律系来说应当是一个大的变化，您可以谈一下这个变化的原因或者过程吗？

黄：情况是这样的，当时法政学院下有法律系，政治、行政学系，社会学系，以及人口研究所。院下面各系叫作实体系，即享有与其他学院一样的管理权，业务、经济各自独立。在进入 21 世纪这个当口，法政学院下面各系学科和教育规模都有了很大发展，这种统合模式对各系进一步发展已有一定制约。不少老师都有类似看法，我担任系主任感觉比较明显。比如，当时国外一些法学院院长到访谈合作交流，我们是一个系，不对等，我们请法政学院院长来参加，但当时的院长是政治、行政学系的王乐夫教授，专业问题又谈不到一起。国内交流也有这种情况，谈合作协议时别人总要问是由法政学院确定还是法律系确定。而且，当时国内各主要大学的法律系都已改成了法学院。所以，我向学校提出了法律系独立出来更名为法学院的建议。口头向校领导提过多次，也提交过正式报告，说明了理由，附列了国内大学法律系更名的情况。针对法学院下没有设系何以能成为院的疑问，报告还专门解释了国外存在单科法学院的体制，也列举了国外一些主要法学院名录。

学校领导是重视的，校长还问过我，你们这不是复建，又不是新建，这算什么？我说是“更名”。后来学校下文也是说“更名”。当然，现在也有人称“复建”法学院。校长还和我谈到有无人事变动问题。我提出，我不任院长，希望学校出面聘请西南政法大学的徐静村教授来当院长，这便于我们博士点申报的团队组合和对外宣传，我给徐教授做助手。因为徐教授是刑诉法的权威，当时因年龄关系正从西南政法大学校长位置上退下来，而我们正要组织申报博士点，根据教授们提出的规划要求，诉讼法是一个专业选项。在徐教授的关系转过来后，就可以在我们的团队中起中坚作用，院长的职位也便于他代表我们对外介绍宣传。事先我们也联系过徐教授，他表示愿意到中大来。我还跟校长说，中大法学院院长职务根本没法跟西政校长比，我们这样只是表示诚意和敬意，并希望方便他工作，徐教授本人是不会考虑职务这个东西的。

后来学校接受了这个建议，也与徐教授做了沟通。再后来也就下文法律系更名为法学院，任命徐静村教授为院长，我为常务副院长，主持学院工作，蔡彦敏、杨建广、曾东红为副院长。只是后来阴差阳错，徐教授的关系没能转过来，同时他那边的研究项目和博士生指导工作还没做完，过来的时间不多。但他对于我们博士点的申报还是提出了很多好意见，也为我们的申报做了很多宣传工作，对此我内心是非常感激的。

因为学院的工作由我主持，在工作交流中很多人以为我是院长，这是误会。在交流中我也总是说明我是副院长，那时兴用名片，我的中英文名片也是这样写的。只不过中国人的习惯，在称副职时总喜欢去掉这个“副”字，形成了误会。

五、关于学院的对外交流

采访人：我感觉您从做系副主任起到做常务副院长，都很重视对外交流，能不能谈一下这方面的工作?

黄：院系对外交流很重要，有交流才能促进发展。我知道你说的对外交流是指与境外的交流，是我们常说的外事。

做系副主任时我负责外事，做主任和常务副院长时，由蔡彦敏副院长负责外事。因为原有的外事工作承接和后来要代表系和学院，加上蔡老师在这方面工作很谨慎，所以重要的外事工作她会提议我一起参与，但很多事情实际上她已经做了很好的准备，我参与这些工作也很轻松。

这方面有一些对系或学院有重要意义的工作可以提一下。比如，我们的图书馆建设，系里的图书馆被联合国的资料发布机构确定为联合国资料托存图书馆，当时在中国确定了四个单位。瑞典罗尔·瓦伦堡人权与人道法研究所多次大量给我们捐赠人权书籍，当时这个机构在中国捐赠两个单位，另一个好像是法大。这些是经国家有关机构同意的。我们的图书馆原来这方面的资料很缺，这些资料极大丰富了我们的图书馆，方便了教学研究。

又比如，我们与岭南基金会和雅礼协会合作，为期四年，岭南基金会和雅礼协会出经费，由雅礼协会每年委派一位法律专业外教来任课，全英文给本科生上专业课，另外还给学院老师作口语训练。四年时间给我们的师生帮助很大。

这些外教还帮我们进一步扩展了与国外学术组织的交流。比如，一位名叫欧海丽的外教，回美国后到了佛蒙特法学院任教，于是又帮我们联系与该院合作，该院是全美环保法最强的法学院。我记得是2002年年底，我和蔡老师刚好因不同项目在美国做访问，一起专程到了佛蒙特法学院与他们的院长谈定合作意向，包括他们接收我们的老师来做访问学者，一起设法找经费支持两院合作开展环保法项目研究。两院还共同向岭南基金会提交过报告，我与岭南基金会负责人就此谈过两次。后来李挚萍老师受岭南基金支持到该院做访问学者。再后来，对方学院找到一笔较大资金来支持当时约定开办的项目。虽然那时我们已经换届卸任，但对方的法学院院长和项目负责人还是约我和蔡老师见面，聊起项目的进展大家都很高兴。这个项目后来听说做得很好，我们这边是由李挚萍老师具体负责的。

我记得还有一个雅礼项目的外教，好像是叫理查德，回美国后在纽约大学法学院做环保法诊所教师，又帮助我们联系与纽约大学法学院合作诊所教育。后来我们又联系基金支持，让我们多位老师一起到美国访问，做诊所教育交流。

这类例子还有很多。比如，从境外交流的角度说，我们与港澳法律机构、学术组织、学者都有过很多交流，与欧洲的一些大学和学者也有过交流。

但我很遗憾有一个想法没有做成。香港1998年居留权案后，看到由此引起两地法律界法学界的不同反应，我认为，这其中一个原因是两地法律专业人士互相对对方的法律文化不了解，不理解，互有隔膜。香港回归后，合作和共同发展是长久的事，法律是基础和条件。合作的前提是相互了解和理解。回归后，“一国两制”，会出现许多新情况，会遇到许多新问题，不能一遇到问题就觉得：我们遇到你们，你们遇到我们，互相警惕，甚至排斥。而应该是：我们共同遇到了什么，我们讨论如何共同解决。要有这种“我们”的心态，前提就要有互相了解和互相理解。学生是合作的未来。所以我想组织一个粤港澳三地法科学生定期交流的项目，让他们通过交流，互相了解不同地区的法律制度、历史和理念，创造条件促进互相理解。如果他们能够成为朋友更好，将来的合作就靠这些年轻人。这些想法我在学校和一些管理人员交流过，他们认为很有意义。我在耶鲁法学院做富布莱特项目研究员时，与岭南基金会负责人、一些关心香港内地关系的华人学者交流过，也得到肯定，还有人主动提出帮助联系基金支持。当然，找资金不是一下可解决的，设立项目也还要经过正式管理的程序。后来我任期到了，换届后这个事我也没再跟进。看到香港的近期乱象，总觉得如果当时能够做成这件交流的事就好了，作用无论大小，总会有一些好处。

外事无小事，我们的工作都在学校的领导下进行，也一直坚守我们的理念和原则。回想这些事情，真的很感谢境外那些给过我们帮助的机构和学者。

六、关于行政工作与学术研究

采访人：搞行政工作是否影响您做学问？

黄：搞行政工作对我个人研究学问确实有一定影响。个人意愿是做学问而不做行政工作。

1999年下半年王仲兴老师卸任法律系系主任前夕，我在香港给中国法培训班上课，回来后收到了接任法律系系主任的通知，很诧异。原来做王仲兴老师的助手，虽说学到一些管理知识，在王老师领导下也做成了一些事情，但总觉得这些工作太异己，自己还是喜欢做学问。所以最初我顶着不接，僵持了一阵。后来多位领导找我谈话，承诺让我干一年，想想再苦也是一年，也就接受了。后来时间到点我要求卸任，学校坚持不许，还受到了学校党委书记的严厉批评。我说这有约定，可能学校考虑我是法律人，讲契约，于是学校又任命了一次，当时我只能服从。既然接受了，也就努力去做了。

我一直很佩服能平衡好学术和行政的人，两方面都做得好，但我做不到。我从事行政工作几乎是事事亲为或过问，甚至包括修改对外公函、文件，检查学院账务细目，重要的会议亲自打电话请教授参加，等等。我不希望在最基本的工作上出现问题。

我也知道以前岭南大学陈序经校长的两手，一手抓钱，一手抓教授。所以我也注意努力抓创收提高老师的收入，同时注意引进人才和创造教师升职空间和机会。还好，基于大家的努力，我们那时的经济状况比较好，而且每年都有些提高。但那时各校都在竞争报博士点，互相挖人才，人才引进的工作真难，我们也做得很艰苦。教师的职称晋升在学校中竞争也是非常激烈的，特别是教授职称。那时院系按总体职数，但每年不划院系指标，在全校一定名额中竞争。所以，各院系为教师的升职要做很多工作和努力。但有一次我们的职称评定成果确实让我高兴了好一阵。记得是2001年，那年有一位诉讼法、两位法律史的老师同时申请教授，大家预测和按以往的规律，上一个是正常，能上两个是超常，极困难。但投票是结果三位全上了。我现在还记得当时唱票结果出来时，另一个比较大的学院的老院长呆坐在那里眼泪几乎要掉出来的样子，他们学院也是几位教授申请，但无一人入选。院系负责人的压力是非常大的。当然，每个人能胜出的必然因素是条件过硬，但能够经过几道程序筛选最后进入投票的，能说谁不是强手？有些偶然因素是没法预测的。这个结果对我们来说实在难得，确实为我们后来的学科建设增添了很好的条件。

为了老师的事，我有时还要亲自跑一些部门去沟通。比如，有教授调来要安排住房，亲自多跑几次有关部门，就会快些解决。我记得有个事情还蛮有趣的。有位老师在学校集资建房时预交了第一期费用，但是由于客观原因第二期没按时交费，又遇上学院的律所正要脱钩改制，人事关系将变动等，说是集资建房资格没有了，预交费也不退回。该教师自己多次向学校有关部门反映情况，但问题得不到解决，于是要求法律系解决。我也是无奈，约有关领导见面反映也不是一下做得到的，刚好看到第二天有校长接待日，我就亲自带着这位老师去排队上访。一些待访的老师看到非常奇怪，好奇法律系系主任怎么也来排队上访。后来我就这个问题向校领导做解释和说明，在校领导的关心下，这个老师的房子问题最后得到了解决。

我觉得自己是那种不愿做和尚，但做一天和尚会认真撞一天钟的人。任职期间对行政工作是认真负责的，虽然影响了自己从事喜爱的读书做学问，但也没有什么后悔的，一种缘分吧。

七、对法学院群体的总体感受

采访人：您在中大法学院工作这么多年，做过领导，也做过老师，现在退休了，您能不能概括谈一下在这里的感受？

黄：法学院是个组织，对它的学术地位、社会作用这方面的感觉我就不谈了。我来到这里工作，遇到了一群同事，一起做事，总的感觉就是，大家有一种关心国家、关心社会、关心学生的情怀，有一种艰苦创业的精神；有一种敬业、对事业执着的态度。

关于情怀，我们前面讲学院的社会服务有所涉及。但我还要专门讲一下老教师的情怀，他们关心新人后辈，这点我是感受很深的。我到法律系，在教学、科研、行政多个方面工作，曾得益于很多老教师的指导帮助。比如前面我提到的一些领导和老师，又比如陈致中老师、李斐南老师，他们在我刚做系副主任负责系外事工作时给了我很多帮助。王仲兴老师、程信和老师自不用说，教学、研究、工作上都交流很多，让我学到很多东西。

关于艰苦创业的精神，我到法律系后听说过自 80 年代初中大法学专业复办以来的很多故事。开始复办时，人、财、物都困难，科研教学条件从零开始，老一辈就这样打拼过来了。记得我 1992 年到中大时，条件也远不如现在，而且教学、科研、社会服务等方面工作强度很大，但大家都很开心，没有什么抱怨的。我当时觉得这就是改革开放前沿的一种创业精神。后来一直走到现在。

关于敬业和执着，我看到我们很多老师就是这样认真对待教学，认真对待科研，认真对待学生，踏踏实实做人，认认真真做事，坚持不懈。

说到这些感受，我内心还非常感谢同事们在我过去做行政管理工作时对我的理解和支持。我记得同事们对我工作的宽容和接受，与班子成员一起共过甘苦；还记得当时的工会主席李正华将教师们的业余活动搞得有声有色；也还记得书记陈碧涛老师累得病倒在教职工代表大会的会场；我当然也还记得工作中教师们与我也不总是一团和气，教师们有吵架，我和教师们也有吵架，应当说吵得最厉害的是博士点的申报。这些事情回想起来一直觉得很有意思。大家属于那种端起杯子一起喝酒，放下杯子互相吵架的人，书生意气，执着不让。吵的事情是应当报哪个点，如何组织和工作。其实，对于这种认真、执着的吵架，我是很尊重的，大家都把学院的事当个事，都把自己的学术发展与学科点建设和学院的发展联系在一起，且都自信自己正确，努力去说服甚至是要求别人听从自己，这才会“急”、会“吵”。对于这些，我当时确实无法协调。也许，当时和现在可能都会有人以成败来评论这种争吵的好坏。但我认为，这些学者，本来都是求学问道的人，探求学问真理这个事，原本就不是一个竞争的事业。每个学者或团队，都是或应当是这条探索路上孤独的探索者，他们本应不被干扰而凭自己的专业兴趣、爱好去做研究。但当时的行政管理模式是将全国的学者转换成夺标人，让大家不得不像过年时抢青的舞狮队，眼睛盯着上面挂着的一把青菜，拼命往上挤，正常的都必然有相互挤兑磕碰，不正常的还免不了偷偷在下面踹他人一脚，不然拿不到上面的青菜。这种管理其实并不符合保障和促进学术发展的要求。面对这种管理模式，我们又怎么能去批评学者如何“不应当”呢？其实，我在管理中经常反思我遵循的行政管理体制，经常觉得很矛盾，所以我极不愿意担任行政管理工作。

总的来说，在学院有很多美好的回忆，现在与你谈起这些都很高兴。

采访人：你说的这些在法学院的经历都很珍贵，我们会记录下来，谢谢您和我们谈了这么多。

林祥平

——只有设身处地为师生着想才能做好工作

受采访人：林祥平老师
采 访 人：曾东红
采访时间：2018 年 11 月 29 日上午
采访方式：直面访谈
采访地点：中山大学南校园蒲园区林祥平老师住处
整 理 人：凌慧婷

受采访人简介

林祥平，男，1943 年 11 月生，广东饶平人。1969 年毕业于中山大学地理系。原法政学院党委书记，副研究员。1982—1986 年，任法律系团总支书记；1986—1992 年，任法律系党总支副书记；1992—1996 年，任法律系党总支书记；1996—2001 年，任法政学院党委书记兼法律系党总支书记；1997 年评为副研究员；2003 年 11 月退休。

采访人前絮

林祥平老师总是说他自己只是一名普通的基层党务工作者和学生工作者。这既是实话，也是他的谦逊。因为，实际上，一名专职党务工作者如果要在法学院系这样的基层工作中不辱使命，是很考功夫的，这在中国似乎是个普遍现象。林老师在本院工作长达21年，这本身已经是个有说服力的事实。即使从普通层面来看，无论是我本人的观察还是一些校友在访谈中提及的印象，他与一般基层学生工作者或者党务工作者不太一样，有其特别的地方。他头脑清醒，大局意识强，似乎不善高谈阔论（更不会巧言令色），但话能说到点子上。他讲话很少带政治词汇，更注重实干，信奉并践行“人情练达即文章”的道理。做学生工作如此，做党务工作亦如此。记得我在研究生阶段对入党问题并没有很重视，认为自己无论是为国家效力还是自身谋生，入党与否似乎关系不大。我所在的研究生党支部书记老严同学，曾多次动员我向组织靠拢，均“效果不佳”，他一度半开玩笑半批评地经常说我是“落后分子”。我加入中大法律系后，林老师和我（后来）所在党支部书记谢石松教授对我的入党问题很是重视。他们除了在系里找我谈心以外，还两人一起亲自上门家访，使我大为感动。我清楚地记得谢石松老师跟我说：“论你曾老师的平时表现大家心里都有数，我个人认为早就够条件了，只差思想觉悟上‘临门一脚’了，我就是来踢这‘临门一脚’的。”林老师动员的话也没有什么豪言壮语，他说：“第一，你是搞法学教学工作的，也是法律专业工作，抓紧入党不仅不会影响，而且更有助于专业工作，将来更是如此。第二，你爱人已经是‘资深’党员了，你总不至于要长期搞‘党外合作’吧。第三，我多少了解你的为人，你也不是那种要对着干的人，老待在党外也不是个事。”谢老师则不时附和。虽然我并非主要是因为他们的话就交了入党申请书，但他们诚恳实在的为人处世方式给我留下了深刻的印象，后来他们也就成了我的入党介绍人。通过这件事，我也算亲身感受了大学里平凡的基层党建工作是怎么做的。

受采访人口述

一、我与中大不解的情缘

1964年，我考入中山大学地理系气象学专业，一共读了6年，原本气象学专业只需要读5年，因为“文革”延迟了1年才毕业。所以我虽然1969年就毕业留校了，但是1970年才开始拿工资。能够留校也是因为我在学生时代当过班长，并且在1966年就入党了（那个年代学生党员不多）。留校后学习做辅导员，主要负责学生工作。但是按规定毕业后不能直接当干部，我就先在中大机械厂当工人，后来1970年因为地理学院要求必须有一个气象学专业背景的辅导员，所以就叫我过去当第一届的辅导员，一直做学生工作做到1976年。1977年开始，我在地理系党总支担任宣传委员。

1980年，我离开地理系到校人事处师资科，工作范围包括：老师出国需要师资科审查，老师的英语、俄语或者日语培训合格后，师资科需要写材料向教育部打报告，批下来之后才能送他们出去；另外，师资科还要负责师资培训、教师提升、人员登记，等等。师资科里面的工作人员也不分你我，一起整理材料，召集人员投票，等等。我们当时对于专业老师的了解比较细致，知道谁的经历比较丰富，科研成果比较好。因为投票的结果也不是百分百准确的，所以也会参考我们师资科的意见。我从诸如此类的事情上感受到师资管理工作的重要性及基本方法，这也间接为我后来到法律系摸索工作方式方法起了一定铺垫作用。

我在人事处待了两年。后来马传方同志有一次生病住在卫生所，我原来是他的老部下，就去看望他。他诚恳地对我说："林祥平，看看能不能过来帮我一下，我们法律系筹办刚上轨道，需要人，主要搞学生工作，现在没有什么人愿意过来支持法律系。"我也不敢吭声，因为考虑到我在人事处屁股没坐稳又要到法律系来，似乎有些不妥。后来我了解到，原来老马是新中国成立初期法律系毕业的，他搞法律系是有专业热诚的，遂有所心动。人事处张处长听说我要离开，就劝我不要走，说："我们人事处的工作你搞得还可以，是有晋升机会的，无论如何会保证有你饭吃（工作上发挥的余地），法律系就不要去啦。"我把处领导留我的想法跟老马说了，但老马坚持说他会做张处长的工作，让我一定要过来。

就这样，我在1982年招生之前就到了法律系，参加了法律系1982年招生工作。那时候端木正老师已经到了法律系，比我早一两年过来。我到法律系的时候已经38岁了，组织部部长听说我这个年龄，就让我当团总支书记，做辅导员。大学同学里面当辅导员的可能也就是我时间最长了，在地理系和法律系都做辅导员。1970年开始当的辅导员，到人事处后中断了两年，然后跟着老马又做辅导员。当时教务处处长也要我到教务处去。我说："原地理系还有人要我去，老马也叫我去，个个都要我去，我分身乏术呀。"便婉拒了。当时系党总支书记是老马，副书记是刘伟南。原本团总支书记是不应该参加党务工作的，但是党政会每次都让我参加。也是老马和我说："林祥平啊，组织工作你来干，你就大胆参加。"后来，我又被任命为党总支副书记，主要管学生工作和党务工作。1992年老马退休，我就接任他当党总支书记。2001年我退居二线，2003年正式退休。

二、我在法律系做党总支书记之前的十年

1982年，我进入中大法律系工作，恰逢法律系复办初期，对法律系的师

资、教学方面也是印象颇深。因为“文革”，所以学法律的老师大都没有从事与法律有关的工作。大家都从四面八方来，有的在工厂当工人，有的被打成“右派”分子，还有一些算比较好的，比如黎学玲老师在大学里面教政治课，温光均老师原来当过外语老师，陈致中老师在广西当过中学外语老师，李启欣老师还在武汉中南财经学院教了四年的化学后又调到广东师院当化学老师，法制史的陈国伦老师当过中学语文老师。因为我们法律系复办需要人才，所以老马他们到处找大学法律专业毕业的人。

法律系最初筹办的时候也没有办公室，老马就在学生课室那里办公。当时老马和陈登贤老师去跟房管科要房子都要不到，鲁英老师就在人事处增加一张桌子办公。我过来之后，法律系队伍也还在建设当中，从各个方面调人进来，像我也介绍了钟庆铭老师过来，还有姚若阶老师也是校长办公室姓姚的一个同乡介绍过来的。从法学教学这个角度，很多老师也是半路出家呀，毕竟那是个特殊年代。

1982—1992 年这十年，我主要在管学生工作。感触很深的就是做学生工作一定要做得很实在、很具体，真正地为学生服务，不能一张口就是管理人家，要主动和学生打成一片。当时学生宿舍在哪里，我就在哪里留个房间，住在学生旁边，住了好多栋学生宿舍。管理的事情也非常的具体，比如搞卫生、带领学生做早操。就学生工作来说，我觉得有几个方面可以谈一谈。

第一，在做思想工作方面，要花很多功夫了解不同学生的特点。学生出问题了，不能动不动就笼统地“为国家为人民”的抽象说辞一大套，而是首先要设身处地为学生甚至为其家庭着想，然后才会考虑诸如“家国情怀”等其他方面，然后有什么问题要帮他们解决。学生出现了思想波动，要找他个别私下谈话，千万不能动辄在大会上点名批评，这会伤害学生的自尊心。自尊心受到伤害比受到什么打击都大，学生工作就没法做了，也等于害了学生。

第二，对于出现问题的学生，比如一念之差的小偷盗、打架、两性关系，出现问题后要严肃批评，深刻剖析，但是处理上要相对而言有一个幅度，既不违背已有的规定，又要尽量挽救他们，不要动不动就把他们开除、退学等。你要想到他们的难处，很多学生都是乡下来的，也好不容易才能上大学。学法律的要追求实事求是精神，从前以阶级斗争为纲的那一套是不行的，不能出了问题就往死里整。我认为我们法律系把握政策、法规、制度的尺度比较准确，我们处理“问题学生”的方式，基本上和老马或李启欣等老师商量过，有共识。遇到不被上面接受的情形，我和老马或者其他领导统一思想后，最后由我出面来顶，去找学生处、教务处。另外，在事实不清的情况下，不能靠猜就决定处分哪个学生。比如学生作弊，发现可能是他，但是又不确定。有人就说需要把他的行为报告到教务处那里去。我就说这绝对不行，抓作弊要有凭有据，不能靠背后瞎想就去处理人家。同时，要通过处理学生自身的事情，给学生灌输依法办事、实事求是的思想观念。有个处理学生的例子就很有典型性。有一个班的某班长去别的宿舍随手拿了一辆自行车放在宿舍楼长廊，结果被保安查获。该保安在处理过程中由于工作方式粗暴，与一个海南来的学生发生争执，后来学生群涌上来与保安理论，混乱中这个保安被人打了，但是搞不清是谁打的。那么，第一个先要处理这位班长，这位班长也是因为自己的自行车被人偷走想随手拿一部顶上。我首先做他的思想工作，让他认识到自己的行为属于盗窃和作为大学生干这种事的严重性，让他心服口服地准备接受最严厉的处置。但同时，就其平时表现而言，这确实是“一时无心之过”，不能一棍子打死，我就想办法看能不能从轻处理。正好我知道他有捡到过一条金项链上交给学校处理的事，我就用这个“立功表现”为理由为他争取从轻处理，最后给个保留学籍、记过留校察看处分。这个学生毕业后也蛮有成就的，我心里很宽慰。而处理这个海南学生就出纰漏了。他坚持说他没有打保安，但最后被开除了。我们据理力争也不行。但是后来发生另一起学生违纪事件，在这起事件处理过程中，人类学系有个学生主动承认那个保安是他打的。我一听说这个情况后又马上要求学校有关部门重新处理那个海南学生的事情，但最终也没能改变结果。对这件事，我到现在还耿耿于怀。对那个海南学生的这个处理是绝对错误的，我没有能力改变它，觉得对不住那个学生，哪怕给他记过留校察看，也还是可以留在学校，我也还可以保护学生。更重要的是，这件事的处理没有实事求是，给其他学生发出不好的信号，效果很不好。

第三，我比较注重有利于学生健康的各种活动，特别是体育活动。我本人也比较爱好体育。学校当时可以招体育特长生，可以利用这个政策招一些体育特长生到法律系来。这些学生全部是按照体育部要求把关的，体育部也会问我需要什么样的学生。我们要把体育好的学生招进来，但是也要少而精，以点带面。这样我们系的体育活动开展得很好，很多年都是全校第一。参加学校的比赛，系里也都让我当领队。我做过男篮、女篮、女排、男排的领队，去过四川、武汉、天津、上海等地方比赛，这主要是由于比赛的主力是我们法律系学生。我多次受到学校颁发的奖金奖励，加上我当领队又有补贴，收入有点可观。但是我也不会把奖金、补贴自己用掉，而是全部拿来补贴学校篮球队等的训练。记得有一次我带男排到四川比赛，取得了第二名的成绩，省教育厅奖励我 5000 元，学校奖励我 5000 元，这一次性收入在当时也算笔钱了。我用这笔钱请了排球队所有人吃饭，剩下的实际上是被我拿来作补贴搞他们的后勤工作了。

讲到法律系的学生工作和团工作，我还要感谢张元勋老师的支持，他一开始作为学生辅导员、团总支书记做了大量的工作，后来又作为总支副书记主管学生和团工作，深得学生信任和赞扬。后来他到地理学院做党委书记，近年才退休。

三、我在法律系接任党总支书记之后的十年

1992年开始，我接任了马书记的工作岗位，任法律系党总支书记，开始从“后台”走向“台前”。体会有以下几点：第一，老师们都来自四面八方，有着不同的经历，工作也十分辛苦。我们做学院领导工作，要多了解老师的背景和实际情况，才能针对性地做工作。第二，碰到矛盾，不能光靠谈话。如果不清楚发生矛盾的原因，是很难解决的。如果学院重视这些矛盾，并且积极和老师沟通，法律系老师都是通情达理的，碰到问题一般也都是接受合理解决方案的。第三，我注意多主动向学校领导汇报法律系的真实情况，尽量让学校更加重视我们法律系。我主动与校领导和学校各部门沟通，避免了不少误会和麻烦，工作也就顺畅起来了。之前我就对老马提建议说，法律系有什么矛盾不要封住，要着眼于怎么做工作。涉及学校的问题，法律系要自己做工作，但是也要让学校听听我们老师的意见和感受。曾经有一段时间，校领导对法律系有所“顾忌”，据说某领导说轻易“不敢”到法学院来。我当时就主动提出向李延保书记汇报工作。第一次找他时虽是他的接待日，但他正好没空。周六我又去了，他办公室也没人，我就打电话给他爱人，后来李书记马上回电话给我，说他会到法律系我的办公室谈。我就把了解到的有关事情、过程都和他讲清楚，他才了解到了来龙去脉。我经常与学校有关部门说：“学校要多支持我们法学院才行，多了解多做线下的工作，这不只是法律系自己的事情，也和学校有很大的关系。”这十年里，我作为党总支书记先后拍档或配合过三任系主任工作，一是李启欣主任，二是王仲兴主任，三是黄建武主任，感触良多。感谢他们，我们之间总体上做到了互相信任、相互支持，没出什么大乱子。李启欣老师对其他老师的关心无微不至。王仲兴老师花了大量的精力在行政工作上，记得他经常早上七点多钟到第一饭堂（研究生饭堂）打包炒河粉就上系里来，三扒两拨塞进肚子里后就开始办公。黄建武老师喜欢亲力亲为，公心为上的品格值得赞扬。为了办那个博士点，引进别人做院长，自己做副院长还要任劳任怨主持日常工作，这不是谁都能做到的。我还要说一句，我们法律系（法学院）历任主任、院长都气正风廉，都没有利用影响力或者职务之便为自己捞好处。到目前为止，这一条我在系里系外、校内校外都没有听到任何非议。

党总支工作方面，曾得到王继伟老师和张元勋老师的大力支持，感谢他们！

四、岁月难忘，寄语未来

说到我在法律系接触比较多的，其中一个就是马传方书记。一来，他待人接物非常诚恳，工作很有耐心，胸怀也是公认的比较宽广。他十分尊重老教授，“文革”期间批斗他的主要“理由”之一就是太依赖老教授、资产阶级知识分子。另外，他的清廉也是出了名的，从不在家接待学生及家长。二来，他在复办初期竭尽全力引进人才，也比较重视老师的科研工作。他当时主张老师的教学科研成果要专门在资料室专栏里面列出来，供学生学习示范，这个工作是他做的。复办初期他还兼管一些教学工作。

端木正老师是一个很平和大度的人。他一过来就被任命为法律系系主任。当时任命书给了三个人：马传方老师任书记、端木正老师任主任、江振良老师任副主任。端木正老师60多岁才调到法律系，也是很不容易的。他也是我们法律系复办的旗帜。他办学很严谨，这没得说。同时，我觉得他也很支持党总支这边的工作，有事找他很好商量。法律系还有很多老师值得纪念。陈致中老师为人很公正，很正派；张仲绛老师建了中大法律系第一个硕士点，是第一个招收刑法学研究生的导师，也是一面旗帜，可惜去世得过早；等等。

最后，如果要谈谈我对法学院发展有什么期望的话，我希望强调两点：第一，法学院需要认清目前形势，要有大作为，不要小打小闹，同时要同学校各部门、校友、校外单位比如法院等做好工作，让他们支持学院的工作，学院才能有效施展拳脚。与学校各部门的沟通协调是我们的薄弱环节，尤其值得重视。第二，要团结要合作，搞好师生队伍，学院的发展靠少数人是搞不好的，只有大家确定一个方向齐心努力才行得通。

赵文杰等

——话说当年法律系办公室

被采访人：赵文杰老师、曾耀添老师
采 访 人：曾东红
采访时间：2018 年 10 月 26 日
采访方式：直面访谈
采访地点：中山大学南校园西区赵文杰老师住处
整 理 人：曾东红

受采访人简介

赵文杰，男，1937 年 6 月出生，四川西充人。1958 年毕业于重庆地质学校。1958 年 8 月从广东省地质局调入中山大学地理系参加地质系复办工作。先后任教辅人员、地理地质系团总支书记、办公室副主任。1982 年 2 月转入中山大学法律系，先后任办公室副主任兼人事秘书、办公室主任（副处级）。1997 年退休。

曾耀添，男，1951 年 3 月出生，广东梅县人。1968 年从部队复员后到中山大学地理系工作。1980 年 9 月转入中山大学法律系。先后任科员、人事秘书、办公室副主任，副处级调研员。2011 年退休。

采访人前絮

一个单位的办公室是不可或缺的部门，它历来有做不完的事，而且做了这么多事但别人还可能觉得好像没做什么事。人们都知道办公室和办公室主任很重要，但又说不明白它到底哪里重要。我带着这个疑惑，采访了被法律系前辈教师们称为“老黄牛”的办公室原主任赵文杰老师（以下简称“赵”）以及他的老搭档、原办公室副主任曾耀添老师（以下简称“曾”）。

受采访人口述

采访人：今天很高兴能够采访二位老师。你们都是打从我成为法律系学生开始就在法律系办公室工作直至退休的老同志。因为受法学院委托组织编写一本类似于《法学院口述历史》的书，所以想请教你们，了解法律系复办及前期建设的一些情况。可否先请两位介绍一下法律系办公室的基本情况？

曾：法律系办公室大约是在1980年年初设立的，首任办公室主任是李康敏老师，是新中国成立前就参加过革命工作的一位老同志，从广东省团委调到中大，再到法律系任办公室主任时已经是正科级干部。当时办公室工作人员有胡斌老师，还有教务员曾淑芝老师。资料室刚开始是黄文俊、罗素英老师，稍后顾正芳老师也到了资料室。我是1980年9月才从地理系过来的。1982年年初（春节刚过）赵文杰老师也从地质系（当时叫地理地质系）调过来了，担任办公室副主任。1984年李康敏老师退休后，由赵文杰老师任办公室主任，我担任副主任，我们两人拍档直至他退休（1997年）。此外，在1981年前后，张平、林玉云、邱慧专、唐乐其、康聪民等老师先后到资料室工作。再后来，李复英、陈纯兰、柯卫等老师也调进办公室，刘盛渊、陈开春等老师在刑侦实验室兼办公室做一些工作。陈纯兰老师主要是接任曾淑芝老师，做本科教务员，柯卫老师做研究生秘书及教务工作，康聪民老师也做过一段在职研究生秘书工作及教务工作。那时候办公室与资料室、刑侦实验室工作虽有相对分工，但很多时候有什么事大家一起做，大体上也属于办公室范围。

采访人：你们是因什么缘由转入法律系的呢？

曾：是负责法律系复办工作的马传方书记叫我过来的，他当时说，由于法律系缺乏教师，复办初期负责人事工作的鲁英老师需要抽出身来搞教学工作。调我过来一是办公室需要人手，二是要兼顾鲁英老师那边的人事工作。1985年以后，系里和系党总支的人事工作由王继伟老师负责抓，她也担任过党总支副书记，那是后话了。

赵：我原来在地理地质系做办公室副主任兼人事秘书，也做过一些教学管理工作。马传方老师在做地理地质系党总支书记时就对这个情况比较了解，是他首先动员我过来法律系，端木正老师找我谈过话，当时的党总支副书记刘伟南老师也到我家找我谈过。我记得当时由于学校不同意我调过来，端木老师便亲自登门做学校时任党委副书记黄水生同志的工作（当时他们刚好住对门），经过学校开会统筹协调，我才顺利转来法律系。

采访人：你们能否谈谈在复办初期，办公室主要起到什么作用或者说做了些什么工作？

赵：复办初期办公室的主要工作也是围绕服务于“复办”开展，一是接应安顿好新调进来的教师；二是搞好教师的后勤保障工作；三是管理学生和教务工作。总的感觉是脑力劳动与体力劳动都要上，很苦也很累。但当时大家创业精神很高涨，很团结。

采访人：你们觉得办公室对老师的接应、安顿工作很重要吗？

曾：这不是我们认不认为的问题，是马书记和端木老师认为非常重要，非常重视。他们认为能否做好这项工作，关系到新进来的教师能否无后顾之忧地迅速走上教学岗位，能否让教师们安心地在法律系谋发展。因此，他们实际上给我们定下了三个不成文规矩：一是新老师来落实好车站接应，二是落实好帮他们搬家的事宜，三是新进老师安顿进学校后一定要家访了解他们的困难和需求，及时帮助解决。马老师和端木老师他们也以身作则，比我们早到的一些教师也常提起这一点，很多时候他们亲自带我们去接车。比如，我记得罗辉汉老师、唐表明老师就是马书记亲自带着我们去接车的。有时候家里煲了汤，马书记也会分给初来乍到的老师，端木老师时常请一些老师到家里吃个饭什么的。去接应老师们印象较深的是木头多又重，木头家具多。那个年代，这些木头、木头家具算是值钱的东西，也难怪囤积点木头。

赵：我也做过不少家访工作。另外，复办初期是边招生边找人上课，不少老师都是请过来上课救急的，我们也是带着感激的心情尽最大努力做好他们的后勤保障工作。

采访人：复办初期的经济条件如何，在后勤保障方面有什么体会？

赵：当时系里很穷，我 1982 年年初到的法律系，当年中秋每人发了 4 个纸包散装月饼，算是一年最大的“福利”了。1981 年，马书记和端木老师努力策划，与司法厅一起做省教育厅的工作，后者同意每年由司法厅委托我系代培本科生 40 名，司法厅每年给中大代培费数十万元，连续搞三届。后来，学校同意法律系可以提成一部分。因此，1984 年以后，法律系的教学经费及各种开支才开始松动一些。后来有了岭南律师事务所，也搞了不少集体创收。集体创收的相当一部分是交给学校，换取学校给我们优先分配住房使用权，这对解决教师住房包括年轻老师住房问题起了很大作用。比如，1984 年、1985 年，学校建设一批两房一厅住房，一下子分两批优先分给我们 15 套；1988 年，学校建了约20套简易大龄青年住房，一下子分给我系5套，确实极大缓解了教师的住房困难问题。后来财务自由一些了，才形成了法律系每年春节发发奖金，搞团拜活动时发发“春节红包”的做法，这种做法一直延续到王仲兴老师甚至黄建武老师任系主任的时候。只不过后来把春节团拜活动提前到放寒假之前了。我很怀念大家团结一心的这种温馨。

做后勤保障工作我有两点体会：一是不怕劳苦，落实好领导开源节流的决策。二是办公室的工作的核心是服务好教师，一切为了教师，上心做事。由于当时学校的管理体制所决定，系里教职工生活条件的改善主要靠系里自己的创收。我们法律系办这样或那样的班也不能以赚钱为主，主要还是为了社会效益。比如我们办的法院夜大学、自考辅导班、香港自考辅导班等。办什么班，决策靠领导，上课靠教师，后勤保障工作就靠我们办公室了。老师上课很辛苦，其实我们要落实细节，干得也比较辛苦。

要服务好教师是马书记和端木老师不断在我们耳边强调的。我的体会是对老师提出要解决的问题事事要上心，才能做好服务工作。不管是老教师还是年轻教师提出的，你都要重视。再苦再累，我们也不能耽误老师的事情。

采访人：能谈谈为什么办公室要管学生工作吗?

赵：因为复办初期搞学生工作的人手不够，所以很多都要办公室兼起来。另外，办公室也要接受系党总支领导。后来做党总支书记的林祥平老师及党总支副书记的张元勋老师（后任地理学院党委书记）曾先后负责学生工作和团工作，办公室也配合他们开展不少工作。

采访人：赵老师您刚才谈到你还花了大量时间和精力搞教学、教务管理，能谈谈为什么吗？你如何适应专业要求?

赵：把我调过来的其中一个原因是我有一定的教学管理经验。复办初期乃至前期建设，教务员主要是负责一些具体的教务工作，比如，学生入学注册，成绩登记、报送，组织考试事务等。而教学计划的修订、排课、听课等，虽然有主管领导决策，但基础工作包括与各教研室及相关任课老师沟通等，都得由办公室主任来做。我做教学管理工作是比较严格、严谨的，也得到了老师们的支持和帮助。另外，学科建设的一些写材料工作等，也要由办公室来实施。比如80年代后期组织申报本科经济法和国际经济法专业，有关申报材料就是办公室在程信和教授指导下完成的。

讲到专业是否适应的问题，我们都意识到有这个短板。所以，我一有空也常常去听基础专业课，比如，法学基础理论、民法、刑法等。后来利用系里主考广东省法学专业自学考试的机会，我们办公室的人纷纷利用业余时间参加了自学考试或者系里举办的大专班、本科班学习。当时我向系领导请示，说明我们业余参加学习不纯粹是拿文凭，更主要的是增长专业知识，培养专业素养以适应法律系的各项管理和服务工作。系领导也很支持。只是我自己年纪稍大一些了，一方面要干好本职工作，另一方面要“开夜车”学习，病倒了好几次，学习时间拉得较长，办公室其他老师也不轻松。但结果是好的，我们的专业素养都有了很大提升。

采访人：你们能否概括总结一下搞好高校办公室工作的经验?

赵：称不上经验。体会可以提几点：第一，因为高校的核心是教师，所以，办公室管理和服务工作就是为了教师。这一条应当牢固树立。第二，办事要上心，老师的事无小事。第三，办公室工作要有任劳任怨、吃苦耐劳的精神，吃点亏没关系，单位好了，大家才好。

曾：我完全赞同。

采访人：向你们学习，谢谢你们接受采访!

黄文俊

——法律系复办、刑法学硕士点与张仲绛教授

受采访人： 黄文俊老师
采　访　人： 曾东红
采访时间： 2018 年 12 月 7 日（第一次），2019 年 1 月 3 日（第二次）
采访方式： 直面访谈
采访地点： 深圳市华强宾馆
整　理　人： 钟玲惠

受采访人简介

黄文俊，男，1955 年 5 月生，广东省兴宁市人。1979 年 8 月毕业于中山大学哲学系，1981 年至 1984 年攻读中山大学法律系刑法学专业，毕业同时获中山大学颁发的法学硕士研究生毕业证和西南政法学院授予的法学硕士学位。广东耀恒律师事务所律师、合伙人。曾任中山大学法律系教员、刑法学教研室副主任（1984 年至 1993 年），美国华盛顿大学法学院高级访问学者（1990 年 7 月至 1993 年 2 月），中山大学法学院兼职副教授（1995 年至 1997 年），深圳市政府证券管理办公室（今中国证监会深圳证监局）政策法规处干部、法律顾问、副研究员。兼任广东省法学会创会会员、广东省法学会刑法学研究会干事、深圳市场经济法制研究会理事、广东涉外投资法律学会理事等社会职务。著有《法律常识新编》《市场化的前奏——深圳股份制改造的理论与实践》《香港法律教程》（合著）等著作，发表《论挪用公款罪》《略论累犯》《法在

社会控制系统中的作用》《香港法律制度简介》《论法对教育的作用》《证券法与证券市场》《规范证券市场秩序的几个问题》等论文十余篇。

受采访人口述

一、法律系复办之师资队伍建设

1952年全国院系调整，中山大学法律系被撤销。1979年7月，经教育部批准，中山大学复办法律系。1979年7、8月份，中大就开始开展法律系复办的筹备工作，考虑法律系应该怎么重建的问题。我是1979年9月才到法律系的，在这之前，我刚从中山大学哲学系本科毕业，还在考武汉大学哲学系的研究生，但因为分数没有到录取线，最后没有录取到我。武大就推荐我到江苏师范学院（现在的苏州大学）政治系，相当于调剂过去。但机缘巧合，马传方书记（曾任中大哲学系党总支书记）找到我，邀请我到法律系协助法律系复办的工作，我就过来了。

我来到法律系后，马传方书记、鲁英老师已经在法律系了，江振良老师、陈登贤老师随后也到了。那时端木正老师还没正式过来法律系，记得他是在1980年开始招生工作前夕才被正式调过来做法律系系主任的。大概是1980年7月他被正式任命为系主任，江振良老师同时被任命为副主任。我记得当时学校最初考虑的系主任人选包括夏书章教授，他当时是中大的副校长，曾经也是中大老法学院的教授。但他因学校行政事务繁忙，婉拒了，不过他也跟我们说会全力支持法律系筹备，有任何困难，我们都可以直接向他汇报。而当时的校党委副书记、组织部部长钟桂勇也因为学校的事务繁忙婉拒了。在参加复办法律系的筹备工作之前，马传方书记在地理系当过副总支书记，后任哲学系总支书记，再又回到地理系做总支书记。马书记也曾在中大老法学院读书，他觉得他有责任来复办法律系，就自告奋勇担起了法律系复办的统筹工作。很多同志都认为，对于法律系的复办工作，马传方书记功不可没。

法律系复办的筹备阶段碰到过很多困难。教育部和学校虽然有复办的批文，但整个筹备的班子人数寥寥，也没有具体的筹备委员会，甚至连办公室也没有。我们就跑到学校的大钟楼人事处拼了一张桌子进行办公。法律系要复办，最关键的是要有师资，教师队伍要撑起来才可能进行招生。1980年4月，法律系的师资还很紧缺，马书记和江振良等几位老师和我就到全国高校云集的主要城市和地区如武汉、西安、北京、上海各地去转了一圈，主要是招老师，一个个目标人物去拜访、联系和沟通，同时也取一下经。我们先是去到了武汉大学和湖北财经学院（现在的中南财经政法大学）。教育部批准武汉大学法律系复办是在 1979 年 9 月，但武大法律系复办的速度比我们快得多。我们当时去到武汉大学的时候，他们整个系的规模、教师队伍基本上已经撑起来了，教研室也组建了。我们在这两所学校拜访的目标人物都不愿意过来。通过引荐，我们联系到在武汉市七二一工人大学教政治课的张洲江老师、在武汉大学数学系当办公室主任的刘恒焕老师和在武汉水利电力学院的刘伟南老师，请他们到法律系当老师，他们都答应了，且后来都先后来到了中大法律系。

我们后来去了中国人民大学、北京大学、北京政法学院（现在的中国政法大学），但一个老师都没能调过来。北大有个罗玉忠老师，本来答应过来的，后来因为一些原因没来成。倒是通过北京政法学院一个老师的引荐，我们联系上当时在广东工作的陈炽基老师，后来把他调入中大法律系。除了北京之外，我们还去了上海的华东政法学院，也是一个老师也招不到，就跑到杭州，结果也没有招到。我们很快就意识到，在当时那个阶段全国都在复办法律院系，各高校的法律教育的师资非常紧缺，要想从外校引进法律教师是很难的，还是要抓紧时间自己培养师资。虽然没能招到老师，但我们也较全面地了解了这些院校法律专业的教学计划、课时设置、教学具体框架等。回来之后，江振良老师就负责第一届学生的整个教学课程设置的安排。招生计划是马书记负责统筹和安排的。

在马传方书记、端木正系主任、江振良系副主任等的带领、感召下，经全体参与复办工作的教师、行政人员的紧锣密鼓的努力，法律系复办工作进展也很快。1980 年至 1981 年，一批批教师陆陆续续调入中大法律系，法律系的框架基本搭建起来了。我前些天翻了翻过去保留的一些资料，其中抄录了中大 1982 年年初发的一个文（中大人〔1982〕065 号），内容是关于学校同意法律系设立教研室并任命教研室正副主任的，可供参考：法理学教研室主任李启欣，副主任陈惠庆；民法教研室主任罗辉汉，副主任梅卓荦；刑法学教研室主任张仲绛，副主任陈登贤；国际法教研室主任唐表明，副主任陈致中。

二、法科复办之图书资料建设

马书记当时设想，法律系要复办，一个是师资队伍建设，另一个就是图书资料建设，老师、学生来了不能没有“食粮”啊。1952 年院系调整的时候，中大的大部分法律方面的图书资料已经被搬到武汉去了，但中大图书馆还是自己留了一部分政治、法学方面的。经过了“文革”十年，很多书都变成“禁书”了，被堆放在图书馆的旧书库里。所以当时法律系资料室起步的几乎所有图书都是我从中大图书馆旧书库里挑拣出来的，书堆里几乎所有与法律有关的书都被我找出来了。然后跟图书馆协商，图书馆也很支持我们。

除了中大自己存留的书以外，我还亲自跑去武汉，希望把院系合并时中大送过去那边的书想办法弄回来。我跟湖北财经学院图书馆和武大法律系资料室联系过，也亲自去看了，他们那里还有很多原来旧的中大法学院的图书，上面都有中大法学院的章。我跟他们商量说把书要回来，至少有重复的书给我们一本也行。但他们不肯，我们一本都要不回来。当时全国各校法律系复办都一样，书籍紧缺，正式的教材都很少，其他资料也很少。记得1980年我们招了第一届学生之后，马书记就叫我赶紧去借一本经济法规汇编之类的书。因为那时经济法是新科目，不像刑法、民法是老的科目，有很多传统理论书籍。马书记立即组织编印了一本《经济法规汇编》，成为法律系复办后自己编印的第一本教学参考书，其后，一些教研室也纷纷仿效。

三、法科复办之招生办学

因为法律系刚刚起步，教师队伍还没有凑齐，马传方书记觉得第一届学生不能招得太多，所以1980年只招了40名本科生，后来才慢慢扩招到一百零几名。到1981年才开始招研究生。第一个硕士点是张仲绛教授领衔的刑法学专业硕士，这个是经教育部批准的。第一届共招4个研究生，要通过全国研究生统一入学考试。研究生考试的专业课试题是由系里的老师命题的，比如法理、宪法这些就由江振良老师、端木正老师等命题，刑法就由张仲绛老师等命题，而英语、政治则是全国统考的。当时报考第一届中大法律系刑法学专业硕士生的考生居然有三四十个，最后招了4个：田彦群、刘杰、成光海及我。田彦群是1970届广州外国语学院（现在的广东外语外贸大学）德语系毕业的本科生，张教授考虑到他是德语专业，而且考的成绩不错就录取了他。刘杰是湖北财经学院（现在的中南财经政法大学）1977级的本科毕业生。成光海是西南政法学院（现在的西南政法大学）1977级的本科生。最后一个就是我了。

四、我在法律系的工作、求学时光

1980年，我跟马书记提出我想考研究生。马书记说现在不行，现在还不能让我去考，现在法律系什么都还没有走上正轨，还要我帮忙做一些事。所以一开始我就一边做图书资料室的工作，一边协助马书记处理一些复办的具体事情。

1981年，我考上了法律系第一届研究生，刑法学专业。我印象中，那年全国的刑法学硕士研究生一共是10个。包括中国人民大学高铭暄老师招的4个，我们这里4个，然后就是北大甘雨沛老师招的2个研究生。这一届的10

个研究生在念书的时候就开始密切来往了。我们在研究生二年级准备写论文的时候，他们到中大来搜集资料，都是我接待的，我去他们那边搜集资料，也是他们接待我，他们也会给我提供很多资料，他们每次写书也会寄一本给我。我记得当时北大有个研究生叫王勇（现在是广州市中级人民法院院长），王勇的博士论文通过的时候，我正好在北京，他就赶紧打电话约上刑法学的几个研究生一起聚餐。所以说当时的校际交流风气很好，全国就那么几个，来往非常密切。

因为当时系里的师资力量有限，除了系里的授课老师讲刑法的主课及相关课程之外，还邀请了曾昭琼教授来给我们讲中国传统刑法理论和大陆法系的刑法学说，还请了北大的甘雨沛教授来讲外国刑法，江振良教授讲中国刑法史，还邀请了西南政法学院的邓又天教授来讲一些专题。在中大法律系读研究生，我觉得自己很有幸能够接受很多资深刑法学者的指导。当时整个刑法学界早期的教授，我都听过他们的课，不同程度地得到他们的指导。他们有时会到我们中大来讲课，有时是我们去他们那里，时机赶巧能够听到他们的一些课。不得不说，在研究生培养方面，老教授们确实有他们的一套，不愧是做学问的。我记得当时某些老教授给我们讲刑法，他不会说整个刑法的大的东西，他就讲专题。比如犯罪构成理论，讲一下德国怎样、日本怎样，然后布置一些书目，让我们研读、做笔记。张仲绛教授十分认真负责，我感觉到他布置阅读的书他本来就很熟悉，但为了督促我们学习他又重新研究了一遍。所以我们在汇报读书心得时，哪怕再微小的敷衍也逃不过他的法眼。

在我念研究生的时候，本来是全日制的法学硕士，平时正常上课，只不过因为法律系刚刚起步，情况特殊，所以在读期间还要帮忙处理系里一些事情。比如担任研究生秘书，负责研究生的日常管理，还担任研究生支部书记，有时系里的老师开展一些外事活动、会议，我都需要去帮帮忙，系里很多材料也要求我去写。马书记于是执意要我做在职研究生，并请示学校打报告给教育部请求批准。我清楚地记得，1982 年 8 月教育部高教二司复函中山大学，内容是同意法学专业研究生黄文俊改为在职研究生。那时候就是这样，念个研究生被看作是很大的事情。当时师生之间的互动也很频繁，师生关系相处得非常好。早期系里有个黑白的电视机，只要碰到重大的节目、比赛，我都要把它搬出来放在系里的走廊里看比赛，老师和学生都会过来一起看。

1984 年临近毕业的时候，我们系刑法学专业硕士点的硕士学位授予权还没有解决。马书记来征求我们的意见，由系里与兄弟院校联系，请求由他们那边对我们的论文进行硕士学位论文答辩，并由他们来授予学位。所以我们这一届就搞了两次答辩，一次是在中大法律系进行毕业论文答辩，请了邓又天老师做答辩小组成员，还有江振良老师、陈登贤老师。这次答辩之后，系里听取了我们 4 个人的意见，就跟湖北财经学院和西南政法学院联系，田彦群和刘杰就到湖北财经学院答辩，我和成光海就到西南政法学院答辩。所以当时 4 个人由中大颁发硕士研究生毕业证，学位由上述两个学校分别授予，这个还是很特别的。

毕业之后，我和刘杰留在中大法律系的刑法学教研室，后来也给干修科和本科生上过课。端木正老师对于年轻教师的培养、对外交流和进修非常重视。1989 年，中大公派我到香港大学进修，但进修的经费是由香港孖士打律师事务所出的。进修之后，1990 年 7 月到美国华盛顿大学做访问学者，直到 1993 年 1 月再回来。在美国的时候，碰巧深圳市委到美国招聘，受聘回来之后我就到深圳市证券管理委员会做了法律顾问。后来因为不太适应那里的工作环境，我就出来自己组建了律师事务所。

五、忆往昔：最难忘记是恩师

（一）马传方书记

马传方书记对法律系的复办、发展的贡献功不可没。复办之初，很多老师都是他一个个去联系和沟通调过来的，确实付出了很多。比如李启欣老师当时在广东师范学院化学系当老师，马书记就跟广东师范学院的人事处取得联系，但他们始终不肯放人，讲多了，碍于面子，人事处就把皮球踢到教务处。后来马书记就不断做他们教务处的工作，“软硬兼施”，久磨之下，他们松口了，问我们能不能派一个专业老师顶替李启欣老师，说他正在负责有机化学课程。中大教务处在马书记的强烈要求下，派了化学系一位老师过去顶李老师的课，李老师这才有机会到我们中大讲授外国法制史并很快正式调了过来。

马书记工作非常认真负责尽职，对教师也非常关心，没有什么架子，很多老师只要有什么问题或困难都愿意主动跟他聊，他也很热心帮我们解决。特别是，他虽然是总支书记，但他全力支持老师们的教学和科研。尤其在用人方面他也是一样，不会因为他自己是客家人就搞所谓“客家帮”，他是个非常正直的人。谁真正能够为法律系做贡献的，他都会支持。以我为例，虽然我是客家人，但他吩咐我干的活多，不当的利益关照从未有过。记得我研究生毕业工作 2 年后，有一次马书记跟我说：“现在有老师推荐你做系副主任，但我觉得你还年轻，还要历练，你还是扎扎实实做老师，在教学科研上多下功夫。”

（二）端木正教授

端木正老师对于法律系的贡献是非常大的。早期他作为系主任，非常重视教学和科研，非常重视青年教师的培养、进修，只要有机会，都会让我们这些年轻教师出去进修。他也很重视学生的对外交流，跟美国、法国、英国、港澳地区很多学校建立了合作关系。他还请了法国、美国、香港地区的一些学者过来讲学。可以说，端木正老师的思想完全是开放式的，走出去，引进来。只要你愿意去深造，他都乐意帮你推荐。

那时候，师生关系相处得非常好。1981 年春节我没有回家过年，端木正老师知道后，就让我去他家过春节。这些年长的教授对我们这些年轻教师是非常关心的。端木正老师也很重感情，没有架子，很乐意帮助我们。在香港的时候，他也来看我，我去北京的时候也会去拜访他。

（三）张仲绛教授

张仲绛教授的祖籍是广东大埔，他年轻时，就信奉孙中山先生的三民主义，并已经参与政治了。我记得他 26 岁时，已经是广东省政府参议会的参议员了。他当时也在广东省地方自治训练所当教师。抗战爆发之后到德国，在马尔堡大学攻读博士，1938 年就取得了法学博士学位，学成后回国。1941 年，他到重庆中央政治大学做教授，讲授犯罪学、刑法学等课程。抗战胜利之后，他回来广州中山大学法学院当教授。1948 年 6 月，他经竞选出任湛江市市长。新中国成立后，响应政府号召回中山大学任教。1952 年之后，院系调整，他被调到中大外语系当德语教授。“文革”前，又从中大调到广州外国语学院当德语教授。同时，他担任了民革广东省主委、广东省人大常委会法工委委员、广东省三胞（港澳台）工作委员会副主任、全国刑法学研究会顾问等社会职务。1979 年法律系复办之时，马传方书记马上就想起他，并设法把他从广外请到中大来当教授。

张仲绛老师是一个很随和的人，对学生也是非常关心。每到过年过节，张仲绛老师都会请我们几个研究生去他家吃饭。我读研究生的时候，张仲绛老师时不时叫我：“今天别去饭堂了，到我家里去吃饭！”张教授也是一个非常仁慈豁达的人。他由于新中国成立前的那些经历，因此在历次运动中吃了苦头，“文革”时最惨。但对整过他的人，他从不秋后算账。有一次师母在我们面前对某个整过他的人业绩平平还获得晋升愤愤不平，他立即厉言制止，说：“不要说影响团结的事！”

据我所知，张仲绛教授在我们法律系复办初期，对法律系的课程设置、教师队伍建设、人才培养、教学科研等方面提出了许多有价值的观点和建议，他为法律系的发展做出了重要贡献。我们法律系在 20 世纪 80 年代初期就能够培养出 4 个刑法学硕士研究生，真的是离不开张仲绛教授的功劳。但很遗憾的是，张仲绛教授过早去世了，去世的时候才 75 岁。我们都还没有正式毕业，我们要准备毕业答辩时，他就走了。我们论文答辩之前到他病房看他，他还坚持硬撑着给我们提宝贵意见。他的求真、正直、善良和豁达，影响了我大半生。

刘　杰

——我与张仲绛教授

受采访人： 刘杰老师
采 访 人： 曾东红
采访时间： 2019 年 1 月 10 日（第一次），1 月 19 日（第二次）
采访方式： 电话访谈
整 理 人： 孙华欣、邹建华

受采访人简介

刘杰，男，1951 年 7 月生，山西人。1981 年本科毕业于湖北财经学院法律系，获法学学士学位，1984 年硕士研究生毕业于中山大学法律系，获中南政法学院法学硕士学位。1984 年 7 月至 1989 年 4 月，于中山大学法律系任教，主讲刑法学和犯罪学理论，先后任教员、讲师。1989 年 5 月至 1998 年 6 月在新华社香港分社（1997 年香港回归后改称中央人民政府驻香港特别行政区联络办公室）政策研究室任职，先后任科员、正处级调研员。1998 年年底退休后，主要从事律师工作，为中国信立胜达律师事务所律师。

受采访人口述

一、我与中大法律系之缘

我祖籍山西，但在部队大院长大。初二的时候“文革”开始，1967 年就

"上山下乡"了。然后1968年年底回城，1969年当兵，当了四年兵，1974年就退伍了。退伍以后参加1977年恢复的高考，成为第一届考入中南财经政法大学的学生，当年还是叫湖北财经学院法律系。这是非常典型的"77级模式"——"上过山、下过乡、扛过枪"。能上大学，而且上大学的时候遇上改革开放，是我们这一代人的幸运。当时党的十一届三中全会一开，一声春雷，整个中国大地上空初见曙光，我们年龄大一些的学生实际上已经有独立思考的能力，感觉新时代来了，感觉到有一场前所未有的大潮来了。慢慢地，南方改革开放的气息也愈加散发，有很强的吸引力，所以我就希望到广东来，要去就去最前沿嘛！本科时候的恩师——我国著名刑法学家曾昭琼教授对他曾经奋斗过的地方钟情有加，且他刚好跟中大张仲绛教授有一些情谊，就推荐我报考张教授名下刑法学专业硕士研究生。于是，我以优异成绩考入中山大学法律系，成了中大刑法学专业第一届硕士生4名中的一员。其他三位是来自中山大学的黄文俊、来自广州市公安局的田彦群（我们中他年龄最大）及来自西南政法学院的成光海。

我们81级入学的这一届4名刑法学专业硕士生经过近三年扎实的学习和训练，很快面临毕业，但是，我们这个硕士点学位授予权的问题还没有解决。因为当时一个硕士点取得硕士学位授予权必须在点里有两位正教授或者一位正教授加两位副教授在职，而当时的职称评定工作几乎停顿了，我们点里只有一位正教授（张仲绛教授）和一位副教授（江振良老师）。好在张仲绛教授在教学科研中与兄弟院系建立了良好的合作关系，通过这种校际合作解决的方式为我们的学位问题创造了实质条件。我们法律系上报了这种校际联合解决的方式，得到了教育部的批准。于是，我们进行了2场答辩，一是毕业论文答辩，由我们中大法律系导师组自己进行，我们还请来中南财经政法学院的曾昭琼教授和西南政法学院的邓又天教授；二是硕士学位论文答辩，分别在湖北财经学院和西南政法学院进行。硕士研究生毕业证由中山大学颁发，硕士学位由我们学校这边将有关学习课程和毕业论文成绩、答辩情况等报送到湖北财经学院或者西南政法学院，经他们审查通过后，授予硕士学位。我的硕士学位论文是关于犯罪构成的，属于刑法总论部分，请的是擅长刑法总论的曾昭琼教授参加答辩组，我的学位是湖北财经学院授予的。黄文俊等三人论文写的是刑法分论的内容，邓又天教授擅长，故他们答辩组请的是邓教授，答辩完后是报请西南政法学院审查批准后授予的学位。这种方式在当时也算是一种创新吧。

我们研究生毕业后，田彦群被分配去了深圳大学法律系教刑法，成光海毕业以后去了湖南省司法厅，后来好像从事律师工作。而我和黄文俊留在了中大任教，开启了与法律系的另一段缘分。这样，我们算是法律系自己培养的首批师资。据我所知，我们这个刑法学硕士班（实际上就是4人）也是法律系复办初期培养师资力量的重要举措。这是张仲绛教授和马传方书记等系领导共同研究的举措，先从师资队伍培养开始，他们的口号是“先把田耕起来，然后才能育苗”。

从1984级开始，我和黄文俊开始给本科生上刑法课。开始时，我们两人合作上，后来我就单独给一个班上课，后来王仲兴老师也给本科班85级上课，我和王仲兴老师经常分班或者轮流给本科生上课，直到1989年我离开中大。由于有了扎实的基础理论学习和“临床训练”（这个下面我将进一步提及），再加上自己的努力，不敢懈怠，我们的讲课效果还是得到了同学们认同的，这个从他们上课的眼神，从考试的答题中就可以看出来。刚才采访人提到好几个年级本科毕业班的同学都对我的讲课印象深刻，赞不绝口。这个不敢当，但我当时确实尽心尽力。我记得为了备课，我经常去广州市中院调阅卷宗。80年代初期，国家开始恢复律师制度，我们法律系刑法学专业首届4个研究生都拿到了律师资格。那时候法律系中就已经出现了教学跟办案结合，实践促进教学的风格。我办案中实务能力意外得到彰显，鲜活的办案内容经过总结，又进一步提升了讲课的质量。

二、张仲绛教授的为人做事

张仲绛教授走的时候才70多岁，可以说是我陪伴他老人家走完了人生历程的最后时刻。随着年岁的远逝，有些事情慢慢淡忘，但每当想起恩师被病魔折磨的痛苦，我的眼角仍会泛起泪花。我们毕业那个学年（1983年年底），为了更好地与兄弟院校交流教学经验，他已经是70多岁的老人了，还冒着严寒跑到西南政法学院去参加全国性学术研讨会。北方的冬天实属寒冷，张仲绛教授去后就中了寒气，再加上对辛辣饮食不适应，他的肠胃被搞坏了。回来以后，他就不舒服，一蹶不振，但是依然坚持上课。春节前后才到中山二院检查，发现是肝癌晚期。张仲绛教授忙于学术活动、带研究生，却一直忽略了自己的身体。他肝脏的毛病可能是“文革”期间留下来的，当时由于营养不好，加上各种运动，无法正常休息，年纪大的时候又触发了。他在医院里待了不到2个月，那段时间完全一点东西都吃不进，靠输血。最后血也进不去了又便血，最后就全身器官都衰竭了。最后那一天走的时候，刚好轮到我值班，我在医院待了一个通宵，张仲绛教授是半夜两三点去世的，幸好临走前他儿子也赶过来了。

张仲绛教授是个非常本分的老师。咱们先说人品，他的人品非常好，属于典型的中国知识分子，有忧国忧民的情怀、博大的心胸、刻苦耐劳的专业精神。由于曾在国民政府中任过公职，导致“文革”前后张仲绛教授受委屈比较多，他经常开玩笑说自己是“老运动员”。事情说来大概是这样的，张仲绛教授从德国回来后，已经是解放战争时期了，因为他属于比较正直的知识分子，政治上看不惯国民党的腐败，希望“亲临其境”改变面貌，所以他就参选了湛江市市长（或相当于这种职位吧），而且还选上了。没想到选上不久全国就解放了，这样的话他就成了国民党的公职人员了，领过国民党政府的薪酬。他后来在老中大法学院做教授，由于他的资历和地位，那时候工资很高，一个月都有好几百、上千大洋，这样的人也容易被看成与“反动权威”挂钩。正因为这样，后来的“反右”“四清”运动、“文革”，都波及张仲绛教授，张仲绛教授确实受了很多委屈。“老运动员”是他自嘲的说法，每一次运动都会有他。然而，他完全没用报复或者怨恨的心态来看待自己的遭遇；相反，张仲绛教授能从历史发展层面评价自己在各个时期的处境，评价共产党执政后对整个新中国的影响。他分得清大局和个人，而且经常跟我讲这些道理，他真的是毫无怨言。师母有时对个别当年比较过分的人出言表示不满，张教授往往也立即制止。张仲绛教授做人坦荡，胸襟阔大，这一点我也很佩服。同时，他确实有属于老华侨、老中国知识分子那种家国情怀，尽管经历很多磨难，受了很多委屈，但是他的家国情怀不变，令人钦佩。现在很多人缺乏这个东西，缺乏这个基本素质。张仲绛教授的夫人也是非常值得尊重的一个人，师母对我们这些研究生像对亲儿子一样，逢年过节都把我们叫过去，聚个餐、吃月饼什么的。张仲绛教授夫妇对我们都是有恩情的。

再一点就是张仲绛教授治学比较严谨。因为他“文革”前受到政治上的一些排挤，导致他那段时期接触最新学术思想的机会不多，他熟悉的基本都是40年代以前的近现代刑法学理论，比如李斯特、费尔巴哈古典的，他比较了解近现代的这些东西。张仲绛教授本人的著作主要是在40年代之前（好像中大图书馆有一本他40年代的著作，内容是关于德国古典学派、现代派刑法学的基本原理、基本分析、理论争论等，是很旧式的那种竖版排版，名字叫什么我记不得了）。他本人的著作新中国成立后几乎看不到，50年代曾写过教材，后来“批斗”的时候基本都被毁了。后来他就再也没有书面的著作，只是专注于讲课，就没怎么再写东西。据我所知，端木正老师也是类似的情况。但是他的功底搁在那儿，他所掌握的治学方法摆在那。比方说张仲绛教授在教学的时候，他没有采取填鸭式的教学方法，拿着书本在上面讲课，让你在下面听。他采取的是布置阅读任务，然后小组讨论交流学习，引导你去看经典的著作，然后来讨论，大家互相交流。张仲绛教授研究生的课程是小班，一个导师四个学生，老师拿几张卡片，讲一段，然后大家互相交流一下，而且每天都布置阅读作业。你只讲两句话，老师就能判断出你课后有没有认真读书。不需要经过提问、考试，他马上就能知道你读到哪里，读的水平怎样。

刑法学讲究跟哲学、道德伦理、社会的基本联系，老师教授的是方法论，辩证思维方法，看问题、分析问题的方法，所以张仲绛教授在这一点上给我们做了很好的教育。再者，他的学术圈子也让我们这批研究生受益良多。著名刑法学权威曾昭琼、甘雨沛、邓又天等老师都冲着张教授的情谊，千里迢迢，不计报酬来给我们讲课。曾昭琼教授的脑子非常好用，他们家风遗传得好，曾昭琼教授在留日时对日本刑法，还有德国学派都做过比较研究，结合中国实际来研究。他对中国刑法学的立法有一定建树，因为他提供了现代刑法学的很多基本原理，如认定犯罪的基本标准、刑罚适用的基本原则，这些国际上都是相通的，没有什么区别。甘雨沛教授讲的是外国刑法史、刑法基础理论，他也是"老运动员"。他讲的东西基本上都还是比较难一点的理论，实践性运用可能还是要转几个弯，理论性比较强。邓又天教授讲课纯粹就是我们国家的刑法，包括分则、总则，他在这方面比较有研究。西南政法学院也是理论联系实际比较好的一所学校。我们毕业论文选题，不仅得到张教授的认真指导，还得到曾昭琼、甘雨沛、邓又天等教授的指点，仅开题就花了好几个月的时间。此外，张教授还善用本校资源来拓展我们的视野：江振良老师给我们讲中国刑法史；李启欣老师讲的外国法制史，是硕士研究生跟本科生一起上的大课；端木正老师讲的必修课国际法，也是硕士研究生跟本科生一起上的大课；夏书章老师开过讲座，讲国家法、行政法；等等。

张教授和法律系的领导还非常重视理论联系实际。我们利用假期和广东省社科院共同研究改革开放初期新出现的青少年违法犯罪行为突然增多等社会现象，调查研究了许多个案，从犯罪学、刑事政策和刑事法律角度分析社会成因、处理及预防建议，给司法机关提供参考。同时，我们对改革开放初期出现的新型经济犯罪行为也进行了调研，所提的一些建议和预防、处理对策，也获得了有关方面的好评。此外，作为教学的常规手段，张教授也组织我们与法院等部门保持密切联系和互动。

我们广东法院判的很多案例，跟现代理论和刑法学理论是分不开的。有一些疑难案件，法院、检察院、公安局经常向法学界咨询，学界与实务界的互动很强。实务界人士向我们这些理论教学人员咨询，请我们来解答，我们同时也了解到实际案例，这对我们的促进也是很大的。就像临床医生一样，经手的病人多了，临床经验丰富了，就成为名医了，所以"临床经验"很重要。当时中大法律系的一个优势，就是"临床经验"很丰富。说写了很厚的著作可能没有，但是理论结合实践，解决问题的能力比较强。

比方说有几个影响比较大的案子，后来案情都被改编成电视剧了。其中的“银环蛇谋杀”案，这个是广州市中级人民法院（简称“市中院”）判的死刑案，广东省高级人民法院（简称“省高院”）觉得争议比较大，就拿到我们这儿来讨论。我们运用一些基本理论来分析，认为它的一些基本证据缺乏，只有间接证据，但是间接证据不能形成一个完整的锁链，关键环节的一些证据有反方向解释的可能，这一点就决定了你判死刑可能就有点麻烦了，就可能判错。最后省高院接受我们的意见判了死缓，把人命留下来了。这个案子争论比较大，口供颠来倒去的，今天认明天反的证据有，死者有，但中间那一环——凶器就没有。死者是被银环蛇咬伤，但这个银环蛇从哪里来，怎么带进来，跑到哪里去了，这部分的证据就没有。口供也一直在变化。我们从基本的刑法理论和证据学上判断还是有用的，一审缺乏一些关键证据。省高院接受了我们的意见。

再比如，广东改革开放初期东方宾馆的老总杨献庭的案子，也是全国著名案例。改革开放初期，他是领军人物，全国八大风云人物之一。杨献庭的贪污受贿案，里面有一些数额认定和证据问题，定性问题的某些事实问题，市中院拿来给我们讨论。我们认为他贪污数额中有一些是不能够认定为他个人贪污的，有的是他以东方宾馆的名义进行的，不是入了他个人的腰包，认定他个人贪污就不行。市中院接纳了我们的建议，最后这个案子判了七年。

我想再强调一下的是，理论联系实际是中大法律系的优势，也事实上成为教学、讲课的传统。您（指采访人）提到为什么学生总有刑法学讲得比较生动的印象，主要就是因为我们结合鲜活的实际。我们从实践中能够拿出来的这些案子很多。放假的时候，我们还时常组织到省高院、到市中院去阅卷，收集这些“病例”来研究。我们当时和法院的研究室有联系，所以有机会阅读卷宗。

唐乐其

——我的父亲唐表明先生

受采访人： 唐乐其老师
采 访 人： 曾东红
采访时间： 2019 年 10 月
采访方式： 直面访谈
采访地点： 中山大学南校园东北区教工宿舍
整 理 人： 曾东红

受采访人简介

唐乐其，女，1958 年 6 月出生，湖南平江人，1980 年参加工作，曾在武汉测绘学院科研处参与《德汉测绘词典》编译，后转入总务处工作。1980 年调入中山大学，先后在中山大学法律系资料室、中山大学图书馆法学馆工作。中山大学图书馆馆员，2005 年退休。发表《从法律信息资源在网络中的分布结构看法律学科信息库的建设》《法律文献信息的价值创新——法律情报人员服务的新理念》《澳门与内地婚姻成立与解除制度的比较》等论文 10 多篇。

受采访人口述

一、组织审判庭审判日本战犯是他一生最感荣耀的事

我的父亲唐表明，1917 年 12 月出生，湖南平江人，1987 年于中山大学退

休，2016 年 1 月去世。按老家的算法，他活了 100 岁。感谢法学院还记着他为法律系建设所做的一些工作，我今天也愿意把我知道的一些情况讲出来。而且我始终认为他兢兢业业搞教学、学术严谨搞科研以及关心国家前途命运的精神值得后辈学习。

父亲出身贫寒，8 岁丧母，兄弟三人靠在中学做教师的爷爷的微薄薪水拮据维持生活。所幸父亲自幼聪明勤奋，以优异成绩考入湖南高级中学读书（1931—1937 年），继而在高中毕业后考入武汉大学学习法律（1937—1941 年）。大学毕业后，父亲满怀抗日报国之心，以优异的成绩和表现受聘于当时的重庆国民政府部门（1941—1945 年）。

抗战胜利后，从 1945 年 12 月起，整整一年多时间，他在当时的国民政府国防部军法处参与、负责筹办审判日本战犯的工作。据他跟我们讲，审判准备工作量大、繁复、紧迫，父亲常需乘专机飞赴台湾地区为东京审判收集证据。他先后作为审判组副组长、组长，在曾被日本侵略军占领地区的主要城市设立十个审判日本战争罪犯的军事法庭（以及配套的战犯拘留所），并亲自担任实际的审判工作。这段经历，我父亲始终把它作为一个中国人和中国法官的最高荣耀。父亲不管在什么场合，不管身处什么样的困境，都极其珍视这段经历，也不允许任何人玷污，即使在受压的情况下，也拒绝对自己这段经历做负面评价。

1946 年，国共合作破裂，内战爆发，父亲因对现实有所不满，遂参与竞考当时国民政府的公费留学名额，希望到国外进一步学习。其实，他在 1946 年第一次参与全国竞考时即考了第一名，但因第二名是现职外交官，名额便先照顾了他。父亲旋即参与了第二次竞考，再次以第一名的成绩获得公费留学名额。从 1946 年起，父亲先是在意大利罗马大学学习法哲学，后又在英国伦敦大学研究国际法。中华人民共和国成立初期，很多人劝父亲不要回国，连女朋友也去了台湾地区，但父亲自始至终都对祖国满怀信心。1951 年，父亲响应政府号召支援国家建设，从英国回到祖国。他的第一份工作就是在武汉大学担任副教授，从事法学教学工作。

父亲曾在国民政府任职的经历给他带来很大的麻烦。“三反”“五反”时曾一度失去人身自由，“反右”时又由于秉性刚直，说了一些“错误言论”，被打成“右派”。我们举家遭殃，被赶出武大，只好租住在武汉测绘学院旁的一条村（叫卓刀泉村）里的破房，我们家靠父亲坚定的信念和母亲在小学教书的 29 元工资维持生计而保持完整。就是在这样的环境下，父亲依然热爱祖国，以豁达的人生态度面对几十年的风浪，没有放弃学术信仰，甚至“文革”前还考上了联合国译员，后因政审不合格未成行。虽然经常被抄家，但父亲拼了命藏匿的几箱外文书籍资料没有被抄到，得以保留了下来（后来一直跟着我们搬来了中大）。父亲没有了工作，家里非常困难，于是父亲学会了做饭、缝衣、种菜，权当补家。他在那些年月不太说话，也不见他笑，只见他一有空就翻腾那些外文书看。应该说，后来平反参加工作后那么快适应教学工作，出成果，与当初在恶劣环境下坚持看书研究是密不可分的。我记得父亲是1978年平反的，武大知道他这个人还在后，多次劝他回去。但他觉得武大是他的伤心地，实在不愿回去，但又需要工作，便毛遂自荐找到武汉测绘学院（简称“武测”）人事处，人家马上要他，于是父亲又能做教师工作了。

二、参与中大法律系复办使他重新焕发了活力

在特殊年代，父亲虽然遭受了极不公正的对待，但他老人家能辩证地看待问题，对中国共产党和国家很有信心。然而，武测毕竟是理科院校，没有法学专业，人家看中的主要是他的语言能力（父亲精通英语、法语、西班牙语和俄语），故他整体上尚未改变在那动荡岁月形成的消沉状态。1980年上半年，端木正教授专程到武测，动员和邀请他参加中山大学法律系的复办工作。端木教授至臻至诚，让我父亲十分感动，他们一拍即合，我父亲很快就决定打报告要求调到中大。尽管武大多次派人说服他回去，武测也千方百计极力挽留，但都没有动摇他南下的决心。在端木正教授和马传方书记的关心及帮助下，1980年秋我们一家从武测调入中山大学。我记得是曾耀添老师和办公室老师在火车站接我们。

但是，调到中大来意味着我和母亲要离开相对稳定的工作岗位，到南方面临很多不确定性。父亲毅然决然南下投奔中大，最重要的因素是他对国家恢复法制的国策充满信心和热诚。也应该说，是参与中大法律系复办使他重新焕发了活力。非常明显，也是到了中大后，我们才见他脸上开始露出笑容，有了笑声。他与端木正教授都擅长国际公法领域，但端木正教授跟他说，系里缺乏讲授国际私法的老师，要求他把这一责任担起来。他二话没说就答应了下来。1980年7、8月间到的中大，9月就要开始（给80级）上课，压力很大，关键是没有好的教材。我见父亲不顾酷暑，挑灯夜战，一边查找新的资料备课，一边翻箱倒柜重阅已有的原版书，短短半月余，硬是把一门从来没有讲过的课给备出来了，厚厚的一本本手稿。其中有些内容经过我抄稿收录进后来他写的《比较国际私法》一书中。

我们在武测时已经习惯了用煤气烧饭，初到广东，需要学会用煤炭炉子烧饭，很长时间学不会。记得我父亲初给80级上课的那段时间，我家经常因煤炉熄火而来不及给下午上课的父亲烧好中午饭。父亲就多次空腹去给学生上

课，他认为给学生上课比什么都重要，“上课就是上课，哪怕不吃饭，也不能影响上课!”有学生告诉我，一上课，父亲就来精神了，声音洪亮，中气十足。上课时，父亲经常引经据典，把国内外相关资料做系统梳理、归纳、分析，学生都说他讲课最大的特点是条理清晰，视野宽阔，批评分析十分到位。有时候，他还邀请学生到家里高谈阔论，探讨学术问题。那时候，他搞教学、搞研究，完全就像一个风华正茂的年轻人。

端木正教授领衔把国际法硕士点设立起来后，父亲为拓宽法律系人才培养领域，甘愿从自己熟悉的国际公法研究学术背景进入国际私法研究，教学与研究齐头并进，高度关注国际国内研究最新动态与成果，结合教学夜以继日著书，最终写成了《比较国际私法》；并于 1982 年开始招收国际私法专业的硕士生，首届（也是最后一届）招了 3 名研究生。他带研究生的方法也很有特点，他喜欢激发学生“挑战”他的欲望，经常在家里与研究生争论得面红耳赤。记得有次与学生探讨学术理论争得“不欢而散”，第二天继续争论。他常常备课伏案到深夜，而做他的研究生也是很艰辛的，要读大量的书，特别是外文原著，还要能提出挑战他的问题。但学生与他的关系很不错，毕业后也很关心他。我父亲常对我们说，他老了，要竭尽全力抓紧为国家培养叫得响的人才，要培养为国家和民族奋斗的学生。

父亲做学术也是非常严谨的。他的大学毕业论文《法律之谜》1942 年由商务印书馆出版，至今还是很有价值。1980 年，北京大学出版的《法学基础理论参考资料》在有关部分转录了该书的许多内容。父亲开始国际私法的研究后，我常为他抄稿，经常一个注释要校对几遍。他坚持真理，意志坚毅，不随大流，不赶潮流，不媚权术。父亲认为，他有责任纠正国内外法学界在国际私法方面的一些错误认知，不认同“冲突规范理论”和“冲突规范”等用词，认为依国际私法适用外国法其实是国家行使主权的方式之一，国家制定国际私法是国家利益的需要，不存在所谓的法律冲突。在分析英美、大陆、苏联法系之后，写成与当时国际私法学界“向苏联学说一边倒”大相径庭的《比较国际私法》专著，开创了中国国际私法法律适用新的研究方向，即使是今天，那也是每位学习国际法的学生都难以绕过的一本专著。他作为中国立场很鲜明的学者，对“跨国法”和“大国际私法”始终保持警惕和质疑。1982—1987 年间，他先后在《中山大学学报》《国际私法年刊》等刊物上发表《关于跨国法》《当前国际私法研究中的几个理论问题》等论文，表明了自己的观点，引起了学界很大的反响；后又在其专著《比较国际私法》中对“跨国法”和“大国际私法”理论进一步进行了系统的评析。

三、退休后始终关注学术和国家大事

按照学校退休政策，父亲在1987年年底（是年他71岁）遗憾地离开了他热爱的讲坛。他深感自己为中大法律系服务的时间太短，很多想法都来不及实施，这是他一生很大的遗憾。退休前期，他始终密切关注国内外国际私法学界的发展动态，经常就自己关于国际私法的新观点与同行磋商、探讨。退休后期，虽未有日常学术活动，学术仍是他心中最大的牵挂，看《参考消息》等报刊数小时，看《新闻联播》是每天必备的重要活动。关心国家大事和时事政治，关心研究国家政策成了他最大的兴趣爱好。比如，他经常为中国持有大量美国国债保持关注，不时与一些学者谈自己的观点，大有老骥伏枥的心态。伞寿之期，不关心别的，不在乎物质生活享受，只知道心系国家大事。我从父亲身上，深切感受到了中国典型知识分子的情怀！

第二编

我与母校共成长

韦华腾

——首届80级求学时代的经历与感悟

受采访人：韦华腾校友
采 访 人：曾东红
采访时间：2019年2月
采访方式：电话及网络采访

受采访人简介

韦华腾，男，1958年3月生，广东普宁人。1984年本科毕业于中山大学法律系，获法学学士学位；1987年至1989年攻读广东省委党校全日制研究生班并毕业；1993年入选中共中央党校法学师资班并于当年毕业。法学教授，兼任中山大学法学院校外导师。律师、税务师、仲裁员。国信信扬（花都）律师事务所合伙人、主任、党支部书记。兼任中国法学会比较法学研究会副会长；广东省法学会经济法学研究会常务副会长；广东涉外投资法律学会常务副会长兼秘书长。曾任广东行政职业学院党委书记兼行政负责人；中共广东省委党校（广东行政学院）法学部主任；中共广东省委党校（广东行政职业学院）科学社会主义专业导师组组长、硕士生导师；第十、十一、十二届广东省人大常委会立法顾问和立法咨询专家；广东省公安厅法制专家咨询委员会首批专家委员；广东省社科联第四、第五和第六届委员会委员；广东省工商联（总商会）法律委员会副主任。主要研究领域为宪法与行政法、经济法（涉外经济法）、公司法与现代企业制度、比较法、司法制度。主要专著为《法治探索》

（广东省社科基金项目）、《现代企业法律制度问题研究》《企业法制通论》《合同法制通论》《三资企业的法律与实践》（广东省社科基金项目）、《境外投资企业的法律与实践》等10多部。出版《宪法学》《行政法学》《法学概论》《民商法学》《经济法与劳动法教程》等14部法学教材。发表学术论文70多篇。

受采访人自述

日月如梭，转眼间中山大学法律系（法学院）复办就快40周年了！我是中大法律系复办之初那段艰难而光辉的岁月（1980—1984年）的亲历者和见证人。当时中大法律系的风起云涌与法律人的情怀，至今让人记忆犹新。

一、我们班的同学

我们班是中山大学1979年复办法律系后首届学生，人们都带着期望称我们班是中大法律系“黄埔一期”。1980年9月入学时有40人，第一学期就有一位名叫李继红的男同学去了荷兰（继承财产）。中大法律系复办时“一个班就是一个系”，只有39人了。为保持我们班有40人，学校从另一个系调剂了一位名叫贾殿安的男同学过来。不料，第二学期又有一位名叫钟佳萍的男同学（来自贵州）病休1年。自此起至毕业，我们班始终只有39人。入学时同学们的来源构成以及毕业后的去向等方面有以下四个特点。

第一，来自全国，广东居多。我们班来自11个省、市、自治区，即北京、上海、河南、安徽、湖北、江苏、福建、湖南、广西、海南和广东。广东省与外省的比例为27∶12。来自广东省外的有12人，他们是北京的安澂，上海的沈永祥，河南的李玉鹏，安徽的贾殿安，湖北的黄达亮，江苏的陆迅，福建的丁仰豪，湖南的郑友，广西的张伟群、陈宁宗，海南的吴卫宁、王启明。来自广东省的有27人。当年海南尚未建省（1988年4月才建省），仍是隶属广东省的一个专区，如果把海南生源按当年的地区划分计算的话，广东应为29人，广东省外学生仅为10人。

第二，遍布全省，广州居多。我们班来自广东省会广州市的学生有14人，他们是陈夏栋、叶靖、曾穗生、何峰、谢雄伟、保延宁、廖德、陈鸿飞、江科、刘育南（女）、余薇（女）、卓冬青（女）、钟洁玲（女）、周燕军（女）。来自广东省其他各市的有13人，他们是汕头的韦华腾、黄雪兰（女），梅州的曾仕强、肖绍义，惠州的廖建辉，东莞的刘安琪（女），肇庆的张星红（女）、许丽娟（女），云浮的梁赤，湛江的谢卫民、崔炳敏，茂名的戴琼

(女)，韶关的林嘉（女）。当年广州学生报读中大法律系的居多，占了广东省生源的一半还多，这可能与广州人信息来源丰富，对法治觉醒较早有关吧。

第三，男女比例适中，但年龄差距较大。我们班男女生的比例是28∶11，女生占了本班同学的四分之一，在当时来讲，我们班有这么多女大学生是值得自豪的！我知道，在农村，女生的比例不高，就说我当年所读的鳌江中学高中毕业班，全班60人，女生仅有7人。本班同学，50年代出生的11人，60年代出生的28人；入学时，年纪最大的是25岁，1955年2月出生；年纪最小的是16岁，1964年9月出生；年龄相差将近10岁。应届高中毕业生27人，非应届的、“上山下乡”或工作过的有12人。这个大家来自五湖四海的班，为了一个共同的目标，走到了一起。

第四，毕业后当教师、律师居多，到司法、政府部门的也不少。我们班同学作为中大法律系“黄埔一期”学生，自有一番雄心壮志。这群具有特殊性的群体毕业后，去向基本离不开法学专业。到高校、党校当法学教师的有8人，他们是韦华腾、张星红（女）、林嘉（女）、曾穗生、卓冬青（女）、钟洁玲（女）、黄雪兰（女）、戴琼（女）。当律师的有6人，他们是梁赤、周燕军（女）、何峰、张伟群、贾殿安、陈鸿飞。到法院工作的有5人，他们是曾仕强、丁仰豪、保延宁、叶靖、崔炳敏。到检察院工作的有5人，他们是吴卫宁、许丽娟（女）、黄达亮、李玉鹏、谢卫民（从军后到检察院）。到政法委、政府部门的有5人，他们是郑友（政法委）、沈永祥（外交部）、廖建辉（司法局）、肖绍义（海关）、谢雄伟（旅游局）。其他10位同学，或到公司企业工作，或到境外留学、就业。毕业后35年的历程中，不少同学的工作有变动，这里不一一赘述。值得称道的是，本班同学，包括在各种敏感职业、各个敏感岗位工作的，到目前为止，没有一个人犯过罪。我认为这没有辜负教过他们的老师，值得自豪！

二、我们敬爱的任课老师

中大法律系复办之初，任课教师奇缺。学校四出寻找流失的优秀法学教师，有的是从其他院系找回的。我们系的首任系主任端木正教授，是从历史系请过来的，1952年中大法律系（法学院）停办后，他已改行教历史。有的是从下放劳动的工厂、农村找回来的，比如教“刑法学”的陈炽基老师。有的则是从其他院校“挖”来的，如罗辉汉、黎学玲等老师。我们的老师，一到位就振奋精神、施展才华，个个备课都十分认真，授课都很给力。给我们上“国家与法”课的江振良老师，可以连续讲半天的课不用看讲稿，着实让学生们惊叹不已，佩服得五体投地。每位给我们上过课的老师，都给我们留下深刻印象。有些有心的同学还记下了各科任课教师的名字，这些老师的名字，我们永远都记得住。

必修课程的任课教师有：

1. 江振良：“法学基础理论”（一开始时课程名称为“国家与法”）
2. 刘伟南、覃柱中：“宪法”
3. 陈登贤、陈炽基：“刑法”
4. 张洲江、张晶：“民法”
5. 鲁英：“婚姻法”
6. 罗辉汉：“经济法”
7. 陈致中：“国际法”
8. 唐表明：“国际私法”
9. 钟永年：“刑事诉讼法”
10. 钟庆铭：“民事诉讼法”
11. 江振良、刘恒焕：“中国法制史”
12. 李启欣：“外国法制史”
13. 张毓泰：“刑事侦查学”
14. 万先进：“中国共产党党史”
15. 刘歌德、王乐夫：“哲学”
16. 李开云、郑佩玉：“政治经济学”
17. 蔡书兴：“国际共运史”
18. 区洪、黄丽萍：“基础英语”
19. 刘锦芳：“形式逻辑”
20. 许桂燊：“写作”
21. 朱耀光、谭丰田：“体育”

选修课程的任课教师有：

1. 郑芸珍、陈绍彬：“犯罪心理学”
2. 朱小曼、郭锦元、祝家镇、伍新尧：“法医学”
3. 方宁：“证据学”
4. 刘恒焕：“中国法律思想史”
5. 韩洪钧：“海商法”
6. 罗辉汉：“环境保护法”
7. 陈惠庆：“行政法”
8. 黄社骥：“罗马法”
9. 王维俭：“近代中国外交史”

10. 李宣汉："专利法"
11. 吴世宦："法治系统工程"
12. 黎学玲："劳动法"
13. 曹日新："比较宪法"
14. 李斐南："法学英语"
15. 叶国泉："现代汉语"
16. 谭棣华："中国通史"
17. 邹华、李永锦："世界通史"
18. 郑芸珍："普通心理学"
19. 钟伯烈："统计学"
20. 李福芝、黄庭昌："企业管理"
21. 陈思迪："伦理学"

三、首届本科学生的专业与课程设计

中大法律系复办之初，考虑到师资缺乏、教材短缺和教学经验有待积累，只开设一个专业，即法学专业。这也许是当初无奈的选择，但事实证明也是正确的选择。现在回过头来看，一开始的法学专业课程设计也已近乎合理，比较科学，比较符合实际：既集中于法学核心课程，又具有涉猎文、史、哲、经济、心理学等的宽口径拓展，还大胆创新增设了一些新课（我后来也关注过81级的课程，基本框架不变，但调出了一些课程，增设了适应改革开放实际的课程，如"特区经济法"等）。即使从现在的眼光看，国内外许多一流法学院的课程设计也不过如此。这与首批重新启用的老法学教师的深厚功底以及有卓越的视野有很大关系。

法学专业的课程设计，分必修课程（21门）和选修课程（也是21门）。必修课程分为两类，一类是专业必修课，另一类是公共必修课。专业必修课13门，即"法学基础理论""宪法""刑法""民法""婚姻法""经济法""国际法""国际私法""刑事诉讼法""民事诉讼法""中国法制史""外国法制史"和"刑事侦查学"。公共必修课8门，即"中国共产党党史""哲学""政治经济学""国际共运史""基础英语""形式逻辑""写作"和"体育"。选修课程也分为两类，一类是专业选修课，另一类是公共选修课。专业选修课14门，即"犯罪心理学""法医学""证据学""中国法律思想史""海商法""环境保护法""行政法""罗马法""近代中国外交史""专利法""法治系统工程""劳动法""比较宪法"和"法学英语"。其中，吴世宦教授主讲的"法治系统工程"是一个创新课程，很受同学们欢迎。公共课选修课7

门，即“现代汉语”“中国通史”“世界通史”“普通心理学”“统计学”“企业管理”和“伦理学”。别小看这一初始的课程设计，它是高校教育推动中国法制走向科学化和推开法学教学体系之门的一种历史见证。这一课程设计，使经历“知识饥饿”的我们大饱书福乐开怀，必修课必读，选修课除上课时间有冲突外，能选的都选上了。

四、亲历和感悟

（一）风起云涌，应运重生

粉碎“四人帮”后，国家百业待兴，社会风起云涌。邓小平同志复出，他凭借高超的政治智慧，于1977年8月拍板恢复高考制度，以四两拨千斤，用最简单的方法、最低的社会成本、最准确的社会切入点，解放思想，“拨乱反正”，推动改革开放。恢复高考制度犹如惊天春雷，响彻云霄，惊醒无数人，给神州大地带来了一场春雨的洗礼。积压了十几年的几千万学生井喷而出、参加高考，广大青少年学习科学文化知识的热情与积极性空前高涨。这一制度的恢复是中国历史发生变革的关键举措，成为中国实行改革开放的伟大变革点。

在惊天动地的历史时刻，中大法律系应运重生，于1979年7月复办，1980年就开始招生。我有幸赶上了，成为中大法律系复办后首届学生。

（二）激情燃烧，共克时艰

我们是80年代首批进入大学的人，我们有着笃定的入学初心和激情燃烧般的奋发学习精神。

我庆幸国家改革开放，庆幸国家恢复高考制度！不然，我没有机会考上大学。国家恢复高考制度激励着我学习周恩来总理“为中华之崛起而读书”！在报考大学时，我将原名韦镇辉，改为“韦（为）华腾”，含义是要“为中华的腾飞而读书”。这就是我报考大学和入学时的初心。如今，习近平总书记谆谆倡导：“不忘初心、继续前进。”我作为中山大学法学科班出身的学子，深刻体会到，无论是国家法治还是个人事业，只有不忘初心，方得成就与始终。

踏入中山大学大门之时，我就在中大小礼堂二楼的门顶题字上看到了孙中山的名言“要立志做大事，不要做大官”；还了解到1923年12月21日孙中山在这里（原岭南大学怀士堂）发表了演说，题为“在广州岭南学生欢迎会的演说”，并强调：“我贡献诸君的，就是要诸君立志，要有国民的大志气，专心做一件事，帮助国家变成富强。”

为了“帮助国家变成富强”，为了“中华之崛起”，我与本班同学一样，激情燃烧！我们一起唱着《年轻的朋友来相会》的歌，怀着“光荣属于我们80年代的新一辈”的理想与抱负，求知若渴，奋发图强。我们白天如饥似渴般听课，夜间手不释卷地自修。同学之间，最大的帮忙不是物质上的，而是自修时间先到图书馆或课室代为“霸位”以及相互借阅笔记、一起探析疑难。

我们拼命地读书，但我们不是死读书，我们把读书与解决实际问题结合起来。我们班作为广东省高校第一个法学专业班，经常收到一些基层群众的来信咨询法律问题，我们常常都是通过集体讨论后予以解答。

中大法律系复办之初，碰到的一个难关就是大部分课程没有现成的教材。比如“国家与法”课程，江振良老师用的是自编的讲义。又如“宪法”课程，排课时间是1981年上学期，而我国现行宪法（1982年宪法）尚未出台。在没有教材的情况下，我们只能听老师讲，认真记笔记，并在老师指导下勤跑腿到学校图书馆找些有关宪法的资料做参考。一半以上的课程，是我们的老师在当时法学教育既缺乏理论积累也缺乏实践支撑的情况下，凭借有限的资料和自己的功底，克服严寒与酷暑，挑灯夜忙，赶编讲义，才解了燃眉之急。就这样，师生一起共同度过了那段艰苦奋斗的岁月。

（三）崇文尚武，葵花向阳

我们深知，要报效祖国，必须有强健的体魄；要抵御疾病的入侵，不能是“病夫”。我们班同学，在紧张读书之余，没有忽视体育锻炼。我本人每天早上都参加晨跑，还学习了南拳。我们班的陈鸿飞、江科和梁赤三位同学，发起组建了赫赫有名的“中大武术队”，还把电影《武当山》中才貌双全的女主角林泉请来当武术教练，在中大校园里刮起来一股崇文尚武旋风。不少其他系、其他班级的学生，纷纷申请加入中大武术队。

我们感恩党，感恩改革开放；我们如同葵花向太阳，热爱党，一心跟党走。我们班团支部（我是首任班团支部书记）弘扬集体主义精神，每学期都组织本班同学数次外出集体活动。先后到中共三大会址、黄埔军校旧址和虎门销烟所在地等爱国主义教育基地参观，实地学习中共党史、中国革命史和民族抗争史，抒发爱党爱国情怀，坚定共产主义信念。

为了扩大知识面，增长才干，提高管理水平和增强活动能力，我们班不少同学积极参与学校团委、学生会、校报、广播站等部门组织的活动。我在1982年担任了学校团委委员兼少年部副部长，常到中大附小当辅导员。我还参与了中大广播站的复办工作（1981年复办），并担任了采编组组长、第二任（1983年3月—1984年2月）站长。

中大广播站的经历，值得一书。这是一支由共青团中山大学委员会领导，由在校学生组成的自我宣传、自律教育的学生团队。在当时（20世纪80年代初）的学生组织中，这支团队与学校艺术团一样，分外耀眼！70年代末80年代初入学的大学生，被人们称为“天之骄子”，而大学广播站的播音员和记者采编，则是“骄子之骄子”，众人追捧。这个朝气蓬勃的群体，就像向日葵，向着太阳转并传送着太阳的温暖。我们日出而作，日落而息。大学校园里迎接太阳升起的第一个声音，是我们播音员的叫醒问候。众多的学生“闻声起舞”，或晨跑，或做早操，或晨读。在固定的播音时段，广播站时常播出改革开放层出不穷的喜讯，播音员传输着振奋人心的暖流。我们广播站播出一则《学习周总理，为中华之崛起而读书》的报道，曾引发无数“英雄”（学生）夜间苦读，图书馆座无虚席，提前排队入馆“霸位”成为时尚；一则《不扫一屋，何以扫天下?》的报道，激励多少学生志存高远，胸怀祖国，放眼世界，但又注意从身边小事做起，脚踏实地往前走；一组《这是一片神奇的土地》的自编广播剧，醉倒了多少“英雄豪杰”。当年，足球热席卷全国，中大的学生更是狂热追“球”，当中有些学生不管输赢都要摔啤酒瓶子以表达心中的激动，不过，这既破坏了优美的环境，又苦了清洁工。广播站一则《摔瓶子的怪癖要去除》的报道播出后，“摔瓶子怪癖”的现象戛然而止。曾有一位男生用镜子反射阳光入女生宿舍，引起女生的不满。广播站一则《用镜子反射阳光照射女生的行为不文明》的报道播出后，虽然引起了那位男生的无理抗议，但从此再没有男生敢用镜子反射阳光照射女生了。由此可见广播站的威力和影响力。前进的路上，有惊喜、有收获，也有波折、有伤感。但广播站的每一位成员都很阳光，因为我们的队伍向太阳。

（四）大学四年，感悟良多

在中大法律系读本科四年，有五点感悟至深。

一是锻造了“中大人”的品质。一个人的优秀品质，不是生来有之，需要后天的锻造。人的品质，简称人品，指的是人的素质，包括人的道德、健康、智商、情商、能力等状况和知识、文化素养等因素。“中大人”的品质，其特质是不贪图高官厚禄，只求能做大事，一生能做成一件事。高高题写在中山大学小礼堂二楼大门上的孙中山名言“要立志做大事，不要做大官”，成为我们班同学的座右铭。“中大人”的品质，我们班同学入读中大后，才有机会得以锻造。正是“中大人”的品质要求，使得我们班同学想做大官的极少，想做成一件事、想做成大事的相当普遍。

二是树立了法律人的精神。法律人的精神，我们班同学在入读中大法律系之前可以说是没有的。法律人，是指从事法律工作的共同体。他们应是法治理念最忠实的践行者和实施者，是社会公平正义的捍卫者。法律人的精神，在于对真理的追求、对法律的信仰和对法律的遵守，以及对社会的公平与正义的竭力维护。只有真正做到有良知、有正义感，坚持不懈追求让每个人都活得有尊严，体会到公平正义的法治社会，加之拥有理性严谨的法律思维，才能成为真正的法律人。经过中大法律系四年的培养，我们班同学基本上树立了法律人精神。踏入社会后，无论身处何地、身担何职，法律人精神永远相伴随。

三是增强了奋力拼搏的毅力。大学听课四年，我记得最清楚的是我们中大法律系首任系主任端木正教授对我们班同学讲的一句话："人生难得几回搏!"这句话，不断在我的耳边回响，直到现在。在端木正主任和老师们的鼓励与指导下，同学们相互鼓劲、相互推动；不但读书上奋力拼搏，运动场上也奋力拼搏。记得在我们入学不久，全校开运动会，我们系，也就是一个班，全班学生出动也才占了运动场一个小角。虽然我们人数少，但我们全力以赴，有的项目还争得了名次。比如一万米长跑，我们班有位同学就得了第三名。那是靠精神和毅力取得的啊！体现的是我们不甘落后的精神。小小一个班的法律系，竟然能在全校引人注目。四年下来，我们奋力拼搏的毅力得到大大增强。

四是形成了尊师爱生的风气。中大法律系复办后，师生关系十分融洽，亲如一家。尊师表现在老师上课进入课室时，同学们都起立问候"老师好!"；课堂上有疑难问题向老师请教都必定先举手；老师有什么体力劳作上的困难，同学们必定去帮忙。我们班同学比系里好多老师都先到中大。新调来的老师搬家具，我们班的男同学都争先恐后前往帮忙，这是当时特有的现象。我们的老师则是爱生如子，情深似海。学生的前途，老师最为关心。我们入学时，没有一个共产党员，系团总支书记林祥平老师多次找我们班团支部干部和班干部谈心，鼓励我们政治上积极进取，努力创造条件，争取早日加入共产党。作为团支部书记的我和作为系学生会主席的沈永祥成为我们班第一批入党的学生。学生有疑难问题，首先想到的是老师；老师也常常细心、耐心指导。逢年过节，老师请学生到家里吃饭是常有的事。班主任鲁英老师，我们班几乎大半学生都到她家吃过饭。教刑法学的陈登贤老师，我们学生多次到他家里过节。系办公室副主任曾耀添老师，我和曾仕强同学多次到他家里包饺子吃。有一年，系办公室主任赵文杰老师全家回四川过春节，就让我到他家里舒舒服服住了一个寒假。法律系的老师们，不但教给了我们知识，还教给了我们如何做人，给了我们温暖。当年中大法律系尊师爱生蔚然成风。

五是培养了大量法律英才。我们班同学在中大法律系毕业后，个个都是法律英才，堪称社会精英和国家栋梁。如沈永祥，曾先后担任过外交部国际司副司长、中华人民共和国驻马达加斯加共和国特命全权大使、驻卢旺达共和国特命全权大使；林嘉（女），现任中国人民大学法学院党委书记，中国人民大学劳动法和社会保障法研究所所长，教授、博士生导师；黄达亮，现任湖北省孝

感市检察院党组书记、检察长、二级高级检察官；丁仰豪，先后任福建省高级人民法院民事审判第二庭庭长、福建省平潭综合实验区人民法院院长；曾仕强，曾任广东省高级人民法院二级高级法官；郑友，曾任湖南省司法厅副厅长；还有不少著名的律师，大企业集团的法务部门负责人；等等。中大法律系往后各届毕业生，更是涌现出了不少风云人物。这都是中大法律系（法学院）悉心培养所结的累累硕果。

王建民等

——81 级 1 班对母校法律系的集体回忆

受采访人： 张志强、钟佳萍、姚振棠、赵晓雁、万志坚、朱宝莲、陈敏、杨长缨、李颖怡、朱文进、王建民等校友

采 访 人： 曾东红

采访时间： 2019 年 1 月至 3 月

采访方式： 网络采访等

综 述 人： 王建民

受采访人简介

张志强，男，1958 年 10 月出生，广东海口人，1985 年毕业于中山大学法律系，获法学学士学位。曾任法律系学生党支部书记。

钟佳萍，男，1955 年 10 月出生，贵州贵阳人，1985 年毕业于中山大学法律系，获法学学士学位。曾任 81 级 1 班班长。

姚振棠，女，广东广州人，1985 年毕业于中山大学法律系，获法学学士学位。曾任 81 级 1 班副班长。

赵晓雁，女，广东广州人，1985 年毕业于中山大学法律系，获法学学士学位。1986 年 9 月至 1988 年 7 月，攻读中山大学法律系国际法专业，获法学硕士学位。曾任 81 级 1 班团支部书记。

万志坚，男，1963 年 9 月出生，广东海口人，1985 年毕业于中山大学法律系，获法学学士学位。曾任 81 级 1 班生活委员、副班长。

朱宝莲，女，广东广州人，1985 年毕业于中山大学法律系，获法学学士学位。曾任 81 级 1 班生活委员。

陈敏，女，广东佛山人，1985 年毕业于中山大学法律系，获法学学士学位。曾任 81 级 1 班学习委员。

杨长缨，女，广西壮族自治区玉林市人，1985 年毕业于中山大学法律系，获法学学士学位。1985 年 9 月至 1988 年 7 月，攻读中国人民大学法律系民法专业，获法学硕士学位。曾任 81 级 1 班文体委员。

李颖怡，女，广东广州人，1985 年毕业于中山大学法律系，获法学学士学位，1999 年获法学硕士学位。曾任 81 级 1 班团支部委员、学习委员。

朱文进，男，1962 年 11 月出生，广东广州人，1985 年毕业于中山大学法律系，获法学学士学位。曾任 81 级 1 班体育委员、生活委员。

王建民，男，1957 年 8 月出生，北京人，1985 年毕业于中山大学法律系，获法学学士学位。1999 年 9 月至 2002 年 7 月，攻读北京大学法学院民法专业，获法学博士学位。曾任 81 级 1 班班长。

受采访人口述之综述

1981 年 8 月底，我们中山大学法律系 81 级的同学陆陆续续来到位于珠江南岸，绿树掩映、郁郁葱葱、红砖绿瓦的康乐园。那是个大潮涌动的年代，那是个充满青春气息的校园。校园里，正热唱 *One Day When We Were Young* 等英文歌，还有那“光荣属于我们 80 年代的新一辈……”

法律系 81 级的同学，是法律系 1979 年复办后的第二批学生，大部分是应届高中生，入学时，虽然略显稚嫩青涩，但均是各地中学中的佼佼者，或是班里的尖子生，都是父母的骄傲。有几个同学是在部队当过兵或者在社会上工作过一段时间后考入中山大学的，在同学中略显老成。同学当中有 85% 以上来自广东省各地，其他的同学分别来自海南（当时是广东省的一个专区）、广西、贵州、云南、福建、湖北、湖南、四川、安徽、陕西、河北、上海、北京等地。按照当年（1981 年）的招生简章，中山大学法学专业招生名额原为 60 人，但由于培养法律人才的迫切需要，经教育部批准，广东省司法厅委托中山大学培养 40 名法学专业本科生，实施招生时计划名额相应扩展调整至 100 人，实际招 105 人。故入学时，加上 80 级转来的一位同学（因身体原因休学 1 年），81 级共有 106 名同学，分为两个班，一班和二班各 53 名同学。一班的班主任是林华老师，他同时指导、教授“法学基础理论”课程。他对于一班的同学关怀备至，从日常生活上、学习上、思想上都是无微不至地爱护。二班的班主任是钟永年老师，他同时教授“刑事诉讼法”课程。他讲话一板一眼，总是给同学们留下和蔼幽默的印象，也是一位很负责任的班主任。年级辅导员是王岱华老师，他是一位多才多艺、性格“泼辣”、认真负责的老师。

一、迎新会就是难忘的第一课

入学的迎新会是在法律系的地下课室举行的，实际上成了难忘的第一课。法律系系主任端木正老师和法律系党总支书记马传方老师都亲自做了致辞，并做新生训话。端木老师讲述了中大法律系的历史，提到孙中山先生创建了中山大学前身——广东大学之后，法学学科逐步建立和发展，并且设立了自己的法学院，法律系是法学院的四个系之一。但是在1952年院系调整的时候，法律专业的师资力量被合并到武汉中南财经学院去了，自此中山大学失去了自己的法学学科。直到1979年，中山大学根据教育部的部署恢复了法律系，才逐渐调配各专业的师资力量，并于1980年招收第一批学生。孙中山先生在创办中山大学的时候，就确定了校训——“博学、审问、慎思、明辨、笃行”。中山大学的学生可以不做大官，但是要做大事。这种大事，不一定是惊天动地的大事，但一定要是利国利民的事情。马传方老师教育我们，在大学期间要珍惜大好时光，广学博闻，汲取知识，除了学习专业理论知识之外，还要学习领会马克思主义理论知识。他告诉我们，马传方的“方”不是流芳百世的“芳”，而是立志将马克思主义传遍四方的“方”。实际上，近四十年过去了，除了这些训导还记忆犹新外，其他一些当时看似信手拈来的平淡话语，同学们也是受益良多，只是不同的同学记住了不同的侧面。例如，有的同学回忆道，端木老师在迎新会上介绍自己是安徽人，紧接着说：“同学们来自五湖四海，南方的同学不要取笑北方同学不爱洗澡，北方的同学也不要指责南方同学不文明，连猫肉都吃。”一些同学觉得到后来自己包容品性的养成也许正是由这句话触发的。有些同学记住了端木老师在迎新讲话中批评有学生写信给他的时候称呼他为“尊敬的端先生”，说这种行为非但没有半点尊敬，反而是“木”中无人。这对同学们尊重人、认真做人等品行的培养教育有很大警示。当然，也有同学记住了端木老师要求同学们励志专心学习的话。端木老师说：“同学们不要过早对异性感兴趣，男同学尤其不要对外国女孩感兴趣。为振兴中华学习不是空话，要从踏实专心学习做起。”这种叮嘱以现在的眼光看来似乎过于保守，但在当时却是实实在在的。因为改革开放初期，一方面来自境外的种种思潮冲击很大，另一方面外事管理仍然很严，不注意是很容易出问题的。马传方老师还讲了“刀笔吏”的典故，不少同学当时脑子中连读法律是干什么用的还毫无概念，他们是从马老师的讲述中第一次听到“律师”这个词，而且这种职业还有那么大的能量。而这与我们班同学毕业后大多数人愿意做律师有没有关系，就难以考证了。

二、天之骄子之抱负　筚路蓝缕的老师

恢复高考制度初期，大学生常被媒体称为“天之骄子”。回想起来，大学生活伊始，我们就确实已充满了天之骄子为国为民刻苦学习的抱负和激情，而且目标慢慢清晰——为中华振兴而学，为民主与法治而学，为使法律成为信仰而学……这不是唱高调，是实实在在的，是每个同学发自内心之强音。很多人考虑个人的前程往往也是比较自觉地与之联系在一起。为此，同学们珍惜大学读书时光的每一分、每一秒，班里没有一个同学是懒惰和懈怠的。那时正是我国改革开放早期，禁锢人们思想的枷锁正在逐步被打碎，新的理念、新的知识、新的生活方式潜移默化地影响着我们，也激励着我们如饥似渴地汲取各种营养，法律系的老师们用他们的毕生学识与修养，教育、培养、影响着我们。

由于当时法律系刚刚恢复，师资也是从全国各地、各个工作领域招集过来的。许多老师多年没有授课了，许多课程没有现成的教材，教材是任课老师们根据教学大纲，搜集各方资料，日夜工作整理编写而成。例如，“宪法学”课程。中华人民共和国现行宪法在 1982 年 12 月 4 日由全国人民代表大会通过施行，当时国内的宪法学科刚刚设立，没有教材，参考资料也很少。覃柱中老师就自己编写教材，自己油印成册，提供给学生们作为教材；对于教学当中我们不理解的、在课堂上来不及解答的问题，他就把我们叫到他家中，耐心细致地给我们讲解；对于有不同观点、存在争议、理解不一致的问题，他鼓励我们质疑、辩论和思考。

教授“国际法”的陈致中老师虽然腿脚有残疾，但是每次上课都风雨无阻，激情洋溢地引领同学们在国际法里徜徉。教授“中国法制史”的江振良老师、教授“外国法制史”的李启欣老师绘声绘色地向同学们传授中外法律制度的演变发展。教授“刑法学”的陈登贤老师声情并茂地分析罪与非罪的界限，他念意大利刑法学家贝卡利亚的名字很有特点，“贝”字念得特别重，仿佛不那样学生就记不住。教授“经济法”的黎学玲老师结合广东深圳改革开放实践，引导同学们理解、分析计划经济，市场经济，商品经济的不同法律规则。同学们除了认真学习必修课程之外，都在充分利用大学的时光拼命地学习相关的知识。而法律系开放的宽口径课程设计对大家也很有吸引力和导向性。除了传统的主要法律课程外，不少同学纷纷选修“法学英语”“犯罪心理学”“刑事侦查学”“法医学”“证据学”“海商法”“专利法”“罗马法”，以及“逻辑学”“社会学”“伦理学”“统计学”“企业管理”等课程。

有些同学感受最深的是教授“法学基础理论”课的吴世宦老师，他思维开阔、学识严谨、善于思辨，他在向同学们讲授法学的基础理论知识的同时，旁征博引、循循善诱地教育同学们如何善于学习，掌握学习方法，去探讨、解决所遇到的学术问题。他心怀激情，热切地期望我国的法治建设尽快地获得长足的发展和完善。因此，在教学的同时，他引导创办了中山大学的法治系统工程研究会，积极地呼吁用系统工程的思维模式，建设、完善我国的法律制度，倡导将现代计算机技术和信息技术运用到法制建设之中。法治系统工程研究会在他的引导和推动下，不断发展，其影响力逐步扩大到北京的中国政法大学，得到了中国政法大学师生的响应、支持和参与，并在社会实践中进行了应用和检验，取得了可喜的成果，得到社会广泛的认可和赞誉。

从中学进入大学，是人生一大转折时期。在大学期间，同学们抓紧这四年时光，如饥似渴地汲取着各种知识，利用各种机会了解未来将面对的社会，同学们在老师们的言传身教以及大学环境浸淫之下心智逐渐趋于成熟，奠定了走向社会的基础。

同学们来自全国各地，在校学习期间，通过上课、讨论、班会、晚会、郊游等活动，从互相认识、了解，到互相交流、互相帮助、共同成长。在教学互动中，同学们除了认真学习相关书本知识之外，也在老师们的引导下，认真思考现实中存在的问题。激烈的学术讨论是课堂上、宿舍里经常发生的事。为了辨明某个问题，同学们纷纷查找资料、阅读专著，并且引经据典、旁征博引、各抒己见，在辩论中逐渐增长知识。除了课堂学习以外，同学们还开展各项课外活动，参加金字塔学社、法治系统工程研究会、武术协会等社团活动；走访少年劳教所、监狱、法院等机关；旁听法院审理活动，了解司法实际情况；参与模拟法庭活动，增强对法律知识的理解和体验；毕业之前，参加法院、检察院、律师事务所等法律机构的社会实践，了解法律环境和现状，为毕业后迈向社会做好准备。

那时上课、自修的课室、图书馆条件远不如如今，冬天冷风瑟瑟，夏天酷暑难挨。尽管如此，如果去晚了，还没有座位，不得不用书包、课本、其他用品“占位”。大家经常为了能够找到一个自修座位，不得不在整个校园转悠。

三、芬芳桃李　念恋桃园

80 年代初期，大学的生活条件也不太好，学生宿舍基本上是八至十个人一间房，没有风扇，更别提冷气机了，晚上睡觉不是扇扇子的声音，就是翻身吱喇吱喇凉席黏身子的声音。有时酷暑难挨，一个晚上要到冲凉房浇几遍凉水，有的同学干脆爬到楼顶，眼望星空，席地而眠。而这些简陋艰苦的条件，并没有降低同学们刻苦和勤奋学习的热情。

1981 年，刚入校第一个学期，同学们的生活还是实行计划经济下的供给制，吃饭是凭餐券领餐，每个同学一张餐券领一份饭。菜式、饭量都是一样，男女同学没有差别，一些男同学不够吃，一些女同学吃不完，有时女同学就把饭菜匀给男同学。大概入学第二年改为助学金、奖学金制，同学们大部分每个月领到 20 元左右的助学金。而对于大多数同学而言，这笔钱已经包括每月的生活费和书本费。由于物价逐年上涨，生活成本逐渐增加，有的同学生活上出现困难。为了解决这些困难，有些同学开始通过各种方法勤工俭学。有的同学利用假期回家时机，将广州紧俏的商品、服装带回家乡转手变现；有的同学到报社、出版社批发报刊、书籍，到车站、码头销售。其他同学看到他们还未参加工作就已经开始尝试经济自立，都非常佩服和羡慕。

学校规定学习期间同学之间不能谈恋爱，但是同学们在学习、交往过程中，随着了解的加深，彼此双方或多或少都萌动着爱慕、思恋之意。有的同学也会因为思恋的苦闷而借酒浇愁；有的同学惺惺相惜，偷偷享受着爱慕的暖意。临近毕业的时候，学校放宽了谈恋爱的限制，谈恋爱的同学也逐步公开了恋情。毕业后，有数对同学喜结连理，成家立业，生活美满。

中山大学法律系 1979 年复办，1980 年招收首届学生，由于该届同学中尚未有共产党员，故没有建立学生共产党支部。81 级招收了三名共产党员学生。他们入学后，组建了由张志强、谢俊民、王建民组成的学生党支部，由张志强同学担任学生党支部书记。学生党支部积极开展工作，如组织学生进行党课学习；考察、培养要求入党的同学；对照共产党员的条件，要求他们起到模范带头作用，勤奋学习，团结同学，帮助解决同学们在学习和生活中的困难。通过大家持续的共同努力，学生党支部逐渐在 80 级、81 级、82 级、83 级同学中吸收发展了多名学生党员，这些学生党员在各自的班级中发挥了骨干作用。

毕业后，我们班近一半同学做了律师：有些人毕业后直接从事律师工作，有些人兜兜转转，后来才做了律师工作，有 2 位在境外做律师。其余有部分同学在公检法部门，有部分同学在政府部门，有的同学当了高校教师，有的同学在事业单位或国企工作，也有部分同学在民企担任管理工作或者自己经营企业。他们都各有自己的精彩，各有自己对国家和社会的贡献。而且无论在国内还是在国外，无论以何种职业、身份和方式安身立命，无论是顺顺利利还是曾经跌倒了再奋力起身前行，他们都有一样根深蒂固的信念：我们是中山大学法律系 81 级科班出身，我们从根子上是法律人，母校、母系对我们的培养我们铭刻在心！

人生路上走来，回首 1981 年至 1985 年的四年大学生活，那时，因国家恢复法制而复办的中山大学法律系正焕发着第二次青春，而那时的我们正年轻……“我们的心仍在跳荡不息，我们的呼唤不会没有回音。”这是 81 级全体同学对中大法律系的深情，也是我们永久的心声。

蔡海宁

——相伴四十年，砥砺再前行

受采访人： 蔡海宁校友
采 访 人： 曾东红
采访时间： 2019 年 2 月
采访方式： 网络采访

受采访人简介

蔡海宁，男，1962 年 2 月生，广东揭阳人。1985 年毕业于中山大学法律系，获法学学士学位，一级律师。广东经纶律师事务所主任、首席合伙人。"广东省优秀律师"称号获得者。兼任中山大学法学实验教学中心兼职研究员、中国人民大学律师学院兼职教授、上海交通大学凯原法学院硕士生导师。广东省法学会网络与电子商务法研究会常务副会长，深圳国际仲裁院、广州仲裁委员会、青岛仲裁委员会等仲裁机构仲裁员，广东省律师协会副监事长、中华全国律师协会信息网络与高新技术专业委员会副主任，广东省委网络安全和信息化领导小组专家咨询委员会委员、广东省知识产权维权援助中心知识产权维权援助专家。先后担任共计 30 多家海内外大中型企业、单位法律顾问。著有《信息网络与高新技术法律前沿 2009》《电子商务立法探索与实验》《电子商务法》《融资租赁案例评选》《合同法案例与评析》等著作 10 余部，发表《地方电子商务立法构想重点与难点》《构筑电信监管的法律体系》《物联网的法律思虑》《融资租赁业务中的法律问题》等学术论文近 20 篇。

受采访人自述

伴随着国家改革开放四十周年的到来，2019 年就是中大法学院复办四十周年，后年，是我们法律系 81 级相识四十年。四十年，正是我们这代人从豆蔻年华步入花甲之年的时光。往事如烟，世间最美的事不是留住时光，而是留住记忆。我之所以能留住那么美好的记忆，就是因为我写日记，大学四年，我笔耕不辍，现在回首，往事一幕幕浮现在眼前。

一、入学情景——心中还是那首感念母亲的诗

1981 年 9 月初，海口秀英港，蓝天白云，鸥影翩翩。穿过熙熙攘攘的人群，母亲亲自把我送到码头，一艘名叫“牡丹”还是“玫瑰”或是叫红卫某号的客轮在等着人们，我和好几个刚考上大学的学生一起登船。“呜——呜——”汽笛长鸣，船缓缓离开码头，看着母亲越来越小的身影和越来越蓝的海水，泪水模糊了我的双眼……

入学后，为此我写了一首诗：

小小的我是一粒小小的贝壳，
常常在母亲的手心里停泊，
那时的母爱充满大地的温柔。
那时大人们都对我说，
你的老家在大陆要漂海过河。
（后来我知道我的家正在漂泊）
当波浪一天天涌到妈妈的脸上，
妈妈也变成深深的海洋。
她和南中国海一样会刮台风，
她流露的乡愁和盐一样咸涩，
我少年的帆没有归宿。
（那个年代中国也在“漂泊”）

经过 24 小时的航行，船到岸了。广州，南中国最大的都市，就在眼前，我兴奋地跨着大步，踏上洲头咀码头，找到中山大学新生报到处。一个青年男子拿出花名册找到我的名字，名字后面注明性别是女。我赶忙声明，蔡海宁不是女的。接待人员笑笑说，可能打错了。查看宿舍安排，还好，是住东区七栋

109 房男生宿舍，没有成为女生宿舍的“指导员洪常青”。

二、同学，翻印书，还有那中老年老师恰似风华正茂

我的大学生活就这样开始了，我手中仍然保留着法律系法学专业 81 级同学最初的花名册：我们的同学共 106 位（其中谢航后转读中文系，王念宁、杨焕和陈振华因身体原因留级），其中女生 38 人，占 1/3 强。班上的同学大部分是广东各地的（含当时的海南地区），只有 13 位是广东省外的，分别是来自北京的王晔（王建民）、刘星，来自吉林的董永岩，来自贵州的钟佳萍、杨焕、张波，来自云南的张成军，来自安徽的姚向阳，来自上海的王诚，来自湖北的董福长，来自福建的黄伟兵，来自四川的立克幸义，来自湖南的王合成。

当年我是带着对法律事业有限的感性认识和美好的憧憬，以海南岛文科高考总分第二名（421 分）的成绩顺利被中山大学法律系录取（我是法律系广东考生最高分）。刚刚入学，我就被班主任钟永年老师安排做了团支书。当时大家的经济收入较低，（第二学期后）国家实行助学金制，我与其他班干部一起，为全班每一位同学评定助学金的数额。同学们的助学金平均有 20 元左右，不少农村来的同学，由于家庭人均纯收入很低，获得了每月发放 25 元的助学金。由于生活条件艰苦，25 元包括他们的伙食费、交通费、日用品等的费用。

入学当年，由于 1977 年高考恢复，各大高校重新开始招收学生，77 级于次年春季入学，因此当时呈现出 77 级、78 级、79 级、80 级、81 级，“五代同堂”的盛况。那时中大法律系刚刚复办，80 级是试招 40 个人，81 级是正式招生，共有两个班 106 人。刚开学的时候，有部分老师也是才调入中大法律系从事教学工作，我们的第一个集体性课余工作竟是帮老师搬家。当时的老师们也没多少值钱的家当，老师和学生们关系简单，相处比较融洽，发生了很多有趣的故事。

刚刚进入大学，本以为可以放松一下，却发现其实在大学中学习依然十分紧张。虽然当时法律系复办不久，师资力量和学习资源都比较匮乏，但是大家都从不曾缺乏学习的激情。那时候只有几部简单的基本法律书籍，专业书很少。同学们都主动去北京路外文书店寻找一些翻印过来的书籍资料，补充自己的知识。记得有个同学的《布莱克法律词典》也是在那儿买的。没有法子，穷学生，学校也条件有限，又如饥似渴要学知识，版权意识是后来才培养起来的。

虽然资料匮乏，但当年归队的老教授们却老当益壮，中年老师们朝气蓬勃，全身心投入法律系的教学科研。他们教得投入，我们也学得充实，重要的法律技术训练都没有落下。给我们上课的老师就有端木正、张仲绛、李启欣、

江振良、陈致中、吴世宦、杨贤坤、梅卓荦、黎学玲、李宣汉、罗辉汉、钟永年、林华、温刚均、李斐南、钟庆铭、陈登贤、张毓泰……

大学期间，我担任了四年的团支部书记。毕业前，我光荣地加入了中国共产党。毕业分配时，党员学生主要被分配到省级党政部门或者高校。记得毕业前夕，系里通知我到办公室去和省纪委的干部处领导谈话，当时慈祥的彭大姐和我聊了半个小时。她走后，别人才告诉我，她是时任省委书记林若的夫人。可见当时的领导干部是多么的负责任与亲民——亲自到学校了解一位即将入职的大学生的情况，并且平易近人地与这位学生畅谈了半个小时。

三、为什么总是站在前沿业务的潮头

大学毕业之后，我首先进入广东省纪律检查委员会工作，参与了查处“海南汽车事件”等活动；后来去了广东国际信托投资公司，主要负责涉及债权追收的法律及诉讼业务；随后又被外派到中外合资企业中联国际租赁公司从事融资租赁的工作，先后担任业务部、项目部和办公室的负责人。我于1986年便通过首次全国律师资格考试，律师职业确实是法科学生主要的出路。国家的律师制度在1993年时开始与国际接轨，允许成立合伙制律师事务所。看到律师行业发展的前景，我开始把工作重点放到法律服务上，90年代中期转为专职律师。

从事律师行业，需要我更加积极主动去开展业务，开拓领域，适应社会。最初从事律师工作的时候，我只是处理刑事、民事等基本的法律纠纷；慢慢地，才逐渐拓展到投资及融资租赁等领域，继而奋起创新领域。记得在1996年前后，当听说日本住银租赁在花园酒店设立办公室的时候，我亲自上门拜访，介绍我对融资租赁法律服务的情况，该公司总经理立即聘请我为其公司出具法律意见书。2000年后，我对信息网络的法律产生浓厚兴趣，与广东省电子邮政局密切合作。2001年7月，在广东省人大法制委员会主办的电子商务立法论坛上，我满怀激情做了“地方电子商务立法是立法的试验田”的演讲，引起了正在为广东电子商务立法做筹备工作的时任信息产业厅厅长徐志彪同志的注意，他马上邀请我加入该条例的起草小组参与立法。随着该条例的出台，信息产业厅给我颁发了荣誉证书，肯定我作为立法小组主要成员做的工作。继而我在广东省律协担任了跨越前后五届的电子商务法律专业委员会主任，长达近二十年的全国律协信息网络与高新技术专业委员会副主任，积极投入电信及电子商务领域的法律服务之中。此后我还参与了《广东省社会信用条例》《广东省电信条例》等的立法咨询工作，以及代表全国律协主笔对国家《电信法》送审稿的修改意见和参加《电子商务法》的立法研讨会。

自执业以来，我曾先后担任南方证券广州分公司、广东省工程技术设备供应公司、广州 TCL 电器销售有限公司、广东省电子邮政局、183 网站、广州新华时代电子科技有限公司、立通网络软件（上海）有限公司、广东省电信有限公司数据通信局、广东数字证书认证中心有限公司、广州金鹏通信实业有限公司、广州市海珠科技产业园领导小组办公室、广东信源科技有限公司、中国电子进出口华南公司、工商国际租赁有限公司（合资）、广州住银租赁有限公司、广东省信托房产开发有限公司、广东省工程技术设备供应公司、中国船舶燃料供应广州分公司、上海如新日用保健品有限公司、广州工业发展集团、中山大学附属第一医院、广州市长途汽车运输公司、广州市玄武无线科技股份有限公司、广东新聚力石化工程管理有限公司、莱科萨斯国际（中国）有限公司、中国银行中山分行、中国华融资产管理公司广州办事处、广东粤财信托投资有限公司、广东粤财股权投资有限公司、广东万家乐股份有限公司、广东省第一建筑工程有限公司、马来西亚银湖系统有限公司等几十家大型海内外企业的法律顾问，办理了大量合同纠纷和公司法律事务。

为什么我敢于勇立潮头？我也不时在问自己。“经纶满腹，专业服务。治丝之事，精益求精。”这是我的立身之本，也是我们经纶律师事务所的立身之本。1999 年 7 月，我加盟广州市属首家合伙制的律师事务所，然后一直执业到现在。2003 年，我担任经纶律师事务所的主任、法人代表，至今也超过十五年了，我选择律师这个职业，也热爱这个职业！我非常赞同法学教育的至高境界是把学生培养成像律师一样思考，像律师一样写作，像律师一样说话。我在全国、省、市三级律协都任过职，为律师行业兢兢业业、勤勤恳恳服务，2016 年年底，我在广东省律师代表大会上当选为省律协副监事长，同时当选为本届律协副会长的黄思周律师也是我大学同学，这是中大法律系 81 级的荣光！

毕业后 35 年过去了，老师具体讲了哪些话记不清了，但使我们终生受益的是一个个老师言传身教留下的那教诲之神髓——勇于创新，务实工作，踏实做人；可以不做大官，但一定要做有益于民众、有益于社会、有益于国家的事！一路走来，我们这一代人既是时代的弄潮儿，更是时代的幸运儿。我们伴随着改革开放的发展不断进步，我们感恩于伟大的祖国，感恩于母校，感恩于师生们的帮助与支持。岁月如歌，芳草有情，在依法治国的路上，让我们和法学院一起继续砥砺前行！

杨建广

——法治系统工程与中山大学的缘分

受采访人：杨建广校友
采 访 人：曾东红
采访时间：2018 年 12 月
采访方式：书面采访

受采访人简介

杨建广，男，内蒙古人，1960 年 5 月生于广州市。1985 年 7 月本科毕业于中山大学法律系，获法学学士学位，随后留校任教并获法学硕士学位。1998 年起在西南政法大学攻读诉讼法学专业博士学位，并于 2001 年 7 月获法学博士学位。中山大学法学院教授，中山大学法学实验教学中心主任。主要研究领域为刑事法学、法治系统工程。主讲“刑事诉讼法”“法治系统工程”“社会治安系统工程”“犯罪学”“澳门刑事诉讼法”“法律基础”等多门本科生和研究生课程。兼任中国青少年犯罪研究会理事、中国刑事诉讼法学研究会理事、广东省青少年犯罪研究会副会长、广东省人民检察院专家咨询委员会委员、广东省检察学研究会副会长、广州市青年法学研究会副会长。曾任中山大学法学院副院长、广东省人大常委会首届立法顾问。2002 年 7 月至 2003 年 7 月应邀前往日本创价大学担任访问教授。主持或参与省部级项目 10 余项，出版《法治系统工程》《刑事诉讼法》《刑事诉讼判例研究》等著作、译著和教材 10 部，在《法学研究》等刊物上发表《误判的证明标准》《刑事立案的条件新探》《论生效刑事裁判纠错系统的构成》《社会治安综合治理中刑罚作用的局限》《社会稳定与社会治安系统工程》等论文20多篇。

受采访人自述

作为中山大学法律系复办之后的第二届（81级）学生，值此法学院纪念复办四十周年之际，很高兴有机会与大家分享我当年作为学生社团负责人的经历和喜悦。那些已经泛黄的文字和有关青春的回忆，如今想来总有一番体会。毕竟，我也曾经在如流的岁月中拥有过激情、焦灼和创业的艰辛，而当初浸润的许多精神，相当一部分至今还深深地影响着我。

一、金字塔学社与法律系师生结缘

比起今天精彩纷呈的大学生活，20世纪80年代初的康乐园明显地带有那个时代的痕迹，显得整齐划一。那时候，没有学分制和公选课。绝大部分学生囿于自己的专业科目，对课外或其他专业的情况缺乏了解的渠道。第二课堂的气氛显得沉闷而板滞。

而说起带来变化的契机，必须提到一个学生社团，那就是金字塔学社。它是中山大学最早的几个社团之一。最初发起学社的人，主要是计算机、物理、数学几个系的78级和79级的部分同学。他们是这样理解学问的：只有建立在宽广、厚实的基础上，获得开阔和深远的视野，才是通往更高更尖的科学顶峰的必要前提。因此，他们特别强调文理渗透和边缘学科的建设。金字塔造型上的特点正好成为学社得名的由来。而我们法学专业的学生，也许是对未来的憧憬和业余时间的相对充裕，则成为当时社团的基层骨干力量。从某种程度上来说，金字塔学社早年的许多活动，积极参加的同学中法律系的不少。在当时的环境下，学社的宗旨赢得了学校领导和许多教师的支持。在学社成立的时候，中山大学原党委书记张幼峰同志担任学社名誉社长；中科院学部委员、著名生物学家蒲蛰龙教授，原校长李岳生教授，原副校长李华钟教授，著名学者商承祚教授等三十四名专家担任学社顾问。当时的校长曾汉民教授也曾给予学社大力支持。

在1982年印制的“金字塔丛书”的扉页上，是这样描述金字塔学社的基本任务的：扩大同学们的知识面，培养同学们独立工作的能力，加强文理科之间的交往，促进各学科之间的联系，组织同学进行边缘科学的学习和研究。

在1984年12月修订通过的《学社章程》中，金字塔学社的活动方式被界定为：本社办社方针是基于各系学有余力的同学形成的读书会、沙龙式的讨论会，交流学术思想，并随机产生各种跨学科的研究会或讨论会，推广各种学术活动，不断扩大影响。

由于学社活动的丰富多彩，尤其是当时它所特有的文理交叉、学科渗透，吸引了大量同学加入。在1982年，学社成立仅半年，正式登记的会员就有502人。最多的时候，会员超过了1000人，占在校生的1/4，成为广东高校中最具影响力的学生社团。今天的同学们也许不太理解“开创”二字的实际内涵，而在当时，演讲会、学术报告和讲座、科技电影观赏、智力竞赛，都的确给人耳目一新之感，并且在后来因得到普遍接受和广泛采纳而成为学校第二课堂的常态。同时，因为特定环境使然，金字塔学社所开展活动的形式之多样也是今天鲜见的，如社会经济发展综合考察、培训班、展览会、书市、文娱晚会，等等，充分体现了一个综合性团体所涵盖的领域。金字塔学社由总部和下属一些分会组成。它成立不久，就先后设立了计量经济、未来学、法学、科学、社会学、心理学、美学、法治系统工程等学科研究会。这些研究会成为后来康乐园众多独立社团的母体或雏形。其中，我们法学专业的学生参加较多的就是法治系统工程研究会。

大家都知道经费来源是学生社团所面临的一个问题。金字塔学社当年虽有幸得到了校方的积极支持，但这并不意味着学社有充足的日常活动经费。事实上，团委的拨款仅仅是针对部分认定有较高价值的项目或展览，绝大部分资金仍需我们自己筹集。我们常用的手段是代销图书，既卖学社自己印制的科普小册子，又联系新华书店出售库存的积压降价书以提取劳务费。例如，“金字塔丛书”之一的《科学探索的艺术》（陈尚光老师著），当时印制了1000本，以每本0.3元的价格向全国公开发行。通过寄出征订单，在高校内引起良好反应，基本上也都卖出去了。另外，社员缴纳微薄的会费和社会捐赠也是一部分资金的来源。我们用社会经费来维持必要的开支和编辑出版刊物。除了“丛书”之外，《金字塔》《康乐园》《东湖》《惺亭》也是当时在中大学生中获得广泛好评的报刊。后来很长一段时期“惺亭”还被吸收为《中山大学学报》的一个学生专栏。

在学社的活动中，1984年“五四”前后举办的一个大型展览是我记忆犹新的学社空前盛事。其目的主要是展示中大的著名学者及其科研成果，以激励同学们努力学习。这是由于当时的环境以及各种原因，学校一直想办而又无法办成的一次活动。因为如果由学校出面，则究竟谁是著名学者难以界定，不好评判，而由金字塔学社这样一个学生组织来办则省去了不少难以言传的麻烦。而最后在金字塔学社的精心筹划和学校及各院系有关部门的热情配合下，“中山大学部分著名学者暨科研成果展览”在小礼堂如期举行。这次展览成功举办所带来的效应，也使得师生们对金字塔学社倍加厚爱。在1983年金字塔学社成立两周年的时候，商承祚教授还为我们再次题字：修学好古，实事求是。我们将其做成书签分发给社员珍藏。

如今回想起来，我一直对金字塔学社成员忘我奉献的精神满怀感激，正是这些形成了金字塔人的风格，也是我毕业后留在中大任教从事法治系统工程教学的重要原因。同时我也欣喜地发现，当年老金字塔人高度的责任心和使命感，乃至为了学社活动可以废寝忘食、整夜不眠的作风，如今仍在传承。很多时候，金字塔学社对时政和社会问题的关注引发了社员内部沙龙的激烈争论，但是他们始终以负责、谨慎和乐观的态度，来面对未来、面对人生。这些构成了金字塔学社为人称道的理性和实干，也是学生社团生命力之所在。

二、法治系统工程研究在中山大学的崛起

说完了金字塔学社的一些整体活动，就不得不说我们法律系师生的主要活动载体——法治系统工程研究会。先谈谈法治系统工程研究会的创立。1982年年初，金字塔学社聘请了致力于文理交叉的法治系统工程研究的法律系讲师吴世宦老师为顾问，并在著名科学家钱学森教授的支持和关怀下，成立了全国第一个该领域的研究会——金字塔学社法治系统工程研究会。

法治系统工程是一门开拓性的边缘学科和新兴技术，它是运用系统工程理论对法治系统及其环境分析研究，择优制定和实施法律，以维护社会整体最大利益和局部合宪、合理利益的思想方法和组织管理技术。在当时，我国对该技术的研究处于世界领先地位，未发现国外有人对此进行系统研究。

起初，吴世宦老师在法治系统工程这块处女地上独自耕耘。金字塔学社成立的该研究会，使师生紧密结合，教学相长，促成了法治系统工程的快速发展。1984年年底，研究会已发展成一个由老师、研究生、本科生组成的研究组织。其中，除了法律系的老师和学生以外，还有部分计算机、哲学、历史等专业的学生，充分体现了法治系统工程对多学科知识的需求。在吴世宦老师和罗辉汉老师两位该学科的开拓者的带领下，师生们共同努力，勇于探索，取得了一些可喜的成果。其中，比较有代表性的学生作品有《刑罚·人·社会》等。该文运用法治系统工程的思想和方法评析了当时的“从重从快”的刑事政策，强调社会治理应充分警惕严刑峻法带来的负面影响，主张采用系统方法追求社会整体治理效果的最优化，主张罪刑相适应，强调面对社会治安问题应综合治理。

1984年6月，应中国司法部《法制建设》编辑部的约稿，钱学森教授和吴世宦老师合作发表了《社会主义法制和法治与现代科学技术》一文。该文对法治系统工程的理论体系及其研究对象做了系统性的论述，从而基本确立了

它在新兴边缘学科中的地位，引起了国内外学术界的关注。吴老师也为此被欧中法律协会吸收为会员。为进一步推动全国在这方面研究的深入进行，钱学森教授提议并委托吴世宦老师发起组织一次全国性法治系统工程研讨会。金字塔学社随即发函给中国政法大学的同行，提议由两校研究组织共同发起并组织这一次学术会议。

这实际上是学生社团第一次发起并组织的全国性的学术会议，会议组织的过程中遇到的困难难以想象。即使是在改革开放前沿的中大，学生社团组织全国法治系统科学讨论会也是一次勇敢的尝试。为了得到校领导的支持，我们撰写报告论证法治系统工程的发展前景和中大筹办这次讨论会的意义。主要包括两方面：一是使中大在法治系统工程研究方面的优势得以充分体现，并借以推动全国法治系统工程理论研究和社会实践的开展。在当时，中大的法学教育和法学研究比起其他重点院校总的来说是落后的，但是，对于法治系统工程这一边缘学科的研究走在了全国最前列。当时，我们师生在法治系统工程研究会研究活动中紧密结合，教学相长，共同提高。这也是中大法学学科的一大特色，也是推动法治系统工程学科不断地以较快的速度发展的力量源泉。青年学生容易接受新思想，思想活跃，敢说敢为，在老师的指导下，会更好地促进新兴交叉学科研究的开展。因此，由研究会的老师和同学共同筹办这次全国性的会议，既充分体现了中大的学术研究特色，又发挥了中大的研究基础较好的优势，借全国会议之机，以最充足的力量，促使这一为社会治理所需要的先进技术迅速被法学理论工作者和法律实务工作者们所接受，并不断促进其在法制建设中发挥指导作用。二是促使中大在法治系统工程研究方面的优势得以继续保持和加强。当时中大从事这一方面的研究是走在全国前列的，但由于宣传工作的不到位，使得外界只知道吴世宦、罗辉汉其人，而不知他们都是中大法律系的老师，更不知道中大还有一个法治系统工程研究会的组织。相反，1984 年成立的中国政法大学法制系统科学研究会的研究生组织，因为地处北京，一成立就得到了学校的高度重视和大力宣传，闻名全国，大有后来者居上之势。当然，对于这一学科的深入探索，在我们中大这样的综合性学校其实是有很大的优势的，因为我们中大学科齐全，人才互补，后劲十足。因此，1984 年两校联合发起并筹备这一开创性的学术交流盛会再合适不过了。

当年的我们也是幸运的，在我们筹备这一次全国法治系统工程研讨会的过程中，遇到了思想开放的校长李岳生教授，他很支持我们学生开展学术活动。当筹备活动推动到学校层面的时候，李岳生校长给予了我们极大的支持。李岳生校长亲笔批示，同意并支持我们研究会与中国政法大学的研究会共同发起，由两校共同主办，中国政法大学承办这次研究会，由校办加盖校长办公室公章，以此来支持我们学生筹备这一类的学术活动。

通过各方共同努力，当然也包括钱学森教授的亲自出面支持，首届全国法制系统科学讨论会定于1985年4月26日至28日在北京举行。与此同时，中国系统工程学会、中国法学会分别决定，通过这次讨论会成立“法制（治）系统工程学组”（见中国系统工程学会〔84〕系副字30号文）和“法制系统科学研究会”作为下属机构。

在中大校党委和校团委的大力支持下，1985年4月底，金字塔学社派出由老师、研究生、本科生五人组成的代表团携带四篇学术论文赴京参加这次会议。学校则派出时任法律系系主任端木正教授代表共同主办方的中山大学参与主持了会议。

这次会议受到党和国家有关领导人的高度重视。中共中央书记处陈丕显书记发电祝贺，司法部部长邹瑜亲自到会讲话，钱学森教授、张友渔教授也参加了会议并讲话。中央电视台、《法制日报》等新闻单位广为宣传，在全国掀起了将系统方法运用到法学的研究热潮。这次讨论会最后共有五十四个单位一百多位代表参加，共收到了论文六十多篇，可以说是一次成功的会议。

至今回想起来，我仍然十分激动，正是中大开放、敢于创新、勇于尝试的精神和学校领导、老师们的大力支持，才让我们学生社团能有机会筹办这样重要的全国性的学术会议。这也是我学生时代的宝贵经历，对我之后的学习和工作产生了巨大的影响。

三、法治系统工程在电机厂的实践

理论指导实践一直是法治系统工程的指导思想和应有之义。在进行法治系统工程的理论研究的同时，我们还积极展开了一些法治实践活动。令我记忆犹新的是广州电机厂的实践活动。当时，我们在吴世宦老师的带领下，找到广州电机厂的领导，与之进行交流，然后我们制订了以法治厂的实践计划，对电机厂的领导和职工进行法治系统工程理论与实务的培训。当时，我们的计划是通过培训使电机厂制定完备而符合实际的规章制度并予以落实。正如我们一直所倡导的，法治系统工程的思想对于决策者和管理者来说是最为实用的。对于企业来说，规章制度更是企业管理的一种重要手段，规章制度的合法、科学与否，直接影响着企业的生产秩序。因此我们希望通过培训活动，为企业培养具有法治系统工程头脑的智囊团，能为电机厂的将来发展出谋划策；同时，也让学员初步掌握法治系统工程这一方法，边学习，边调查，边思考，努力从全局上去观察、去衡量电机厂的规章制度是否完备，并能在学习结束的时候制定出适合电机厂的最佳规章制度。

后来，事实也证明我们是正确的，理论与实践的结合，带来了显著的效果，令我也收获颇丰。当时，我们安排的课程主要分为三大类：第一类是关于法律知识的培训，主要包括专利法、商标法、财政法、工业企业管理法等。第二类是有关企业管理的知识，包括管理学的定义，工业企业管理概说，价值工程，等等。第三类是这次培训的重点，即关于法治系统工程的思想与方法。在这些课程的讲授中，我很荣幸负责第二类关于企业管理知识的讲授。虽然当时我是一个法律系的学生，但是得益于当初“上山下乡”时期，我在广州农场时期的工作经历，对企业管理有了一定的见解。这也符合我们法治系统工程理论一直倡导的多学科知识的融合理念。法律知识和企业管理知识等多方面知识的结合，对于制定出最适合该厂的规章制度也是极为有效的。关于法治系统工程的理论，则是由吴世宧老师讲授，我至今仍然记得当时大家在课堂上积极提问的情形。正是理论与实践的结合，使我们对法治系统工程理论和方法有了更多更深的理解，而前面提到的学生论文《刑罚·人·社会》也是在这次实践活动之后写成的。这也是中大一直所倡导的，学生要将理论与实践结合，才会更有创造力。

四、金字塔学社与法治系统工程的延续

或许正是得益于学生时期这些社团活动和法治系统工程的熏陶，金字塔学社法治系统工程研究会的许多骨干都受益良多，后来也成为法治建设的中坚力量。本科时期参与的活动，对我人生的选择产生了巨大的影响，现在，我仍然在进行着法治系统工程的教学和科研。在很多时候，包括在工作和生活中，法治系统工程的思想和方法也会带给我一些帮助。例如，至今仍然被誉为中国人大开门立法的范例的《广东省经纪人管理条例》的专家起草方式，就是法治系统工程的应用。当时，由几位深受系统工程思想影响的年轻人起草了一部法规并获广东省人大常委会一次性审议通过，开创了委托专家成功起草法案的先河。还有之后的广东省未成年人领域的多个立法项目，都是在法治系统工程思想和方法的指导下，从法规起草到通过的全过程，充分贯彻了综合集成法，始终体现了人大的立法主导地位。既减少了部门利益和长官意志的干扰与影响，又尊重和表达了弱势利益密切相关方的意愿和呼声，从而也使得这些法规成为良法，充分体现了法治系统工程的集腋成裘优势。

在中大法学院复办四十周年之际，我应约写下对当初学生时代的回忆，这令我满怀兴奋和感激。那段令人难忘的岁月给我的人生留下了深刻的影响，希望今后的师弟师妹们都能在法学院以自己的青春探寻美好的梦想，也希望法学院能在未来凝心聚力，共创一流。

黄思周

——在康乐园里幸福成长

受采访人：黄思周校友
采 访 人：曾东红
采访时间：2019 年 5 月
采访方式：网络采访

受采访人简介

黄思周，男，1964 年 3 月生，广东大埔人。1985 年毕业于中山大学法律系，获法学学士学位，高级律师。上海市锦天城（深圳）律师事务所高级合伙人，“全国优秀律师”“全省律师行业杰出贡献奖”“深圳律师业发展杰出成就奖”等荣誉获得者。兼任广东省第十一届律师协会副会长，中国国际经济贸易仲裁委员会、华南国际经济贸易仲裁委员会、上海国际经济贸易仲裁委员会、深圳仲裁委员会等仲裁机构仲裁员，华南调解中心调解专家，深圳市工商联执委等。曾任深圳市对外经济律师事务所主任、广东恒通程律师事务所主任、深圳证券交易所首届上市委员会委员、广东省第八届及第九届律师协会副会长、深圳市律师协会副会长等。主编《深圳市律师事务所管理现状调查报告及律师执业与生存现状调查报告》《广东省律师事务所管理现状调查报告》等，发表《深圳八家医药单位诉广东省工商行政管理局处罚案》《担任三资企业法律顾问之实践》《企业租赁——搞活大中型企业的有力措施》等论文近十篇。

受采访人自述

一、法缘起于一定有交椅坐

1981 年，高考是先公布录取分数然后填报志愿。那年，广东本科最低线是 360 分，重点线是 370 分，我是 397 分。我的中学老师分析认为，报考中山大学没有问题。那时我对经济学、工商管理学很有兴趣，但老师认为，这两个专业太热门了，我的分数不够，希望不大，他要我报中文和法学。中文，我觉得不是一个特别有专业性的专业，兴趣不大。但什么是法学，自己一点认识都没有。老师说，他也不太懂什么是法学，不过，跟法有关的大概以后是到检察院、法院工作吧。读法学，毕业分配有两个好处：一是至少可以留县城，因为县城以下还没有检察院、法院。若读师范，届时有可能留县城都难，很可能分到乡镇中学。二是上班有交椅坐，不像老师，站着上班。为了不用下乡，为了有一张椅子坐，我报了法学。当看到录取通知书上只写录取到法律系就读，而没有“法学”两个字时，我不明白我报的是法学专业而没报法律系，怎么就录取到法律系了，是不是学校搞错了。当时有一个镇干部在旁边，我就问法律系与法学是不是一样的，她说，是不是一样她也不知道，不过既然都有“法”，应该差不多。那个年代，很少人知道什么是法律，法学是什么就更少人清楚了，后来我了解到，法律系大多数新生都是如此。

二、幸福在哪里

（1）幸福感最直接的在于非常满意学生饭堂膳食。

进入中大的第一个月的伙食标准是 20 元，对以每月 3.6 元伙食费从中学饭堂吃过来的我来说，简直就是进入天堂的感觉。暖饱只读书，轻松又愉快。

（2）幸福在于建立了自信。

我一个从农村来的孩子，到了大都市，面对全国各地的同学，多少有点忐忑，自己行吗？同宿舍的王建民同学，来自北京。一开始，我听不太懂他的普通话，实在不理解北京人讲的普通话跟电台播音员的普通话为啥那么不一样。心想，自己带着客家口音的普通话看来也不该是自己的过错。来自贵阳市的钟佳萍同学是当了 8 年工人以后于 1980 年考上中大的，病休到了 81 级。当看到他卷起裤腿对着被蚊子叮起来的大脓包就是啐一口，然后，用手指轻轻揉起来时，我心里踏实了，原来城里人与农村人也没什么两样。入学不久，系里开运动会，班里极力动员大家参加，看到项目中的三级跳远、撑竿跳高、掷铁饼，好些城里来的同学都没有玩过，我很吃惊。原来，他们高一开始就没有体育课了，而我的中学体育老师坚持把课上到高考前两个月，快把高中体育教学大纲教完了。人家占上体育课时间复习，才考进中大，我满满高标准花时间上体育课还能考进中大，自信心马上产生。自信确实让人淡定，淡定地面对未来。

（3）幸福源于有坚守求真学术态度的老师。

一年级第一学期我们就有法学基础理论课，为我们开课的是吴世宧老师。尽管统一购买了北大的法学基础理论教材，但他用自编讲义，很少讲教科书观点。然而，如此枯燥的课程却被吴老师讲得生动形象，引人入胜，以至于我们学生社团金字塔学社请他为全校同学开讲座。记得第一学期的最后一节课，他讲了法的人民性，有人提出质疑，说现在已有定论，法只有阶级性，吴老师沉默了。没想到到了第二学期第一节课，他告诉我们，为了论证法的人民性，为了论证马克思主义到底有没有讲法的人民性，他利用暑假把马克思全集再次通读，以证明马克思讲了法的人民性。吴老师的这种学术态度深刻地影响了我，一是求真的精神，为了一个问题，可以用整个暑假来研究；二是不随波逐流，敢于坚持自己的见解。这看似不世故，其实是守住了知识分子的底线。正因为有一群吴老师这样的带路人，我培养了坚持独立思考、求真务实的人生态度。

（4）幸福也源于丰富多彩的学生生活。

自由务实的学生社团活动，增长了自己的见识，历练了自己。感谢杨建广同学，让我接他的班，做了学生社团金字塔学社法治系统工程研究会第二任会长。金字塔学社在成立初期，为了激发同学们的自信心与自豪感，举办了中大首次著名教授科研成果展览，让同学们认识中大教授的成就。这些名单全由各系学生推荐，法律系展出了端木正教授和张仲绛教授的成就。我负责采集张仲绛教授的介绍，采集的过程就是学习的过程，就是被教育的过程。展览在小礼堂举行，学社每晚安排社员值班，我值班的那天晚上，黄焕秋校长来看展览，他亲切热情地握了我的手，我第一次感受到什么叫温暖厚实的大手。通过参与筹办这个展览，我自己也更了解了中大，也更有了中大人的优越感。当年，法治系统工程研究在我国刚萌芽，开展得较好的是中大和中国政法大学。中国政法大学主要是一群研究生在搞，我们中大是吴世宧老师带领。法治系统工程研究会是吴老师一手倡议创办的，他利用晚上的时间每周给我们上课2小时，连续讲了差不多两个月，还亲自邀请华师一个受到钱学森赏识的大四学生过来介绍从事研究的体会。有一次周六，他邀请建广同学去他家聊天，建广同学带上了我，我们两点钟到了吴老师家，他一直不停地给我们讲法律、法治，讲系统工程，到了五点钟。我们说要回去了，他说不急，再聊会，一聊就到了吃饭时间，他又说吃了再走，搞到师母手忙脚乱煮晚饭。那晚，他还拿出“状元红”

（酒）招待我们，说我们大学生也算状元吧。当时我惊叹吴老师对我们的态度，根本就不是在跟学生上课，我听得似懂非懂，而他却好像在跟知音探讨学术问题，不厌其烦，稍后我顿悟了什么是诲人不倦。

由于吴老师的研究，法治系统工程研究会在全国高校还很有知名度。1984年年底，中国政法大学（简称“法大”）研究生提议，由法大和我们中大法治系统工程研究会发起在法大召开全国首次法治系统工程研讨会，主要参会人员是学生。那时，法治系统工程还没有得到很多人的认同。最终，会议名称被定为全国首届法制系统科学讨论会，会议规格提升为两个大学主办。我和骆梅芬、姚向阳还有 80 级的陆讯以学生身份代表学校参加了会议，学校委托正在法大讲学的端木正教授代表学校领导出席。中央政法委书记陈丕显致贺电，司法部部长邹瑜、中国法学会会长张友渔、国防科工委副主任钱学森出席了会议并讲话。在法大期间，端木正主任在他的住址专门接见了我们，这我是第一次小范围聆听他的教诲。

回到中大，在法治系统工程研究会举办报告会，向同学们报告会议盛况及学术讨论情况。那时，建广同学是金字塔学社社长，他邀请李岳生校长出席报告会，李校长肯定了我们的活动，勉励我们继续努力。我通过参加社团活动扩大了接触面，增长了见识。事实证明，当时的学生社团是很好的综合能力锻炼平台。在 1990 年担任深圳市对外经济律师事务所主任时，我就运用系统工程理念，把前台、行政、财务、司机都列入所发展所需要的力量，让全所人员都感到自己是主人而不是仅仅只有律师才是主人。在此理念下，事务所得到了较好的发展。

四年的生活短暂而充实，在这种种幸福中成长，终身受益。

陈福华

——母校教育给我最重要的是有理想有信念的法律意识

受采访人：陈福华校友
采 访 人：曾东红
采访时间：2019 年 1 月 18 日
采访方式：直面访谈
采访地点：广州市黄埔区汇星路百丰汇广场
整 理 人：曾东红、唐春

受采访人简介

陈福华，男，1964 年 3 月生。1985 年毕业于中山大学法律系，获法学学士学位。广州市知识城投资集团党委书记、董事长。曾历任广州经济技术开发区工业集团有限公司团委书记（1990—1993 年），广州经济技术开发区恒丰公司总经理（1994—1997 年），广州经济技术开发区工业集团有限公司法律室主任、策划发展部经理、集团副总经理（1998—2004 年），广州凯德控股有限责任公司总经理、董事长（2005—2017 年）。

受采访人口述

一、学以致用：法律系毕业很快就成了招商引资的主谈判手

我中大法律系毕业之后被分配到了广州经济技术开发区的工业发展总公司，其后来改名为工业发展集团有限公司。我在工业发展总公司的招商部门工作，该部门当时对外称为引进部，负责招商谈判。当时整个谈判组大概有十多人，除了经理年纪稍微大一些，有40多岁，其余这个团队大部分都是刚毕业的大学生，都是20多岁的年轻人，这些人中主要是本科生，也有部分是研究生。当时各种专业的都有，可能我比较特别，因为是学法律的，在整个谈判中领导对我都是比较重视的。当时整个开发区也比较重视外商谈判环节，尤其是法律方面的意见，所以我这个学法律的人还起到了比较大的作用。特别是1986年我就参加了第一届的司法考试，当时称为律师资格考试，虽然是边工作边参加考试，但我过关了，并非全靠运气，法律系学习的底子还是有的。所以，你（指采访人，下同）还在念研究生时，我就已经通过了全国的大联考。接下来便以公司律师的身份参与谈判，当时外国人还是很尊重我们的。那个时候，因为整个开发区是以招商引资为主，有各种各样的项目如饮料、化妆品、金属材料、温控器、生物医药等。这样的话，虽然要边干边恶补其他背景知识，很辛苦，但我没有感到吃力。因为我在大学时学习面就铺得比较广。由于我关于合同谈判的基本法律知识比较扎实，加上肯钻研，勤思考，因此在相当一段时间里，我的意见颇被重视，一不小心就成为公司一个主谈人员。因为大家都知道跟外商谈判最终要落实到合同的条款问题上，涉及民法和经济法的有关知识。当时就只有一个《中外合资经营企业法》，1979年颁布的，我们在课程学习中就比较有兴趣、学得比较扎实，合同法的知识我在学民法课程时涉猎过，参加考研时又进行了认真学习（当时法律系的人考研究生的不少，我报的是社科院王家福教授，虽然考得不错但因名额问题没有录取）。《涉外经济合同法》是1985年3月颁布的，当时快要毕业了，记得是老师（是黎学玲老师还是程信和老师我记不清了）补了个专题讲座讲涉外合同问题，这个《涉外经济合同法》直至1999年才废止，我们也用得很多。就这样，许多大项目谈下来了。其中，包括百事可乐、国际香料、ICI多乐士油漆、家乐氏等都是我主谈的项目。说实话，当时压力也很大，自己也很努力，再加上我是学法律出身且学有所长，基础扎实，这为我成为许多项目的主要谈判手增加了不少砝码。

刚才您问我对李斐南、林致平两位老师开设的法学英语还有没有印象，当

然有，而且实际上法律系当时鼓励我们选修法学英语对我帮助很大。因为我们参加工作时不像现在有先进的电脑，当时连打印机都是非常传统的，与我们看到的20世纪20年代共产党进行地下工作的打字机一模一样。所以资讯是相当缺乏的。在开发区工作早期，外商发来的研究报告、合同，就靠我们这些年轻人分工消化。合同条款有许多都是我们自己去翻译，念大学时学的法学英语还是很有帮助的。当时《中外合资企业法》本身有英文版，我们也在不断地学。我的笔头功夫还是可以的，但是，很遗憾的是我们中学阶段从未正规学过英语，我考大学的时候英语都没有及格，完全靠自己糊弄怎么可能及格？我是在大学的时候才真正从ABC开始系统学，英语完全是大学的时候啃下来的，所以尽管阅读和文字运用能力较强，但听力较差，基本是"哑巴英语"，这是我们这一代许多人的遗憾。大概从1985年到1990年，在那5年里我主要是在做外商引资谈判，如果不是在学校打下好的基础，我想肯定不可能这么顺利。

二、老师们的讲课方式对我启发很大

求实创新是我从母校学习中获得的重要思维训练。您刚才问在母校念书时有无印象深刻的老师或者课程。当然有。我记得讲课喜欢用冷幽默的国际私法的杨贤坤老师，一个南美的连续剧（当时热门电视剧）的情节居然可以把涉外婚姻法律问题讲得头头是道，同学们哈哈大笑而他自己却还满脸严肃。讲课充满激情的李启欣老师，讲古巴比伦汉谟拉比法典如何如何，古罗马的元老院制度如何如何，听起来就像身临其境一样。听说他原来是教化学的大学老师，心里佩服得不得了。逻辑课老师刘锦芳的讲课使抽象的逻辑变得通俗易懂、有趣，记得讲偷换概念这种逻辑错误的特征的时候，他举了个媒人婆用"男方眼下没什么（实际上是缺鼻子），但贵在壮实、勤劳、俭朴"的表达，将一个男子介绍给一个女子并使之上当的例子，引得满堂大笑。还有许多老师的课都很有趣。几十年了，讲课内容还能让人印象深刻，引人思考，真不容易。

我还要特别提到吴世宧老师，我觉得吴老师的讲课方式对我毕业之后从事企业工作所需要的胆识和创新思维是非常有帮助的。其实我们那一级的同学对老师的法学基础理论，大多数人都是有记忆的。我现在还记得，吴老师对法律阶级性教条是有不同看法的，他首先认同法律是有阶级性的，但是也认为也有些法律是没有的。我记得当时在整个法律系有不少老师反对吴老师的观点，再加上当时"左倾"流毒在学术界的压力还是有的，但他仍然坚持且慷慨激昂地表达自己的观点，很令我敬佩。吴老师常举例说刑法肯定是阶级统治的工具，但环保法也有阶级性吗？统治阶级需要统治工具，被统治阶级也需要工具呀，他认为有些法律即便有阶级性但也是具备社会性的。他的这种观点深深地印在我的脑子里，别人我不知道，诸如此类的训练对我的启发很大。这与我们说改革开放好不好，实践是检验真理的标准有异曲同工之妙。

实际上，我觉得吴老师是要教会我们要有辩证思维，要善于找共性，不要那么教条，学习、工作要有新思维，看准的东西要大胆坚持。在实际工作中，很多时候我对自己就是这样要求的。举个例子，1990 到 1993 年这段时间，大概 3 年多的时间我任工业发展集团有限公司的团委书记，搞了一段共青团的工作。说实话，在当时共青团工作方面，我本人是很努力的，但光努力没有方法也不行。在那几年当中，我非常注意结合开发区实际，根据年轻人的特点推进团工作。其中，曾碰到一些突出问题，如是否应当在开发区外资企业中发展企业团支部，如何消除外商的戒心或者不理解。你要组织工会他们不会也不敢有意见，但在人家企业，特别是在作为他的主力职工的年轻人中搞团组织，人家就不一定理解了。我们的大胆想法虽然得到领导的支持，但如何介入呢？我认真分析后认为，外商与我们最大的共同点就是都是求发展，对一个企业来说就是企业的发展，我们也是为了发展经济。于是，一方面，我们提出鼓励、教育青年人以诚实的劳动创造助力企业发展为宗旨建立企业团组织，来换取外商投资者支持，果然取得了意想不到的良好效果，一个个企业都先后成立了共青团支部。另一方面，我们也不是空谈，而是有实实在在的工作跟进。比如，在 90 年代初，我们举办了各种各样的思想、文化、技能的培训班，培训了一大批外资企业的“打工仔”。加入我们这些团支部的或者参加培训的打工仔，做得好的话有些就获得了“优秀青年”的称号，获得了广州市户口的奖励，他所在的企业也同时得以露了脸。1990 年那时候的广州户口宝贵啊。有理念、有行动、有成效，外商投资企业自然也很高兴。我觉得我们在外资企业务工人员中组织团支部的工作，不敢说是首创，但至少在整个广州市和开发区这方面，我们公司是非常有敢闯敢创精神的。

实际上，后来我当凯德控股的总经理和董事长，对大胆创新一直抱有积极的心态，也实施了不少创新的举措，对公司发展很有帮助。

三、法律人的思维与国企管理

法律人的思维涉及方方面面，各人理解可能侧重点有所不同。我看重的是底线意识。现在政治上的底线意识很重要，但法律上的底线意识也很重要（当然这两者很多是重合的）。底线意识是现在的说法，我们学法律的以往一般叫作合法意识和规则意识。说到规则潜意识的触发和生成，我还要冒昧提一下马传方书记和我的一件囧事。记得大学二年级刚放暑假，为了节省路费我就没有回家。有一天中午，我和一个同学拿根小竹竿去（南校园）东湖钓鱼玩，刚钓上两条半斤重左右的小鱼就给校保卫处校警逮住了，我们被带到东大球场旁边的平房值班室查问。当他们知道我们是法律系的学生时，就斥责我们说："你们大白天公然偷鱼，这是知法犯法。"我虽然很紧张，但拒绝承认偷鱼，理由是我主观上没有非法占有的目的，钓得多自然会拿到饭堂加工给同学们免费吃，钓得少就放回去，求个乐趣而已。从客观上讲，偷也要有秘密窃取的行为，既然是"大白天"人来人往，就不存在"秘密"了。见"狡辩"不过我，其中一个校警气得抓起电话就给马书记打电话，要马书记派人前来处理。岂料校警与马书记一顿通话后就仅仅教育了我们一下，放我们走了。我感觉闯祸了，与其在宿舍待着惴惴不安，不如主动认错检讨或许有"一线生机"，于是我到系里找值班老师，没想到马书记在那儿。他听完我的"主动交代"后并没有像我预想的那样严厉批评我，而是平静地跟我讲："昨天我接到他们的电话了。"接着又说，"你们是学法律的，做什么事情首先要考虑合不合法，有什么后果。""昨天我搞不明白的是学生钓钓鱼为什么要抓人。所以问他们有没有明确禁止在那湖里钓鱼。保卫处的人说在东湖边竖了'禁止捞鱼'的牌子了……钓鱼与捞鱼怎么相同呢，姜太公钓鱼，愿者上钩嘛。我们的同学并没有违规，所以我让他们赶快放人。"马书记跟我们说，这不是咬文嚼字的问题，是大家都要守规则的问题，如果他们明确规定不得在东湖钓鱼，你们就不能乱动。几天后，东湖边竖的牌子上就改成"禁止捕鱼、钓鱼"了。这件小事，其实对我震动很大。30 多年了，回想起来，我真正开始自觉树立规则意识，也许是从这件小事开始的。

规则意识的自觉形成，还要经过不断唤醒的过程，这恐怕是仅凭学校教育解决不了的。

我从 1985 年至 1998 年，前 5 年主要是法律技术工作，是从技术上理解和运用规则问题；其后有 3 年基本上做的是团工作；还有 4 年在一个子公司任经理，在从化负责一个比较艰苦的房地产开发项目。很少系统思考有关规则意识的问题。

我在招商引资中的表现以及团工作和企业基层管理工作得到了领导和同事们的认可。1998 年年底，公司把我调回总部，让我组建一个法律咨询与策划发展中心。适逢公司领导层换届，根据我过往的工作表现以及民意测评，1998 年我又被选进了党委班子，兼任公司董事。公司的决策、经营、管理、人事各方面我都需要参与，这给我提供了一个很好的平台，再加上我又是学法律出身，以及是策划发展中心的负责人，而策划发展是整个企业改革的中心，这让我对整个集团的各方面有了一个很好的了解。在整个策划发展和管理的过程中，我的法律出身背景和法律知识起到了一个非常好的作用。说实在的，在开发区里一项发展策划是否可行，最重要的前提是合不合法。我与其他人不同的是，别人把重点放在经济上可不可行，我则首先会从合法性论证，然后才到经济上的可行性以及绩效等。也就是你做的策划法律到底认不认可，这个东西可能有很好效益，但是合法性问题上如果不行的话，就不做。所以，那几年我觉得法律对策划发展工作帮助很大，我也特别重视，亲自兼任集团公司法律室主任。1998 年到 2004 年，正是国有企业困难最大的时候，我解决了公司作为国有企业遗留的许多问题，也帮助公司打了一场又一场官司。作为策划发展部经理，处理这些问题和案件，促使我认真思考公司治理、总公司的发展，哪些可以做，哪些该怎么做，如何避免因出问题而使公司遭受挫折甚至倒退。其间，2003 年我就被任命为工业发展集团有限公司副总经理了，还是分管法律与策划发展部，后来又把投资管理部交由我管理。这个投资管理部就包含公司下面的一些企业，这促使我进一步积累企业管理知识和经验。2005 年以后，上面直接把我调到了广州凯德控股有限公司任总经理（2011 年又成为该公司董事长至 2017 年），开始直接领导一个企业的经营和发展。

凯德其实也是一个国有企业，我刚到凯德的时候，员工不到 20 人，当时是作为政府平台的融资公司，总资产大概 30 个亿左右。我当时面临的最紧迫的工作是处理旗下两个当时比较著名上市公司的资金链断裂问题，一是南方高科，二是南方科学城。当我把这两个公司处理完毕后，发现凯德的主要资产都没了，企业如何发展面临重要抉择。当时我根据对中国社会主义市场经济的理解，主要是靠两个手段调节：第一个是市场的自由调节，发挥市场的作用；第二个是发挥政府的公共服务职能和宏观调控作用。我们凯德到底该往哪一个方向走？我认为一个平台公司既应该为贯彻政府引导服务，又要为政府与开发区企业之间提供一个桥梁，能够实现这两种功能的企业组织形式，从既合规又讲效率的角度来设置，应该往金融控股公司方向走。我个人认为，因为我们看得准、行得稳，又吃透政策争取到了政府的支持，所以从 2005 年开始，2007 年、2008 年逐步展开。虽然我们前几年经历了一些乱七八糟的事情，搞掉了这个东西，卖掉了那个东西，但最后终归逐步发展壮大起来。到我 2017 年离开凯德控股的时候，总资产已经将近有 300 个亿了。

我今天的小小成绩与我在中大法律系学习经历有没有联系呢？那是肯定的。因为说实在的，从大的方面来讲，正因为我学了法律，而且法律系还教会我有理想、有信念地学法律，我才能在国有企业做了 34 年到现在还“稳坐钓鱼船”。法律人给我树立的最主要的观念，就是无论如何你得守住底线，守不住底线是容易出问题的。这十几年来，广州市包括开发区有关部门对市属企业进行大大小小的审计、稽查、检查不知多少次了，我和我领导的凯德没有任何

违法违规问题，很多人问我奥秘。无他，我们坚决守住了法律的底线。我觉得法律系给我的最主要的东西就是法律意识。在企业管理方面，法律意识让我首先考虑、考量公司事项行为合不合规。我经常在公司里讲，合规是公司行为的底线。其次，我在公司里讲依法、依规、依程序，法规是必须依的，程序是必须守的。我们学法律的都知道，程序不合法一切都不合法，所以我们在公司贯彻的理念是，程序一步都不能少。按照国家法律法规、公司规章规定的程序，该走到哪个步骤是哪个步骤。我个人也是非常注意程序的，因为谁都可能犯错，这个时候就看你的程序有没有问题。如果程序都没有做错，那不管怎么样都可以理解你，否则，就要追你的责。所以，依法依规依程序已经成为我们公司企业文化的一个重要组成部分。

在国有企业工作，最容易犯的错误有两个：一个就是经济方面，这个错误是最大的；另一个就是懒作为、不作为，法律上称之为玩忽职守。所以，法律人的意识在这两点上非常重要。

四、在管理企业中学会用政治思维考虑问题没有坏处

你知道，我们念法律系的时候就很喜欢研究、讨论党和法律的关系，政策和法律的关系，讨论“哪个大”的问题，大家总是互不服气，又弄不出个所以然来。（当然，近年来党中央关于依法治国的一系列文献已经比较科学地解决了这个问题，这是后话了）但大学时候所形成的思维惯性使我在运营企业时候特别注意观察、研究党和政府的指向，包括政策走向。

2016 年 11 月，母校管理学院邀请我给他们的研究生搞一个讲座。主办方给讲座起了个题目，大概叫“取舍间‘霸道’转型——职场中如何取舍并成功转型”之类。题目太浮夸了，叫作“霸道总裁”。我说不要这样，我这个人是很民主的，我这个人一点都不霸道。我不认同也不喜欢这个题目，但是主办方说这个海报还是需要一点炒作，我也就迁就了。记得晚上进行的讲座时间大概有 2 个半小时，最后半小时我转向了一个他们意想不到的话题，那就是在中国搞企业政治上的取舍。我的核心观点是我反对企业一味搞政治，但经营企业必须学会政治思维。

虽然掌声热烈，但其实说实在的，我觉得我讲的观点同学们未必一时能接受和赞同，然而，会引发他们另外一种思考。我讲了一大堆我的企业怎么听党的话，跟着党走的事，这对台下一大帮研究生来说，讲这个话还是挺需要勇气的。“听党话，跟党走”并不是瞎吹，而是我搞企业运营实实在在的体会。把它作为我讲座最后部分的分标题，我当时还有点担心大家因不理解而反感。但是既然让我讲，我作为中大的学生（当时还在念 MBA）应该讲实话；我想，

中大的学生，只要讲的是对的，他们应该还是能够理解的，而且我相信能使他们受益。第一点，我说我们中大管理学院的学生大多是要走上企业管理岗位的，不论是公有企业还是私有企业，国企或者民企也好。我说中国共产党是一个很了不起的党，特别是改革开放以来，共产党对我们的经济是研究最透彻的。全世界很少有这么一个党，五年开一次大会搞经济发展规划，把经济工作做得这么认真系统；每年至少有两次经济工作会议，一次是相对具体一点的，一次是年底的中央工作会议，都专门研究经济工作。全世界哪个党能有这么大精力、这么多机制来研究经济问题？如中共中央政策研究室，国务院发展研究中心，各部委研究机构、智库组织等。所以我认为全世界对经济研究最透彻的就是中国共产党。因此，中国共产党出台的一系列经济政策，绝大多数都是针对中国实际且符合经济规律，所以如果你们把共产党的政策研究透，你就可以把握整个经济发展的脉络和基调，你才能从中找准机会。你在中国发展，你不看党的政策一定会吃亏。共产党讲得非常清楚，现在哪些可以做，哪些是值得做的，哪些东西国际上我们怎么应对。所以听党的，中共中央政策研究室研究出来的，比自己去研究快多了，准确多了，干吗不！第二点，不论是党中央还是地方的政策，都是有许多配套优惠的。比如文化方面如何鼓励啦，拍电影有什么补助，创作有什么补助，智能产业有什么补助，生物医药有何支持，出口信贷又有何支持等，干吗不去创造条件争取呢？有个搞民营企业的，整天叫苦，我问他，像他这种情形，为什么不争取出口信用支持呢？他不知道，也不会用，这还有什么好说的？我搞的企业里面，以凯德为例，通过自己努力，创造条件争取到企业的各项补贴，最高能够拿到两个亿，用好后可以很好地发挥积极的、正面的蝴蝶效应，干吗不做呢？听党的话，挣到钱！

社会的治理、企业的治理与法律的治理是相通的，懂得什么方面的法律应该是懂得什么方面的治理的一个基础。学工商管理、企业管理的人，肯定要学公司法等相应的法律，这是基础。

我说这些话，希望对在母校学习法律同时有志于从事其他非法律事业的学弟、学妹们有所启发，我与大家共勉。

李焕新

——母系82级：迎接新宪法的新同学

受采访人： 李焕新校友
采 访 人： 曾东红
采访时间： 2019年1月
采访方式： 网络采访

受采访人简介

李焕新，男，1959年生，广东丰顺人。1986年毕业于中山大学法律系，获法学学士学位；2000—2002年在职攻读中山大学法律硕士专业，获法律硕士学位。广东省人大常委会委员、机关巡视员，“广东省立法工作领军人才”称号获得者。曾任广东省人大常委会法制委员会办公室主任、广东省第九届至第十二届人大代表、广东省第九届至第十二届人大常委会法制委员会副主任委员、广东省第十届至第十二届人大常委会委员。兼任中山大学法学院客座教授，广东省社会科学院法学研究所客座研究员，广东外语外贸大学法学院兼职研究生导师，广东省法学会宪法学研究会副总干事，广东省法学会港澳法研究会副总干事，广州市人大常委会立法顾问，《地方立法研究》编委会成员、副主编。

受采访人自述

一、82 级是沐浴在新宪法下的幸运儿

1982 年 9 月，我们 82 级 105 位同学以优异成绩考入中山大学法律系，满怀着学习法律专业知识、建设法治的理想和促进、保障改革开放的信念，来到改革开放的前沿城市广州，进入梦寐以求的康乐园。105 位同学中，女生 35 人，男生 70 人，来自广东、海南、广西、云南、贵州、湖南、江西、浙江、安徽、山东、内蒙古、甘肃、新疆 13 个省（自治区），来自外省的同学约 40 人。属于国家招生计划的有 65 名，属于广东省司法厅委托培养的有 40 名。绝大多数同学为 1981 年、1982 年高中毕业生，只有 3 位是参加工作五年以上的同学。年龄最大的同学 24 岁，年龄最小的 16 岁。入学后不久，恰逢海珠区人大代表选举，82 级年龄最小的宋小毛同学未满 18 周岁还没有选举权，不能参加选举。于是他跟着大家一起去到投票站，看着其他同学高高兴兴投票，他很羡慕。82 级分两个班管理，大活动、共同事项实行年级管理，具体事务、日常生活分班管理。82 级辅导员是何旭军老师，我所在的 82 级 2 班班主任是陈志南老师，82 级 1 班的班主任是张毓泰老师。

这一年入学的法学专业学生真是幸运儿，迎来了我国法治建设最重要的大事——颁布新宪法。一入学，老师们就高兴地说我们是来迎接新宪法的新同学。正是这一年，为适应党和国家工作重心转移到社会主义现代化建设，根据党中央提出的修改宪法的建议，全国人大常委会提出了新宪法草案，并决定于当年 5 月至 7 月开展全民讨论。全民讨论新宪法草案活动增强了全国人民建设我国法治的信心，鼓舞吸引了许多有志青年报考法学专业，客观上对推动我国法学教育顺利发展也起了很大作用。1982 年 12 月 4 日，新宪法诞生了，这是中国特色社会主义法治建设具有里程碑意义的一年。从此，宪法是根本法，具有最高的法律效力，这个信念我们永远牢记在脑海里。30 年后，2012 年 12 月 4 日，在纪念现行宪法公布施行 30 周年大会上，习近平总书记发表了重要讲话，提出全面推进宪法实施，维护宪法权威。2014 年设立宪法日，建立宪法宣誓制度。2018 年 3 月 17 日，在第十三届全国人民代表大会第一次会议上，再次当选中华人民共和国主席的习近平庄严地向宪法宣誓。当年迎接新宪法的新同学，看到宪法日益深入人心，人民权利日益得到保障，相信他们忠于宪法、实施宪法的信念一定更加坚定。当年我们选择法学专业，立志法治事业，无怨无悔！

二、求知渴望——怎一个“抢”字了得

20 世纪 80 年代初的大学生，渴求知识的欲望强，刻苦学习的劲头足。但当年学校的师资力量、教学设施、图书资料等远不能满足教学需求。回想当年四年的大学学习生活，若要选用一个汉字来形容、比喻的话，我首选“抢”字。在那四年里，我们每天早晨听到广播体操音乐后起床，集体做广播体操，接着就紧张兮兮地开始“抢”活儿：白天奔向教学楼、课室和图书馆“抢”座位、“抢”图书。课余时间，想运动运动，打打篮球、羽毛球，那就得有人先去“抢”球场、“抢”场地。晚上，就是“抢”时间，晚上十点图书馆、教学楼关门，“抢”时间的同学即刻转移到开放式课室，即使是半夜十二点，法律系地下课室也基本上是满座的，这里的灯光常常是彻夜长明。于是乎，满校园里好像到处都是“抢”路走的同学。同学们的“抢”劲，“抢”出了一个轰动学校的杰作：一天上午开门时，新开放才几天的图书馆的大玻璃门被蜂拥而入的人流挤爆了！老师们看着这样的场景，又惊！又喜！我们法律系幸好有个地下课室，而且是常年昼夜都开放的。我们白天下午许多课都在地下课室上，非常便于占好晚自修的座位，省了不少“抢”座位的麻烦。地下课室是我们 82 级同学上课和自修时间最多的课室，四年下来，我们对地下课室自然而然地产生了深深的依恋。毕业后，每次回学校，我总要回来看看我们的地下课室。一看见它那成排的门窗，一看见它那闪亮的灯光，就如同又身在其中。

“抢”座位、“抢”图书，就是为了更好地完成各项学习任务。那时我们法律系刚刚复办不久，师资、教学设备、图书资料等都比较欠缺。许多老师在“文革”期间受到冲击，法律专业工作被迫中断十多年。但是，系领导和老师们坚定地贯彻法学教育的宗旨和目标——培养合格的中国特色社会主义法治工作者。积极采取多种措施，克服困难，尽可能营造好的教学环境，调动同学们的学习自觉性、积极性。在老师们的教导下，同学们逐步树立法学专业意识，热爱法学专业，全力投入专业学习。

三、我印象深刻的几个学术活动

回想四年多姿多彩的学习生活，许多学习的故事至今难以忘怀。

学习做新宪法的宣传者、崇尚者。新宪法通过后，系领导就号召法律系师生要努力做新宪法的学习者、宣传者、崇尚者，带头组织师生学习、宣传新宪法。老师们还带领同学走出校门，利用星期天到海珠区的工人文化宫向公众宣传新宪法。我们一年级的学生还没有开宪法课，对宪法知识了解不多，但这正是学习宪法的好机会。我们就高高兴兴跟着老师和高年级同学去宣传新宪法。

直到今天，我都牢牢记得当时有个经济系同学询问的问题：为什么新宪法删去了罢工权规定？这还是个具有挑战性的问题呢。20 多年后，我在参与省人大常委会修订《广东省企业集体合同条例》的 8 年过程中，要不要规定工人在工资协商中有罢工权利，仍然是立法过程中激烈争论的问题之一。

学习做改革的宣传者、拥护者。1984 年 10 月 20 日，党的十二届三中全会通过了《中共中央关于经济体制改革的决定》（以下简称《决定》），从此，改革在全国的城市全面展开。那时我是法律系青年法学会负责人之一，首先组织青年法学会骨干学习《中共中央关于经济体制改革的决定》。经过初步学习，我感到这个改革文件非常重要，尤其觉得法律、法治与经济体制改革密切相关。但是，我们对经济体制的知识了解较少，为了更好地学习理解《决定》，青年法学会组织法律系 82 级与经济系 82 级同学一起开了个《决定》学习会。这个学习会，得到经济法授课老师程信和的指导。两个专业的许多同学积极参加，踊跃发言，热烈讨论。通过学习，我们进一步认识了党中央坚定推进经济体制改革的意义、目标和任务。这次学习活动受到法律系党总支马传方书记、林祥平副书记的表扬。

学习做法律学术活动的专心听众。大学里，各种学术交流讲座、演讲、研讨活动很多。老师们鼓励同学们多去参加法律学术交流活动，才能更好地开拓视野、开放思维。有一次，系主任端木正教授邀请法国巴黎大学国际法教授给国际法研究生开讲座，我们也正好开国际法专业课，赶上了，我和许多同学挤进课室听讲座。第一次听外国教授讲课，虽然听得很困难，但觉得挺新奇、新鲜，开了眼界。还有一次，学校邀请意大利前总理在小礼堂讲国际关系问题。那次前去听讲的师生可多了，把小礼堂挤得满满的。我们慕名而去，能听到意大利前总理的学术讲座，我心里挺兴奋的。

认真学习党章，学习党的十一届三中全会以来的路线、方针和政策，积极申请加入中国共产党。经济体制改革全面展开后，党中央更加重视在大学生中发展新党员，为改革开放事业培养新生力量。法律专业毕业生将有一大批要投身立法、司法、行政执法、法律服务等政治性很强的工作，因此，法律系党总支极为重视发展党员工作。负责发展党员工作的系党总支副书记林祥平老师积极开展动员、教育、培训工作，指导学生党支部严格按照党章要求，积极稳妥地做好发展党员工作。要求入党的同学学习党章和党的知识，尤其是学习党的十一届三中全会以来的路线、方针和政策，学习新宪法。为此，同学们思想觉悟大大提高，积极响应系党总支的号召，主动向党组织提出入党申请。1984 年 6 月，我成为首批预备党员之一，至 1986 年上半年，法律系学生党支部在 82 级积极培养发展了 20 多名预备党员。

四、了不起的82级个个精彩

经过四年的法学专业学习，我们成为具有一定法律素养的法律工作者。而立志成为法治工作者，厉行法治，促进改革开放，保障人民权利，保障现代化建设，成为我们的坚定信念。我们毕业时由学校按照国家分配计划分配工作。82级绝大多数同学自觉服从工作分配，从事法律专业工作，包括广东、广西、山东等省（自治区）级人大常委会地方立法工作；广东、广西、海南、湖南、浙江等省（自治区）的各级法院和检察院司法工作；北京、广东、广西、江西、安徽、山东、内蒙古等省（市、自治区）政府行政执法工作；广东、广西、海南、江苏、山东、新疆等省（自治区）律师法律服务工作；广东高校法学教育工作等。还有几个同学在澳门特区政府、中级法院工作，或在香港从事律师工作。另有几个同学到了澳大利亚、美国工作生活。其中，从事律师工作的约占全级50%，在党委、人大常委会和政府机关的占20%，在司法机关的约占20%，在高校教育的占5%，在企业部门及其他的占5%。30多年后，82级大多数同学坚守法律专业方面的工作，有许多同学一如既往，坚守毕业分配时的工作。分配到党政机关工作的同学绝大多数都成长为县处级以上领导干部，有十多位同学成长为厅（局）领导干部。搞企业的同学也红红火火，境外的同学也各有各的事业，各有各的闪亮。

2002年9月，我有幸成为82级第一位晋升厅级干部的同学，被任命为广东省第九届人大常委会法制委员会副主任委员。2007年年初，又当选省第十届人大常委会委员，成为省人大常委会组成人员，连任三届。在省人大常委会从事立法工作33年，尤其是参与了我省经济特区创立时期、探索建立社会主义市场经济体制时期的先行先试地方立法工作。我深深体会到在大学阶段学习的各类法学课程及相关学术活动的经历起了很好的铺垫作用。同时，积极参与全国性立法活动，全过程跟踪行政处罚法、立法法、2014年宪法修正案、行政许可法、监督法、行政强制法、物权法、合同法、劳动合同法等重要法律的立法过程。兼职担任过中山大学法学院客座教授，广东省社会科学院法学研究所客座研究员，广东外语外贸大学法学院兼职研究生导师，广东省法学会宪法学研究会副总干事，广东省法学会港澳法研究会副总干事，广州市人大常委会立法顾问，《地方立法研究》编委会成员、副主编。2008年，李挚萍同学被母校中山大学遴选为博士生导师。2014年，陈海帆同学被中央人民政府任命为澳门特区政府行政法务司司长。2016年9月，陈秋彦同学被任命为广东省人民政府外事办公室主任，成为省政府组成人员。2018年12月，陈春生同学和刘恒老师及我，三位中大法学院师生一起入选广东省首批（五名）立法工作领军人才。2015 年 7 月，金波同学被任命为广东省人民检察院副检察长……而这只不过是 82 级人才辈出，对国家、对社会做出越来越重要担当和贡献的部分缩影。还是那句话：82 级的同学们在各行各业个个都精彩！

毕业以来，82 级同学、师生之间怀有深厚情谊，始终保持密切联系，互相关心，互相帮助，微信群里时常都是热闹非凡。每逢毕业五周年、十周年，一定相约相聚，回到母校，看看同学，看望老师，看看法学院的新气象，看看学校的新发展。同学们都十分关心法学院的发展，力所能及地做一些支持学院发展的事情。如筹资十万元给法学院图书室，许仲伟同学捐资设立了一个奖学基金。我们始终心系同学、心系老师、心系法学院、心系学校，法学院地下课室的灯光永远在我们心中闪亮，康乐园永远是我们的精神家园！

陈秋彦

——母校与做人、做事

受采访人：陈秋彦校友
采 访 人：曾东红
采访时间：2019 年 2 月 19 日
采访方式：直面访谈
采访地点：广州市沙面广东省人民政府外事办公室办公楼
整 理 人：曾东红、郑恺歆

受采访人简介

陈秋彦，男，1963 年 4 月生，广东兴宁人，1986 年毕业于中山大学法律系，获法学学士学位；2002 年至 2004 年攻读中山大学行政学院行政管理专业，获管理学硕士学位。现任中共广东省委外事工作委员会办公室主任、广东省人民政府外事办公室主任、广东省人民对外友好协会第十届理事会会长。曾任广东省外经贸厅加工贸易处处长，广东省外经贸发展研究所所长、党委书记，广东省 WTO 事务咨询服务中心主任，广东省外经贸信息中心主任，韶关市委常委、副市长，广东省贸促会党组副书记、副会长、党组书记、会长，广东省人民政府外事办公室党组书记、主任，广东省委外事工作领导小组办公室主任。

受采访人口述

今天能接待母校工作的师兄来访，十分高兴。你们去年 9 月份就联系我了，我之前之所以一再推辞接受采访，是因为我强烈地感受到我们法学院毕业的校友数以万计，在各行各业出类拔萃的很多，不能仅仅是对我们这些看上去似乎有一官半职的毕业生就刮目相看，毕竟我们都是秉承母校之训，都在为国家为社会服务，我不过是做了一份平凡的工作。但是，感恩母校，感怀恩师，如今能回顾在母校求学时的生活，做些思索，与母校做一个互动，我觉得还是有益的。我也没有准备，就谈些随想吧。

一、母校与做人教育

首先，应该说，学会做人做事不是一朝一夕的修为。在家有家教，在校有师德校训，在单位有组织培养，在社会有先进榜样等，所谓“世事洞明皆学问，人情练达即文章”，但最终还是要靠自己在学思践悟中不断丰富阅历、增长才干，而大学时期正是许多人开始形成人生价值观的重要阶段。母校的许多老师都是我学习做人的典范。先说说法律系的复办元老之一马传方书记。记得大概是 1995 年年底马传方老师病重期间，我和几个同学得知消息后去医院看望他。躺在病榻上的马老师已经连说话都困难了，他紧紧地握着我的手，泪流满面，艰难地用客家话说了一句：“多谢你们来看我，你们都还好吧？”当时我既感动又有点激动。感动的是他身体都这样了，还关心学生过得好不好。说有点激动，这里有个小故事。要知道，这是我第一次听他正儿八经说客家话。我是 1982 年秋入学的，入学之前，听说兴宁一中有个校友叫马传方，在中大某个系做党总支书记。法律系迎新会上讲话的正是他，我自然而然也就走上前用客家话向他问了声好。没想到几天后他就把我们几位客家籍的同学召集在一起谈话，严肃地跟我们说：“你们记住，大学的师生来自五湖四海，今后在学校不要讲客家话，见到客家籍老师也不要用客家话打招呼。”我们几位同学听完这话后很长一段时间不理解，甚至有所不满。虽然身为客家子弟打从懂事起就常听父母唠叨待人处世要“亲者疏，疏者亲”的“客家俗套”，但也不至于这样吧。实际上，我完全误会了。在其后的几年里，通过多方观察，我真切地感受到了马书记的光明磊落。他既要求我们做人做事要大气，要有大格局，也常跟我们讲小细节体现对他人的尊重，小细节影响“大”团结的道理和例子，更是以身作则。记得就连毕业告别的时候与他单独相处的场景，也只听他讲了普通话。他对同学们要求严格，批评起我们来很严厉，但真正处理犯错误的学生时，却十分仁慈和宽容。严以自律、公正廉明，是我对马书记的另一深刻印象。即使在很小的事情上他也教育我们要清廉做人。记得有个姓曾的同学与马书记同是兴宁刁坊、大坪一带人，家长了解到马书记是同乡，让该同学带了点乡下土特产（无非是花生、黄豆、番薯粉之类）送给他，以表达一下同乡情谊。这似乎是人之常情，但马书记是严肃地拒之门外，并要求这位同学转告所有同学（也要求我们这些学生干部转告），他在家不接待任何学生及家长。马书记清廉地走了，我想，他做清廉之事，多半没有指望后人会传颂他如何清廉，他只是在自觉地做本分事。多年过去了，他始终是我心中的榜样。

再说说我们敬仰的、和蔼可亲的系主任端木正老师。他给我们训话，总是表情轻松，不专门讲大道理，却在谈笑间把大道理讲了。我们从来没有看见也没有听说端木老师对学生发过脾气，哪怕是对犯错的学生，他都和声细语地把道理讲透，也许这就是大师风范吧！他事务繁忙，却尽可能坚持给我们讲课，虽然讲的时间不是很多，但体现了对我们学习的关心和重视。

还有其他专业课老师，比如李启欣、程信和、黎学玲、陈登贤、江振良、张毓泰等一批恩师，他们不仅责任心很强，而且言传身教，教育我们如何响应国家和社会的召唤，教育我们什么叫正义，如何讲正气。虽然时间长了，分不清也记不清哪个老师讲了什么话，但诸如 1982 年新宪法伟大在什么地方，改革开放时广东、深圳在干什么、需要什么，我们的使命和前途在哪里等，都是专业老师常灌输给我们的。还有，记得有位教刑事法的老师叫陈炽基，他讲课正气凛然的气概让我们肃然起敬，他像系里不少老师那样，讲的案例都是自己作为兼职律师亲自经办的。有一次他告诉我们，为了一个收费 50 元律师费的案子，他耗费了两年时间，几经周折和坚守，终于帮当事人讨了个公道，给法律讨了个说法。这些，从故事到理念都印在我的脑海里。

最后说说搞学生工作的老师。我先后在法律系学生会、系团总支为同学们服务过，与当时党总支副书记林祥平，以及赵文杰、曾耀添、王继伟、何旭军、张元勋等老师接触比较多。他们工作责任心强，做事认真，管理严格，视学生为家人，经常与学生谈心，办事亲力亲为，讲原则又不失灵活，为我们学生干部做出了很好的榜样。

所谓润物细无声，我不能说法律系老师都教会了我所有的做人之道，但老师们的示范有些是我在毕业之后参加工作即开始仿效，有些是若干年之后才有更深的感悟，有些是在几十年后的今天还回味无穷。

二、关于专业知识的学习与运用

刚才您（采访人）问我作为早期毕业的校友对法律系的办学理念、方法有什么看法、感想。办学理念、方法这些概念比较抽象，说实话，这个问题以前我没有认真思考过，几十年过去了，有些东西也想不起来了，我不妨以自己和身边的事情为例谈一点感想。记得1982年秋入学时，我从粤东山区来到广州大城市，就像刘姥姥进了大观园，什么都觉得新鲜。刚入学不久，晚上坐公交车往北京路还搞错了方向。刚毕业时，也算是个愣头青，人也很单纯。毕业分配方案公布时，得知自己被分配去省外经贸委，不知道这单位的全称是什么，也不知道在哪儿办公，单位具体是干什么的，于是我跑去找分配小组的林祥平老师。林老师说，外经贸委有个外字，肯定与对外开放有关系，去这单位可以大有作为。“报到证”上写着“省外经贸委”，于是我想当然在广州地图上找到了外贸大厦的位置。到了那里，里边的人说搞错了，说单位在东风路省政府大院。说到学习成绩，我有自知之明，充其量在年级里算是中上，但老师教得很扎实，有些涉外法都认真学过，心里也很自信。先是到了单位法规处工作，处里已经有个谢俊民师兄在那里工作。他和同事们给予我很多无私的帮助和指点。由于有学校打下的基础，我很快上手并在工作中独当一面。到后来，我对涉外经贸法规的钻研，尤其是针对外商投资的法律法规方面的水准及专业权威性很快得到圈内认可，包括外经贸部条法司也经常征询我的专业意见。再后来，我国“入世”后，组织上让我组建广东省WTO事务中心和负责那里的工作。能做出一定成绩的因素很多，但是，我总觉得母校倡导的严谨务实的学风，法律、经济、社会、历史、哲学、逻辑等元素相结合，宽口径并紧紧结合时代需求的课程设置，开放、包容、多元化的学术训练和各式各样的学生活动，使我后来参加工作受益匪浅。还有一个创造性思维（现在叫创新精神），法律系也是很重视的，“法无明文不禁止”的信条本身就给了我们很大的创新冲动和创新空间，我们法律系的学生活动经常是别的系学不来的。

我想，一个学校、一个学院应始终坚持严谨务实的教风、学风，尽量避免空谈西方一些不切实际的这“主义”那“模式”（真正好的、优秀的当然要学习借鉴），这点恐怕是不能变的。好的大学、学院肯定会培养出很多优秀的学生，名师出高徒嘛。我担任广东省WTO事务中心主任的时候，曾招录中大法学院的一名硕士毕业生。面试的时候，这位同学就表现得正气，具有十分扎实的理论基础，宽广的知识面和活跃的思维方式。果然，这位同学入职后很快上手，且很勤奋，愿吃苦耐劳，继而较早进入独当一面的工作状态，也很快做出了成绩。后来，这位同学进步很快，先后胜任了多个领导岗位，前几年已经是广州市最年轻的正局级干部之一了。基础较扎实，适应性较强，愿务实工作，后劲足，这是我听到的对母校法律系（法学院）毕业生的普遍口碑。这种现象值得母校挖掘、思考、总结。

三、愿母校在新时代发扬光大

多年来，我们单位很重视和母校的互动和合作，包括与现在法学院的黄瑶院长和国际法专业的多位教授的互动和合作。感谢母校对我们工作的支持。我想，我们有共同的愿望和目标。过去我们在某些方面做得不够，今后一定要加强合作的力度，为母校发展尽绵薄之力。法律系从1979年开始筹建复办，今年刚好是40周年，这是喜庆的年份，祖国也迎来了新中国成立70周年，我们国家处于一个新时代。我衷心祝愿法学院越办越好、更加辉煌！

章　勋

——如歌岁月：母系学习生活的片片画面

受采访人：章勋校友
采 访 人：曾东红
采访时间：2019 年 1 月
采访方式：网络采访

受采访人简介

章勋，男，1963 年 12 月生，广东梅县人。1986 年毕业于中山大学法律系，获法学学士学位，2001—2003 年在职攻读中山大学法律硕士专业，获法律硕士学位。资深律师，广东广信君达律师事务所党委书记、合伙人会议联席主席、高级合伙人。兼任广州市法制办专项业务咨询专家（城市建设领域）、广东省土地学会常务理事等。曾任广东省国土资源厅政策法规处处长，其间主持或参与了国有土地有偿使用制度改革方案的研究和设计，国有土地使用权实行公开招拍挂出让和转让的立法以及推进，《城镇房地产管理法》以及广东省数个土地管理法规及规章的起草等工作。

受采访人自述

时光荏苒、日月如梭，转眼间我们离开康乐园已三十余载。校园的学习生活时光是人生中最美好的时光。红墙绿瓦、树木参天的校园承载了我们太多的美好记忆，它永远是我们梦魂萦绕的地方。在霜染两鬓之时，忆起那如歌的岁月，我仍会心情激荡。

关于入学。我是1982年9月入学的。我是广州人，家就在广州，报到那天是和老爸各自踩了一部自行车，把行李绑在自行车后面，带上录取通知书就到中大去报到了。后来才发现，当年拥有一辆自行车已是学生中的“贵族”，行动方便多了，感觉最爽的还是中午下课能比其他同学先一步到饭堂。现在想起来，倒是对当年猴急地“抢跑”有点不好意思了，有点占了其他同学“便宜”的意思。

我们82级是法律系复办之后的第三届，自诩“黄埔三期”。82级本科生有105人，分了两个班。同级还有一个干部专修班，是大专性质，生源都是本省政法部门的科级干部。本科生中的同学以本省的为多，外省考过来的则涉及诸多省份（自治区），包括广西、云南、新疆、江西、浙江、江苏、甘肃、内蒙古、湖南、山东、安徽、贵州等。海南的同学也不少，但当时海南仍属于广东省，不算外省学生。

我分在了1班，一开学就被辅导员指定为第一届的班长。班里共有53位同学，全班又分为5个小组。每个小组10～11人不等。男生和女生的比例大概是7∶3。由于应届生较多，大部分同学是60年代初中期出生的。

虽说本科生分了两个班，但实际上两个班基本上是一起上课、一起活动的。只是为了管理上的方便而分出了两个班。所以毕业多年后，不少同学自己都搞不清自己属于哪个班的。记得有一年在从化一个度假村搞同学聚会时，大家说两个班来次分班“劈酒”比赛，开“劈”时，有个同学代表2班“劈”倒了好几个1班的同学，这位老兄最后发现原来他是1班的。

我们的班主任是张毓泰老师，一个教刑侦课程的老师，善良而温和，父母式的关爱多过教师式的督管，感觉他就是把我们当作自己的子女看待，时不时会在晚饭后到宿舍来看看我们的学习和生活情况。辅导员是何旭军老师，负责我们的学习生活的全方位具体管理工作，老师的操心事无巨细，直到毕业分配。

关于军训。入学后的第一项课程自然是军训。印象中军训的时间是两个星期。当时的军训除了队列操练外，还有实弹射击。记得实弹射击时，五发子弹我打出了45环的成绩，我700多度的近视打出这样的成绩，连自己都不相信，结果发现是旁边的同学把两发子弹招呼到我的靶上了。军训时，为了与其他系的学生竞赛，全级选出了10位身材高大的同学组成一个军训班，代表全级参加全校军训的检阅评比，成绩相当不错。军训中我们还学会了军人特有的那种拉歌，《打靶归来》也成为我至今参加K歌活动的保留曲目。除了增强了大家的组织纪律性外，军训最大的收获则是在最短的时间实现了来自不同地方的同学们的熟悉和融合，加深了同学们的感情。

关于上课。大一的大课基本上是全级本科生挤在法律系地下室上的。部分大课如政治等，则与干部专修班一起在学校大教学楼的阶梯课室上。法律系地下室当时俗称“法地”，课室条件不算好，低矮且昏暗，坐在后面的话，有时还很难听清老师的讲课及看清板书。一些学习比较认真的同学会早早跑来“霸位”。在这课室里，让我印象最深的是法学基础理论课程，由陈惠庆老师授课。当时我们刚刚接触法律的知识，懵懂中，一上来就被填鸭式地灌输。陈老师一上课就开始不停地把深奥的理论以“宣读”的方式一直讲到下课。我们只好不停地记啊记啊，从上课记到下课，稍微走神就漏掉不少内容。一个学期下来，记下的笔记居然有书本一样厚。毕业后回味过来，猜想个别课程的老师恐怕也是“初来乍到”，或者久辍之后“重返战场”，老本行都有点生疏了，虽然备课十分认真（厚厚的讲义手稿就是明证），但确实有点照本宣科的感觉。说实话，我们有时觉得课程难熬，但我们毫无怨言，而是主动适应、配合老师的教学，课后翻阅大量资料，耐心琢磨思考老师上课提的问题，将勤补拙。学完一门课程下来，我们的法理基础就比较扎实了。参加工作后，我为行业干部讲授法律课时，还会去翻翻当时的这部分笔记。

当然，也有天马行空式讲课的老师。与陈惠庆老师完全相反风格的温光均老师，他的国际法课程则不但有国际法的知识，还可以让我们领略到天南地北的风土人情以及他个人、家人经历的趣事、囧事（当然绝大多数是与课程内容有某种联系的）。非常轻松的课，一堂课下来，笔记也没多少行字。但老师丰富的阅历，渊博的知识，乐观的情怀，直白坦诚的性格，深深感染了我们。用现在的话来说，他使我们感受到，除了国际法外，“还有诗和远方……”

每个老师都有自己的教学风格，如操着一口潮汕普通话的陈登贤老师，喜欢用有趣的案例来教授刑法课，这也是同学们最喜欢的课程之一。一边听着有趣的故事，一边思考刑法的法理，刑法学理论入脑很快。这样的学习效果还真的不错，我本人毕业后参加律师资格考试时，刑法一门居然拿到 95 分的高分。毕业前，陈登贤老师还指导我们在图书馆（南校区）旁的阶梯课室搞了一次公开的模拟法庭活动，这是一个刑事案件的模拟法庭。当时是我和许仲伟同学担任检察官，印象中主审法官是倪峰同学、主辩律师是谢晓东等同学、被告是李强和杨国兰同学。法官、检察官以及法警的衣服都是找干部专修班的同学借的。在当时来说，这种模拟法庭较为少见，来观看的学生还蛮多的，不少法律系低年级学生和其他系的学生都来观看，活动搞得非常成功。喜欢通过案例讲授理论的还有负责民法课程的张洲江老师，张老师的课程也是我比较喜欢的课程。民法理论是上课时听起来简单易懂，但一到案例分析时就感觉复杂的一门课程。张老师上课时，常常通过一些案例来透析民法理论。毕业后我从事的土地管理立法工作与物权法关系较大，扎实的民法基础使自己在工作中游刃有余。可见当年张老师的课程对一路走来的我帮助确实很大。

上课比较严格的要数经济法课程的程信和老师。程老师治学严谨，对同学们要求也严格，每节课还点下名，看看有哪位同学翘课。与传统法学理论相比，程老师的经济法课程在当时而言内容是比较新颖的，同学们的兴趣都比较浓。当时整个国家处于改革开放初期，国民经济正开始从计划经济向市场经济转型。经济法的课程则让同学们对国家经济制度转型中的法律架构有了充分认识，也为同学们毕业后在各部门的发展提供了很好的知识储备。

师恩如山！四年中，每个教过我们的老师都让我们在中大的学业中得到了极大的收获，如教国际法的陈致中老师、教国际私法的杨贤坤老师、教刑事诉讼法的钟永年老师、教刑法的陈炽基老师、教外国法制史的李启欣老师、教中国法制史的江振良和陈国伦老师、教宪法的覃柱中老师以及教法学系统工程的吴世宦老师、教知识产权法的李宣汉老师、教海商法的陈志南老师、教民事诉讼法的钟庆铭老师等。他们授业育人，教会了我们做人与做学问的道理，给我们留下了深刻的记忆。当年的系主任端木正老教授更是我们仰望的法律界前辈，他满头银发，扶持手杖，慢步走来的身影已深入我们脑海，他一直是我们中大法律系学生至今仍为之骄傲的前辈。

关于图书馆和自习。那个年代，大家都没有手机和电脑，图书成为我们唯一的课外吸取知识的源泉。图书馆自然成为同学们的至爱之地。课余，一有时间，同学们就会去图书馆寻找专业的书和其他感兴趣的书籍、杂志来阅读。写论文也会去图书馆找参考资料，看有没有可以开阔思路和借鉴参考的东西。不少同学的课余时间都是在图书馆度过的，感觉同学们的学习成绩与在图书馆待的时间长短成正比。我们宿舍的陈荣奋和王文珍同学最为认真，下午课后我们打球回来时，他们已经去图书馆看书学习了，所以他们的成绩都很不错，王文珍后来还考上了北大民法专业的研究生。图书馆也是自习的好地方，里面的阅览室静谧、宽敞、明亮，非常适合读书，可以说是我们当年在中大读书时最好的自习地方，但要早点去“霸位”，稍稍晚点就没位置了。找位置自习是件蛮痛苦的事情，除非有人帮你“霸位”，否则只好满校园的课室瞎逛去找可以自习的地方。

关于宿舍和饭堂。我们入学时男生女生都住在东区二饭堂附近的旧楼，好像那两栋楼叫东五和东四。一间不大的房间摆上四张上下铺的木床，7 个人住，每人一张书桌，就基本没有多余的空间了。如厕、洗刷则要去大楼两边的公共厕所和浴室，浴室没有热水提供，要洗热水就要拿个桶去学校的热水房打水。男同学都比较懒，冬天时有的懒得去打水，有的好面子不想学女同学那样提着热水来回，只好在冷水中颤抖地唱嘹亮的革命歌曲。大三、大四我们就搬到了靠近第五饭堂的新楼，房间要宽敞明亮些，一间房有五张上下铺的铁床，十个人住。如厕、洗刷则仍然要去大楼两边的公共厕所和浴室，浴室仍然没有热水提供，嘹亮的歌声仍然会在冬日的晚间从浴室传出。

大一、大二的宿舍离二饭堂比较近。那时，一顿饭的伙食标准用四两饭票和两三角菜票就足够了。学校对学生按申报的家庭条件发放 25 元以下数额不等的补助，这些补助只能是菜票而不是现金，还会给每位学生定额发 35 斤粮票。粮票女同学基本都用不完。在物质贫匮的年代，这粮票可是好东西，女同学一般会拿去学校门口的小地摊换点鸡蛋、文具和小饰物什么的，当然，有时也会"资助"一些粮票不够用的男生。

关于课余生活。有人说在大学里文科生比理科生要轻松，课余活动要丰富很多。我还是比较认同这一说法的。在中大的四年，我们的课余生活确实算得上丰富多彩。课余，同学们参加各种体育活动，足球、篮球、排球、羽毛球都各有一批铁杆同学，我们级还拥有篮球男女校队的主力队员。我是足球、篮球、排球、羽毛球都喜欢打，但水平都一般。排球稍好，有段时间还加入了系排球队，跟着 80 级的叶靖师兄征战各系。两个班还经常搞各种球类比赛，每每有比赛，女生们就会到场边为本班的男生呐喊助威。

当年，周末学校会在大操场（也就是现在的英东体育馆的位置）放电影，搬张小凳子就可以看了。直到梁銶琚堂建成后，免费电影就没有了。要看的话，就需要花 5 角钱去买票，好的电影还不一定买得到票。

打扑克和下棋则是同学们夜间自习完后比较喜欢的活动。当时以打拖拉机升级为主。不知何时开始，同学们把打牌叫作"哼哼"。有人打牌时，往往一堆人围着看，牌好的一方气势汹汹，拍出牌时把桌子拍得轰天响，旁边的人也跟着吆喝，场面极度火爆。

关于"小生意"。我们级有个别同学很有生意头脑，当时校园里比较流行谭咏麟和齐秦的歌，有的同学居然会想到买个双卡录音机在校园的小路边帮人翻录流行歌曲，挣点小钱。大三、大四时，我们几个同学还办过学生法律服务社，号称对外提供有偿咨询服务，不过不算成功，只接过几宗咨询，每宗也就收费十元八元的。

关于毕业后。毕业后，同学们奔赴祖国各地，投身到祖国改革开放的各条战线中。我们毕业时还处于实行国家计划分配的时期，同学们当中有分配到人大、政府及各部门、法院、检察院、公证处的，也有分配到高校、大型国企的。我们这批学子亲历了祖国改革开放40年的巨大变化，参与并见证了祖国从富起来到强起来的伟大历程，确实是把自己的梦想融入中国梦的壮阔奋斗中，为祖国的伟大复兴、为祖国改革开放的巨大成就、为国家法制建设贡献了我们这批中大学子的一分力量。还有几个同学前往香港、澳门工作，为香港、澳门的回归做出了卓越的贡献，他们目前仍在港澳担任着重要职务。30年过去了，弹指一挥间，一些同学已走上了省市人大、政府部门以及政法部门的领导岗位。随着社会的发展变化和市场经济的逐步成熟，少量同学下海经商发了财。而更多的同学，包括我本人，则随着我国律师制度的逐步发展和完善而从不同的行业和岗位转到了律师行业。这两年，也有部分女同学开始办理退休手续，去享受悠闲生活了。此外，前些年，我们级还有三位分别在检察院、法院和律师岗位的同学英年早逝，令人扼腕，我们永远缅怀他们。

江亚芳

——律师行业志愿者是我职业生涯的最高境界

受采访人：江亚芳校友
采 访 人：曾东红
采访时间：2018 年 12 月 5 日
采访方式：直面访谈
采访地点：中山大学科技园广东岭南律师事务所办公室
整 理 人：吴劲文

受采访人简介

江亚芳，女，1965 年出生，浙江宁波人，中共党员。1987 年毕业于中山大学法律系，获法学学士学位。本科毕业后留校任辅导员，获广东省第一届“南粤优秀教师”荣誉称号。2001—2008 年任广东岭南律师事务所主任、初始合伙人律师。2009 年后主要投身于法律援助服务、律师志愿者工作。曾任广州市律师协会理事。荣获司法部律师行业创先争优活动党员律师标兵，司法部、中国法律援助基金会法律援助先进个人，广东省司法厅二等功，广州市司法行政系统优秀共产党员，乌鲁木齐市律师协会优秀律师，乌鲁木齐县巾帼英雄等荣誉。

受采访人口述

一、我与中大法律系94级澳门班

您（指采访人）今天来主要提及两个问题，一是当年中大法律系办澳门班的情况，二是我从事律师志愿者事业的情况，那我就谈一谈。先说说澳门班吧。

中山大学法律系开办的澳门班是当时我们系的一个特色。1994年上半年招生，学生直接从澳门一些主流中学中推荐加考试招录上来。我没有参与澳门班的筹备过程，但是我担任了澳门班的班主任，因此对这个班的同学比较了解，也很有感情。这个班的筹备和招生工作主要是由新华社澳门分社主导的，当时在澳门分社工作的校友杨广远同志做了许多具体的工作。法律系王仲兴主任等领导把担任澳门班班主任的任务交给我的时候，对我特别强调这个班新华社澳门分社很重视，是他们委托我们中山大学法律系开办的一个培养当地法律人才的项目，也是中山大学法律系第一次以整班制的形式招收港澳学生，因此嘱咐我要加强对他们学习和生活的重视和关心。我感到责任很重。但是，澳门班同学们的优秀表现令我的工作倍感轻松，也让我对这些来自澳门的学生刮目相看。自他们进入中大的第一天起，我就发现他们与我们内地的学生有很大的不同：澳门班学生心思非常单纯，但是在学习、生活方面的姿态却惊人的成熟，他们动手能力很强，对生活充满了热爱。当时学校配置给他们的宿舍，是一栋很老旧的宿舍楼，生活设施也非常陈旧，应该说与他们看到的招生宣传有一定差距，但是这些学生在入学报到的时候并没有一点怨言或者不满；相反，他们一入住这些宿舍，就自己动手打扫宿舍卫生，把宿舍布置得非常整洁、漂亮。此外，这个澳门班的32个学生有很强的集体荣誉感，班级氛围非常的团结，同学们也积极参加了系里和学校的集体活动。总体而言，我对澳门班的学生评价很高！虽然澳门班学生的基础知识相对薄弱，但他们学习非常刻苦，学风也很好，互帮互学的风气特别浓，这点我十分欣赏。当然，我也经常与任课教师沟通，反映他们一些学习上的困难。应该说，所有任课老师都十分负责，特别是对弥补他们内地知识背景的不足很上心。有一些课程老师还带他们参观内地司法机关、监狱，到法庭旁听，我也曾带他们到延安参观学习。令人印象深刻的还有他们非常懂得感恩师长。他们总会以各种新颖的方式问候专业课老师，表达他们敬爱老师的心意，也包括对我这个班主任。有一年教师节，澳门班的同学们亲手制作了一张非常精美的贺卡，每个同学都签了名，把它作为教师节礼物送给我，当时我很开心，也很感动，我到现在都记忆犹新。澳门班的学生毕业后，早期的时候，我同他们联系还比较多，去澳门的时候会同他们聚聚。他们在社会上很努力，找到了不错的工作，一些同学还在澳门大学等学校继续深造过，为澳门社会特别是法治建设做出了重要的贡献。后因各种原因，跟他们渐渐少了联系，但我们还互相挂念着。

我是中山大学法律系法学专业 83 级的学生，本科毕业后，我选择了留校担任法律系辅导员。一直到现在，我都觉得做辅导员是我人生中非常骄傲和自豪的一段经历。担任辅导员期间，我可以同思想最活跃、最自由，生活也最有朝气的年轻人相处，我非常开心，非常享受这段经历。作为辅导员，我需要真正地融入学生群体中，参与他们的学习生活，充分调动他们学习的主观能动性，协助他们开展各种活动，协调各方面为他们提供、造就较好的环境，这也锻炼了我的沟通交流及组织协调的能力。同时，我也能实现助人成长的价值——担任辅导员需要为学生利益着想，真正为学生服务，这种类似于服务社会的情怀对我而言很有意义。

二、做律师志愿者是要信念的

我在担任辅导员的过程中感觉到，作为法学专业学生的辅导员，不仅需要政治思想水平，也需要生活经验，实际上还需要一些法律实践经验，这样才能得心应手。因此，我参加了律师资格考试，尝试在做好本职工作的前提下，力所能及地做一些兼职律师工作。2000 年国家司法体制改革，国营律师事务所需要改制，我便借此机会辞去了辅导员工作，牵头将岭南律师事务所改制为合伙所。早期的岭南律师事务所（以下简称“岭南所”）与中山大学法律系可以称为“一个单位、两张牌子”，大部分法律系老师在岭南所做兼职律师。岭南所与中山大学法律系以及现在的法学院至今都保持着良好的合作关系，很多学生会利用在岭南所实习的机会，提升自己的法律实践能力。我秉持着一份对中山大学法律系的感情，选择一直留在岭南律师事务所执业，应该说也干得不错。您（采访人）问我为什么在事务所发展得很好，律师业务做得有声有色的时候突然全身心转入法律领域的公益事业，这个问题一言难尽。说实话，不是很多人理解，我这也是第一次对别人谈我对从事公益事业的经历和感受，以前也没打算跟别人谈。我获得一些荣誉后不少人也来问我、采访我，我都是婉言相拒或者缄口不言。因为我喜欢埋头做事，做自己喜欢做的事，而不是高调宣传。我不需要宣传和赞扬。今天您（采访人）既然执意追问，我就坦诚谈一谈吧。

其实，早在律所内的业务比较稳定，有了一定的收入保障后，我就开始思考以什么样的方式才能更好地回馈社会了。回馈社会是我从法律系做学生的时候就形成的认识，或者用现在时髦的话说，大多数人都或多或少有这种初衷吧。至于我这种初衷的逐步强化，可能是在法律系学习、工作阶段各种综合因素熏陶的结果吧，只是当时不确定以什么样的方式更好地实现这种愿望。做律师后，我曾是一个驴友，从旅行中能更直接感受到环保的重要性。所以，一开始我关注的是环境问题，早期我参与的也是环保公益活动。比如，在2009年，我参加了“野性中国”组织在四川唐家河国家级自然保护区开展地震灾后重建的志愿活动，在深山里待了一个月，帮助搭建科考站。得到了初步锻炼，也品尝了参加公益的身心快乐，继而我参加了一系列环保公益活动。然而，我毕竟是法律人，学的是法律，做的是律师，还是得关注法律行业的公益问题。后来，在一些偶然的案件业务中，我感受到了基层特别是边远地区基层法律服务薄弱、落后，这引起了我的注意，于是我开始持续关注进而参加中国法律援助基金会（司法部主管、财政拨款为主的一个机构）的“1+1”中国法律援助志愿者行动项目。这个基金会在全国120多个无律师市、县开展法律援助活动。2012年，我去了云南省澜沧拉祜族自治县，一个国家级贫困县，开展法律援助工作。我到当地后才发现，那里是我从前无法想象的贫困，人口以少数民族为主，很多年轻人不识字，吸毒贩毒情况严重，提供法律援助的任务非常艰巨。我在澜沧拉祜族自治县司法局一年时间里驻点开展各种法律咨询和法律援助服务。虽然生活条件简陋甚至可以说比较艰苦，但我发挥了作用，觉得值。比如，当地的法律援助案件原来大多都是刑事类案件，我去了之后，不仅办了许多（上百个）刑事案件，还为他们开拓了民事类案件的法律援助业务。其中有一个民事案件影响比较大，是一个涉及法院选择适用法律还是适用当地民俗习惯的案件。通过我的力争和有效沟通，与法庭达成结合国家法律和当地民俗来解决基层民事纠纷的共识，那个案件成了我们与法庭共同倡导良好民风的典范。那个案件发生在一个少数民族村庄里，一个村民因为身患重病，常年卧床在家无法劳作，妻子见状，选择了抛弃丈夫离家出走。远嫁外地的村民妹妹过来照顾村民，村民基于感激将自住房子和土地赠予了妹妹。村民因病去世后，妻子回来诉讼争夺房产和土地。按照我国物权法和当时土地管理法等相关法律规定，宅基地及上面的房屋是无法转让的。但是当时村里的老百姓都赞扬村民妹妹的行为并认同这个赠予，谴责村民妻子背信弃义的做法。法院就在村里的公共聚集场所，露天摆放桌子、搭设法庭开庭审理，让全村人来听审。最后我们通过调解保护了村民妹妹的利益。这个案件对当地的民风起到了很好的示范作用，同时实现了情、理、法的结合，实现案结事了，公序良俗得以维护。

第二年，基金会征求我的意见，是否愿意到新疆去。我对当时新疆某些地区的维稳形势有所了解，但我还是毫不犹豫地同意了，去了乌鲁木齐县法律援助中心。事实上，当时反恐形势很紧张，近一年时间里，我只能吃住在司法局办公楼里，生活条件非常艰苦。这次去主要是做针对政府各部门的法律支持工作（算是对边远地区的另一类法律援助吧）。涉及县政府、乡政府和机关单位的一些疑难合同，投资合作项目都会经过我进行合规审查，由我出具法律意见书。这一工作，可以帮助边远贫困地区的人民政府在面临缺乏法律专业人员的困难时能够保障自身活动的合法合规，有助于提升地方政府的法治水平。同时，政府部门的法律意识提高了，老百姓的法律意识自然而然也会提高，这也是很有价值的一件事。我竭尽所能、扎扎实实地做好每一件事，赢得了当地政府的口碑。此外，我收获了两项比较特别的成果。一是在当地政府部门培养了接班人。县法援中心有个哈萨克族的小伙子，通过了司法考试，但没人带他，不会写最基本的司法文书，更不懂办案。我便着意培养他，带着他办案，手把手地教他，一件一件事放手让他去做并严格把关，到我离开的时候，他已经可以独当一面了。我回来后，他还经常向我请教一些法律问题。二是赢得了当地哈萨克族老百姓的信任和尊重。这涉及一个案件，是乌鲁木齐县两个哈萨克族牧民的上访案件。这两个牧民已经连续上访了十年，乡司法所所长向他们推荐了我，同时也希望我能帮助这两个牧民解决他们的冤屈。我便接下了这个法援案子。大概的案情是十年前，这两户牧民的男孩子在家附近的牧场里玩耍的时候，失足跌进一个采矿公司挖的矿坑，淹死了。这个矿坑的附近没有设置任何围栏或告示标语，没有丝毫的提示或防护措施。出事时，这个采矿公司同意赔偿，事后反悔。这两个牧民的一审、二审都败诉了，当我看到判决书的时候，我才意识到这两个牧民遭受了多大的冤屈，以及个别基层司法腐败问题的严重性。我当晚就起草了再审申请书，重新调查整理证据清单。同时，我以在当地攒下的口碑，与有关方面沟通，做了大量的工作，用充分的理据说服法院再审此案，法院最终采纳了我的意见。不巧的是，再审开庭的时间安排，恰好是我在广州做了一场较大手术后不久（近两年的艰苦生活，导致我身体出现了一些状况，不得不回广州手术治疗）。在没有充分休息调养好身体情况下，我就拖着虚弱的身子赶回了新疆。我当时考虑到法院作出再审裁定不容易，而我的法律援助服务期限也快到了，就不想申请更改时间，于是想委托我信得过的另一位律师出庭。但那两个牧民因之前诉讼、上访过程中受骗、受压太多，对谁都不信任，不肯接受我委托的其他律师出庭。为了回报牧民的信任，我抱恙赶回新疆开庭。最终错案得直，但我的身体因此落下难以治愈的后患。有朋友、同事传我因为搞公益把身体搞垮了，这有点言过其实，但有一点是真的，那就是你如果真心实意地到艰苦落后的边远地区做公益事业，你可能会付出很大的代价。我付出了代价，但是相较于我的收获，我相信还是十分值得的。

至于刚才采访人问我，法律系毕业那么多校友，律师也数以千计，为什么专注于公益的似乎比较少。我想，这个问题比较复杂，见仁见智。但据我所知，我们法律系的很多校友，包括很多律师校友，都在以不同方式做公益。我想把公益作为专注的事业来做是需要一些理想主义的，我没有认真思考过这一问题，还是留给法学院后辈学子去思考吧。但对我来说，在法律系学习可以学到很多，而做律师行业志愿者可以说是我职业生涯的最高境界。

陈东茹

——母校强化了我对匡扶正义的向往与理念

受采访人：陈东茹
采 访 人：曾东红
采访时间：2019 年 2 月 18 日
采访方式：直面访谈
采访地点：广州市天河区员村一横路广东省高级人民法院刑二庭庭长办公室
整 理 人：曾东红、邹淑雯

受采访人简介

陈东茹，女，1966 年 1 月出生。1988 年毕业于中山大学法律系，获法学学士学位。2004—2006 年攻读中山大学法学院法律硕士专业，获法律硕士学位。现任广东省高级人民法院审判委员会委员、刑事审判第二庭庭长。曾任广东省高级人民法院刑一庭助理审判员、审判员，书记员处副处长，地方干部处处长，刑四庭庭长等职务。

受采访人口述

今天很高兴，一再更改时间，终与母校的老师见上面。我是 84 级的，您（指采访人，下同）是 81 级，本来按学术辈分应称呼您学长、师兄，但我前些年有机会返回母校在职攻读法律硕士，您给我讲过经济法专业课，因此，按照规矩我还是称呼您曾老师心里踏实一些。

刚才您一股脑儿抛给我很多问题，包括大学求学阶段对法律系的印象和感悟，大学专业知识学习对职业生涯的影响，包括对我为什么可以坚守在刑事审判岗位，希望我对母校提些建言等。说实话，平时审判任务重，工作压力很大，基本上没有时间思考这些问题，今天可不可以自由交谈一下，您也可以随时发问，我们共同探讨探讨。

一、我喜欢美丽的校园，但最爱和印象最深的是母系的学风

我喜欢我们中大美丽的校园，在这么美的环境中学习有一种自豪感。记得返回母校读法律硕士时，我主动做那些本科不曾在中大读书的同班同学的游园向导，把那种自豪感毫不掩饰地传递给他们。但我最喜欢且印象最深的是法律系的学风。我这里说的学风是比较广义的，包括教和学、学术活动以及学生生活等。首先是班集体的凝聚力，这当然与班团干部的组织能力、号召力有关系，但显然离不开老师的推动、引导，各种各样的比赛、学习竞赛也很多。为了筹集班费，那些以前在家“饭来张口，衣来伸手”的“小姐、少爷们”可以组织起来去卖报纸。现在很难想象那时候同学们那种有理想、有行动的巨大学习热忱。班里男生宿舍和女生宿舍结为友好宿舍，学习小组纷纷自发设立。那时还有手抄的学生报，我记得我们友好宿舍编写的手抄报名叫《青青草》。七八个人围起来就可以进行热烈讨论，学习上的问题、读书心得、社会观察、时事政治都可能成为讨论的主题，互帮互学。我记得现在在母校做教授的谢晓尧同学就是当时学习小组的积极分子，看的书比较多，发言积极，有见解。我们当时还搞了模拟法庭，同学们很认真，就像动真格那样。我当时还扮演了法官的角色，不知道是不是冥冥之中命运的安排。当时的老师们很负责任，讲课非常认真负责，像李启欣、吴世宦、马作武等老师，只要你听课，就会被他们的学者风范、他们的激情所感染，他们提的问题自然就会引发你去思考、去钻研。图书馆、地下课室，哪怕周六、周日都很少有空位子，“霸位”就经常成为必须做的事情了。

法律系老师们也非常爱护学生，对学生十分和善。我记得李启欣老师等，办公室赵老师、曾老师（曾耀添）等，路上碰到他们，他们都会微笑并主动与学生打招呼，我自己就碰到过好几次，同学也经常说起。这不仅使人感到十分温暖，更重要的是催人奋进，因为每次碰到这种场景，我就会提醒自己，该看的书看了吗？要知道，我们都是以上大班课为主，一个老师要搞清楚普普通

通的你是不是他讲课那个班的学生还是不容易办到的，所以我很感动。我从小就喜欢看书，但真正开始以哲理、思辨的思维去买书、读书并形成习惯，是在法律系这种氛围中开始形成的。现在办案、看材料的思维方式，也与那时候的历练有关。

我不知道老师您思考过没有，从80级开始到85级（后面毕业校友的情况我就不太了解了，估计应该更好或者至少差不到哪里去），这么狭小的时间空间里面，法律系学生区区几百人中出了那么多的教授、博导、名律师及政府部门等各行各业的人物，这难道是偶然的吗？他们没有77、78、79级那些学生的“知青效应”“爆发效应”及毕业后的“先占优势”，他们在远离北京、上海等文化中心的南国一隅，办学（复办）条件也差，但如此优秀，这还是挺值得思考和总结的。

二、我为什么喜欢和坚守刑事审判工作

首先我要向您澄清，我毕业后一开始并不是从事刑事审判工作，而是到了增城法院锻炼。刚开始在人民法庭，后来在经济庭当书记员，回到省法院后也并非一直搞刑事审判。我在多个部门工作过，包括书记员处、政治部、地方干部处等。但可以说，从刑一庭开始，我在省法院大部分时间是在从事刑事审判工作。您说在法院系统工作的早期校友中我有典型性，这点我不认同，好多校友都做得比我好，只是我们了解不多而已。

说到坚守刑事审判工作，我算是吧。您也谈到这几年法院一部分人（总体看还是少数）流行离职，到社会上去任这个“总监”、那个“高伙”，薪酬如何如何，总之薪酬比我们的工资多不知多少倍。从某种意义上说，我对此也比较理解，人往高处走，水往低处流嘛，人各有志。我自己的经历，特别是在省法院多个部门工作的经验，包括我现在主要从事的职务经济犯罪审判等经历，都还是很受市场欢迎和需要的。也不止一次有人暗示或游说我出去，所承诺的薪酬等条件很高，我也曾瞬间心动过，但最终都拒绝了。

您问我所从事的工作、所做的选择是不是受到母校教育的影响。实事求是地说，没那么简单和一一对应。我在法律系学习时，“刑法”记得是刘杰和黄文俊老师教的，虽然他们讲得很生动，我也只是把它作为一门重要课程认真学习而已，并没有特别的兴趣。我刚参加工作时到增城人民法院经济庭做书记员，说是书记员，实际上也参加办案了，觉得很有趣。反而我回到省法院刑一庭，有一次一位老审判员从卷宗中抽出一张人体断臂照片给我，问我：“你能从照片上看出什么吗？”我的天哪，血肉模糊，恐怖！哪还敢看呐！实际上，我在闲暇也曾断断续续思考过这个问题，自己为什么会走出这样一个路迹？我

觉得，冥冥之中它是有个过程的。我父亲是军人出身，家庭氛围从我记事时起，就比较传统、正气、正派。我住在县城，读书条件比较好，从小喜欢看小说，父亲也常省下钱给我买书看，这在工资不高的年代不容易。小学时，恰好同班一个同学的姑父是县图书馆的，“走后门”（快捷一点而已）办了个图书证。5年级左右，就把县图书馆的小说借来看完了，什么《钢铁是怎样炼成的》《高尔基》《青春之歌》《金光大道》《三家巷》等都看过了，《第二次握手》看的是手抄本，当然也喜欢看一些武侠小说。不管什么小说，书中那些坚忍不拔、光明正大、正气善良、除暴安良、匡扶正义的人和事总是能引起我共鸣，心中隐隐约约会有一种理念或者说想法。我最早的理想是当一名维护正义的记者。

法律系是干什么的，我在高考时一点也不知道。父母和老师安排的，我糊里糊涂就进来了。但是，经过一段时间，通过老师讲、自己看，很快就接受和喜欢上了这个专业。然而，正义的表现形式是各式各样的，各个领域都有自己的正义诉求，没那么简单，所以，我对每一门课都很重视。专业课的老师要吸引学生也是不容易的，因为首先他的课要讲得好，要有专业激情，我觉得母校法律系的大部分老师都做到了。我也因此没有虚度在法律系的时光，很充实。他们不仅让我对正义有了较为深刻的理解，还教会了我为实现正义的各种基本法律技术，强化了对匡扶正义的向往与理念，这让人终身受益！

愿意到刑庭工作，首先是出于服从组织安排，并非我自己主动选择。但是，很快我就发现，与其他审判工作相比，刑事审判更直接地体现了“匡扶正义”，更贴近维护社会良好秩序。很长一段时间，刑事审判工作是法院的“门面”。我很快接受并安心从事刑事审判工作。而且，慢慢地，我在工作中体会到，刑事审判是个高技术活，它很严谨、很“艺术”，很能体现人生价值。记得在法律系念书时就曾听一位老师（好像是刘杰老师或者王仲兴老师）在讲座中说过，刑事审判是高度的法律技术，没有了解和掌握刑事审判技术的人，谈不上完整掌握了法律技术。我在从事刑事审判工作若干年后，才终于有了这种实际体会。记得我在书记员处当副处长时，有一次安排新来的同志（来自全国各地）到各个庭室工作，我让他们自己先报志愿，结果既使我意外又让我欣慰——他们中有不少人第一选择报了刑事庭。我以为他们会首选比较热门、多人去的诸如民庭、商事庭等，看来这些年轻的同学们也认可刑事审判的“基础地位”。

现在再来看刚才谈到的“离职”的问题。首先，我的收入不算高，但也基本能体面地应对生活的基本需求。人有了一定的历练之后，就不会一味追求物质享受，还是应该有点精神追求，否则容易走岔路。我希望您不是觉得我是在说教：人的基本需求是有限的，要那么多钱干什么？我接受的教育是，一个人拿了工资，本来就应该认真工作。现在我拿了国家的工资，还能做自己喜欢的工作，做有益于社会正义和民众福祉的工作，我不应该好好干吗？为了那个好一点的待遇（哪怕好很多吧），违背自己的初衷，放弃自己喜欢的平台，值得吗？近年来，一些探讨“幸福感”的文章出来了，其中有的观点我很赞同：精神上的享受才是持久、永恒的享受。追求物质幸福的时代正在过去，追求精神幸福的时代正在到来！

三、对母校说点什么

母校要发展，钱很重要，没有物质基础很难办大事，这个大家都是知道和理解的。但是，在校友资源中，还有一种智力资源也是很重要的，某种意义上更重要。总有一类校友，他们心怀感恩，希望能将自己平生所学和人生经验贡献分享给后辈学弟、学妹。我希望母校能搭建一个平台，能够让我们作为志愿者光明正大地、较为便捷地为同学们分享自己的经验积累特别是司法实践经验，我们也借以践行校训，回馈母校，回馈社会。同时，我们也很欣慰地看到母校的实力在不断增强，希望母校不断取得新成就，衷心祝愿母校能办成世界一流的大学！值此法律系复办40周年之际，祝愿法学院越办越好！

第三编

多形式办学育英才

曾东红

——中山大学干部专修科法学专业干部班的由来

从1982年至1990年，中山大学干部专修科法学专业共招收过9届干部班共380余名学员。在国家恢复法制的关键阶段，它为广东法制人才的培养做出了重要贡献。这个干部班的举办、建设有其特殊的时代背景。

1978年召开的中共十一届三中全会决定把全党工作的重点转移到社会主义现代化建设上来，在这种新形势下，加强干部教育成为当务之急。1979年10月，叶剑英在庆祝中华人民共和国成立三十周年讲话中提出："我们要通过各级党校、中等专业学校、高等院校和各种形式的训练班，对现有干部进行定期轮训，并使之形成制度。"这实际上是十一届三中全会后中共为了适应工作重心转移和引领社会变革，有计划进行干部（特别是中青年干部）知识化、专业化教育方略的宣示。1979年12月，中共中央宣传部、组织部下发了《关于加强干部教育工作的意见》。1980年3月，教育部、国家计委、财政部下发了《关于高等学校、中等专业学校举办干部专修科和干部培训班暂行办法的通知》[〔80〕教计字257号、〔80〕财事字第329号]（以下简称《暂行办法》），对各种形式的干部专修和培训班作了原则规定。按照这个《暂行办法》的规定，高等学校学制在2年以上的干部专修科，招生对象是年龄在45岁以下，身体健康，有培养前途的优秀中青年干部。这些通过考试选录的干部在学期间，工资由原单位照发，公费医疗等非生产性福利、所需费用由原派送单位支付。干部专修科学员学习期满，考试合格，发给毕业证书，并按专科毕业对待，并原则上派送回原单位工作。

1982年春，广东省委组织部下发《关于依托高等院校举办干部专修科的意见》［粤组（1982）2 号］，确定在中山大学、华南工学院、华南农学院、暨南大学、华南师范学院五所院校开办干部班，规定各院校的干部专修科定于 1982 年 9 月开办，第一期招收学员 500 名，从 1983 年开始，每年继续招收学员 500 名，在校学员保持 1000 人，学制均定为 2 年。其中，中山大学设政法干部班和工业经济管理干部班（主要培养工业部门干部）；华南工学院设工业企业管理干部班，主要培养工厂企业干部；华南农学院设农业干部班，主要培养农业、农村干部；暨南大学设财贸干部班；华南师范学院设宣传干部班。各院校干部班均招收学员每期 100 人。招生考试由省统一组织，考务由省高教局招生办负责。

中山大学干部班的入学考试科目为语文、政治、史地，后期按照全国统一成人高考的规定加考了数学。学校领导十分重视干部专修科建设，在广东省有关部门的支持下，选址中大西区专门修建干部专修科教学、管理楼和学员宿舍楼等设施，并于 1982 年年底建成投入使用。1982 年 8 月，中山大学从参加全省统一考试的考生中，结合地区平衡，择优录取了第一期学员。计划招生 31 名，实际招收 40 名并组成一个班级。这个班初期称为中山大学政法干部专修班；1985 年开始，中山大学政法干部专修班改称中山大学干部专修科法学专业干部班，直至 1990 年招收最后一届学员。从 1982 级到 1990 级，中山大学干部专修科法学专业共招收了 9 届学员，共计 380 余人。1982 级和 1983 级学员各 40 名左右，全部来自广东省（含当时的海南专区）地区以上政府部门选派（推荐考试）的 45 岁以下、科级以上干部；以公检法部门为主，个别为公社书记及政府其他部门选派的干部，其中，广东省省直机关、广州市政府部门占了半数以上。由于政法系统干部的知识化、专业化建设需求日益迫切，经省有关部门与中山大学协商，从 1984 级开始，法学专业干部专修班学员名额开始逐步扩大，1984 级录取 42 名学员，1985 级即已经扩大录取至 61 名，其后保持在 60 名左右；“科级以上干部”这个标准也从录取的必备条件放宽为同等条件优先录取的参考标准，且学员基本来自各地县级基层公检法系统选派（推荐考试）。直至 1988 年，省组织部门的培养规划已基本完成，各类形式的夜大学、业余大学纷纷开设法学专业，现职干部的法学专业化教育的资源紧缺问题得到缓解。此外，专修科学员入学须参加全国统一成人高考，生源实际上也受到考试成绩的限制，中山大学干修科法学专业才开始收紧招生名额。1988—1990 年，每届招收学员在 30 ～ 35 人不等。学员范围虽然仍然以公检法及政府法制部门为主，但也开始向其他部门及企事业单位开放。

中山大学法律系从一开始就是干部专修科法学专业（包括其前身政法干部专修班）的实际设计者、教学计划制订和实施者及教务管理者。学员们无论在学习阶段还是在毕业后，都对法律系有了高度的认同感和归属感。第一届课程设18门必修科目，包括“哲学”“中国语文”“宪法学”“婚姻法”“法学基础理论”“逻辑学”“刑法学”“刑事诉讼法”“民事诉讼法”“经济法”“民法学”“刑事侦查学”“中共党史”“政治经济学”“国际法”“国际私法”“社会调查”等。从第三届开始，增加“中国法制史”“行政法”两门必修课。除了必修课外，学员可以选修法律系任何本科课程。这种课程设置实际上几乎涵盖了同时期法律系法学专业本科的全部必修课，并成为中大法律系法学专业专科教学的模板，应用于其后举办的夜大学法学专业专科以及2001年招收的唯一一届全日制大专班的教学中。在教师配备方面，实际上也与本系本科教学打通。因此可以说，法律系几乎所有教师（包括部分在职研究生），都在不同时期或者阶段给干部专修科法学专业干部班讲授过相关课程，一些教师、教学行政人员还做过干部班学员的辅导员或者班主任。从实际效果看，从中大干部专修科法学专业干部班毕业的学员，绝大多数都成为各单位的业务骨干、专家能手或主要领导，不少学员成为广东法治战线的风云人物，为法制建设做出了重要贡献。

可以说，中山大学干部专修科法学专业的成功举办和运作，是中大法律系在国家恢复和发展法制的关键阶段，为培养地方法律人才做出重要贡献的标志性事件。

陈晓朝

——我与政法干部专修班82级

受采访人：陈晓朝校友
采 访 人：曾东红
采访时间：2019年10月17日
采访方式：直面访谈
采访地点：中大法学院南校园法学院办公楼立法学研究所
整 理 人：孙华欣、郑恺歆

受采访人简介

陈晓朝，1954年1月出生，广东茂名人。1984年毕业于中山大学干部专修科法学专业大专班，1991毕业于中山大学夜大学法学专业本科，获法学学士学位。高级（二级）律师。现为广东国智律师事务所执业律师。兼任广东省人民政府常年法律顾问，广州市人大常委会监察、司法委员会监察和司法咨询专家，全国律师协会宪法与行政法专业委员会委员，广东省律师协会行政法专业委员会副主任，广东省法学会行政法学研究会理事。1984年至1991年在广州市人民警察学校担任讲师、学生科科长，讲授“刑法”“刑诉法”“行政法”等课程。1991年至2000年10月任职于广东省人民政府法制局（办），为副处长，主要从事行政立法、办理行政复议案件、代理广东省人民政府行政诉讼与非诉讼案件等工作。2000年退休。在报纸杂志发表学术论文20余篇，与他人合作编写出版《中国现阶段犯罪问题研究（广州市分卷）》《仲裁法释论》《公安行政复议导论》《公安行政诉讼》等著作8部。

受采访人口述

一、干部专修班82级的基本情况

记得1979年年底中共中央下发了文件，中心是要抓紧建立我国坚强的政法队伍，提高政法队伍的知识化、专业化水平，适应改革开放和社会发展需要。其后，中央又发文要求加强后备干部的培养。在这个背景下，省委组织部和中山大学、华南工学院、暨南大学、华南师范学院、华南农学院五所位于广州市的院校合作，从1982年开始举办干部专修班。由省委组织部专门协调拨出专款，协助中山大学进行干部专修科的教学场所和学员宿舍的建设，地点就在中山大学校园西区（现中大附中）的核心教学区内。法学专业干部专修班从1982年开始复习考试招生，9月1日同高考学生同时入学。

我15岁当兵，原本决定在部队干一辈子的，但小学高小毕业文化程度的我，在当兵第四年时决定退伍回家读高中，故在其他退伍兵已经集中的情况下，我直接找到宋政委提出要求，并顺利回到广州。我的性格、我的观念决定了我崇尚靠知识、本事吃饭。所以，我当兵时就与别的许多战士所想、所干不太一样，喜欢看点书，思考一些学问上的东西，有强烈的读书梦。退伍后，我最终没有重新上中学读书，被分配去了广州市公安局内保处工作，也是从事比较讲究技术含量的刑侦工作。在那里，我边工作，边自学文化课程。干部专修班的招生对我来说无疑是十分幸运的机会。我当时已经是副科级干部了，虽然脱产学习可能会给晋升、待遇等带来很多不确定性，但一方面有组织极力推荐，另一方面我心怀梦想，所以毫不犹豫地报了名。

进入干部专修科学习是要经过严格挑选和考试的。记得基本条件是45周岁以下，副科级以上的干部。第一、二届基本是这样要求的，其后职务条件逐步有所放宽，因为当时这个年龄段的副科级以上干部没有那么多，各个单位符合条件的人是比较有限的。我记得先是从全省（包括海南）挑选了200多名符合基本条件的干部，集中在广州市委党校复习学习近2个月，然后参加入学考试。考试的科目及内容与党校学习的科目与内容基本上是一样的，考试科目包括语文、政治、史地（历史、地理）三科，形式跟高考一样，就是科目少一点，没有外语和数学。可能华工那边那些不同专业的考试科目有所不同，我们是文科就考这四门。因为历史、地理合为一科，所以实际上是考三科。实事求是地讲，因平时较注意学习，我比较轻松地以较高的分数考进来了，其他一些同学我后来了解到，有的较轻松，有的还是比较吃力的。

我们属于干部专修科法学专业招收的第一届学生。我们法学班共有40个学员，38个男的2个女的。这些学员基本来自广东各地和海南岛。因为我们是法学专业，所以我们最主要的是来自公、检、法系统，加上一些在地方当公社书记、副书记的干部。另外，有个别学员来自企业单位。反正每个地区或者地级市一般都有学员录取。海南岛录取了6个人；其他都是广东各地的，广州的比较多，有11人，包括省直属单位的和广州市属单位的。另外这个还是有变化的，比如说原来是海南的、湛江的，在学习期间因家在广州等原因，工作调动到广州。班里学员年龄差别也很大：最小的是1957年生的，1982年大概才25岁；最大年龄就是42岁；有一半人（包括我）是在30岁左右。江敬灵（男）是班长，他入学的时候应该是在梅县当正科级干部了；吴广发是党支部书记，来学习之前是在省公安厅工作。我们刚入学时，干部专修科宿舍楼还没建好，我们每四个人一间房住在荣光堂，后来搬到干修科宿舍这边是三人一个小套间，一间大房间加洗手间。

通过干部专修班的学习，我们的专业知识水平得到迅速提升。据我所知，中大干修班办了近10期。我认为在恢复法制的关键时期，它为广东政法干部的培养做出了重要贡献。仅我们班，后来成为省政法线上的省级、厅级干部的就有十到二十人，其他绝大多数都是业务骨干或者单位主要领导。比如梁国聚先后担任佛山市石湾区公安分局局长、佛山市公安局局长、广东省公安厅厅长，省委常委、省政法委书记等职务。他去世时，他对党和人民所做的贡献得到了中央的肯定。当然，极个别人走向了歧途，也是值得我们正视和思考的。

二、干部专修科法学专业的教与学

现在回想起来，我是真正感觉并体会到，我们第一届干部专修科无论是教风还是学风都是非常好的。给我们上课的老师与本科一样，都是全系最棒的老师。教风好表现在每一位任课老师都非常认真严谨，学员们明显可以感受到他们为法制建设培养人才的理想和信念，感受到他们的学识、热诚和平易近人。比如王仲兴老师，我觉得他备课十分认真、细致、到位（这是我后来自己做警校老师时借他的手写讲义学习借鉴时发现的），但他讲课很简明扼要，没有天花乱坠，我们从实践中来的人特别容易听进去。王老师没有花里胡哨的东西，就是很实在，很平和，但很多东西给我们留下了不可磨灭的记忆。他很有性格，他希望你凡事都要靠自己努力，不要想靠投机取巧的方式来获得成功。这一点当时我印象很深，他不给人面子，也不搞那种邪门歪道，该不及格就不及格。因为学员都是已经在社会上工作过的人，难免有些社会上比较俗的做法，比如请客吃个饭，比如说考试能不能透露一点内容，把范围缩小一点。但是王老师说，做学生就要有做学生的样子，学习要平等，一视同仁，你该学的东西还是要学的，谁也不能搞特殊。后来我回去教我的学生也是这么做的。一些学生违反课堂纪律或者是考试作弊，我作为学生科科长，作为授课老师，该怎么样就怎么样，该处分就处分。不少学生或者家长找我求情，我也不会因此改变原则。原则问题不给面子，其实这一点还是受王老师的影响。

又比如吴世宦老师。我觉得他有法律的信仰，而且努力把这种信仰传递给学生，为此可以不辞劳苦、荣辱不顾。比如，他有关法的属性的一些观点，有很多学员是反对的，但有一些学员也很支持他的观点。他总是因势利导，鼓励我们争论，鼓励我们表达与他不同的意见，在学员中形成了比较好的讨论氛围。吴世宦老师还经常让我们写些东西什么的，而且他也没有说跟他观点不一样就给你低分，都是一视同仁，他都是亲自改作业。我后来体会到，在大学里亲自改作业这一点不容易，现在有很多老师都很难做得到。我实际上在很多问题上是不同意吴老师的观点的，但是我跟他关系一样很好。直到后来我在省政府法制局工作，他都经常来找我。有时候是他（退休后）作为律师代理的一些案子刚好就是我们办的，他来找我们，我们都很欢迎。他经常代理维护农民利益的案子，行政机关一般是被告，他都是代表原告方。反正在公正的前提下、不违反原则的情况下，我都会尽可能采纳他的意见。实际上，在处理农民问题的案子上，我本来就有自己的倾向性，我尽可能把天平向原告方、相对方倾斜。因为农民的利益要维护，对不对？所以我宁愿给农民多一些利益。我在省政府办的案子，最多的就是农村、农民的案子，大多数是农民的土地争议。我一直认为，土地是农民的“命根子”，为什么不尽可能多地考虑农民的利益？

还有一门课我也是收获颇丰的。那是一位哲学系姓郑的女老师（郑芸珍老师），她教我们心理学（犯罪心理学）。她有关弗洛伊德的无意识理论的精辟讲解，就是那一堂课的启发，让我一辈子都受益。她把意识分类成三个层次，即我们所说的一般意义上的意识，这是意识的塔尖，然后下面是前意识，最下面就是潜意识。前意识和潜意识称为无意识（或统称潜意识）。所谓潜意识，就是没有意识到（但它可以通过梦、催眠等意识到）。潜意识的构成包括经过反复多次自觉的意识再回归到潜意识层次，变为自觉、习惯行为，以及人的本能的潜意识。所以，所谓潜意识，就是在你的心里留下痕迹，这个痕迹有负面的、消极的，也有积极的、正面的。因此，做人处事的大方向应该是让负面的痕迹减少，正面的东西增加。其实这个可以解释很多东西。这位女教授的授课对我的工作和生活产生了长久的影响。比如说，我教育小孩时尽量避免高强度的那种刺激，尤其是消极的，以免她在心灵深处形成负面的潜意识。我在自己修为的方面，则重视正面的“无意识”的培养。可以说，中大的大学生活培养了我很多正面的潜意识，包括胸中那种向往正面、积极因素的观念，也包括法律意识。在学术方面，因为我是搞侦查出身的，我受郑教授的影响，在毕业后工作过程中都十分重视研究心理学，我第一篇正式发表以及后来连续发表的几篇论文就是犯罪心理学方面的。

我们第一届的课程设置是专业必修课有 18 门，包括法学专业的课程和非法学的一些基础课程，专业课包括刑法、民法、刑诉法、民诉法、国际法、国际私法等。经济法当时已经列为必修课，由黎学玲老师主讲，他讲得非常好，与广东改革开放结合得很好。选修课是自愿选修的，可以选修法律系法学专业本科里面的任何课程，只要时间不冲突。不少学员选课都很积极，在我选修的课程中，李斐南老师的“法学英语”也挺不错，我还选修了李启欣老师的“外国法制史”以及“犯罪心理学”（由郑芸珍教授和当时还是哲学系研究生的陈绍彬老师讲授）等。因为我们都是从工作岗位上出来的，大家对读书机会都非常珍惜，也非常明确我们为什么要读书，是很自觉的。上课之余，除了散步、吃完饭做做体育运动以外，我们一般都自觉在各自的房间学习，还是挺刻苦、挺认真，看书比较多的。基本上没有投机取巧的情况，一心一意想学好功课。考试低于 70 分、不到“良好”，就会觉得很没面子。如果说有一些同学成绩稍稍差一点，那确实是能力、基础各方面稍微差一些。因为有一些同学基础不扎实、薄弱，你让他各科的考试分数、考查成绩很高的话是很难的，而且我们当中有相当部分人可能没有读过高中。像我初中上了 4 个月，实际上文化课基本没有读，我就去当兵了。从部队退伍回来后，我曾经在广州市业余大学学习语文写作，提高了语文水平，但那是另外一回事。勤能补拙，我一门心思在学习上，所以我的成绩基本上是位于班上较优异的行列。

有两件事可以佐证我们读书风气浓。一是我们在钟永年老师指导下自己编写案例，组织我们干部专修科开展模拟法庭。因为很多人是现任或者当过法官、检察官，结合实操的经验，结果很成功，在本科生里面引起轰动，旁听的学生爆满。当时全国别的学校是否开展过模拟法庭训练我们不知道，起码可以说中山大学模拟法庭就是从我们开始的。二是我们在学习过程中经常归纳编写各种表格之类的东西互相交流。通过把要点摘取出来，以各种图表的形式展现，非常便于学习、复习，尤其是对上了一定年龄的人考试很有用。有一次组织编写若干重要法律有关知识要点的表格，我们班几乎全体同学参与进来了，按照一定的分工进行编写。比如说刑法、民法通则等的若干个表格，通过表格形象地进行梳理，这本书名字就叫《法律知识图标汇编》。后来这些表格还外传出去了，司法厅教育处的李捷云科长干脆把它扩大应用范围，由司法厅专门出钱印刷，相当于帮我们内部出版。当时发行量还挺大，司法厅还意外小赚了一笔。

三、干修科学员对校训的理解

现在老师和学生一般认为校训是“博学、审问、慎思、明辨、笃行”十个字。干部专修科学习时老师并没有专门给我们讲校训，但我们学员其实都有自己留意或者观察，也各有各的见解。我个人认为，博学、审问、慎思是做学生和做学问的一般道理，它并不一定是我们中大学子特有的。我们都是来自公检法及其他政府部门的学员，联系自身实际讨论更多的是中山先生的“要立志做大事，不要做大官”这一名言。这个“大事”就是有益于国家、社会和民众的事业，这一点大家认识比较一致。但我们有一些学员还有另一层理解，那就是在校学习、历练的目的是培养自己能做大事（具备做大事的能力），不一定要做大官（为了做大事可以做大官，做了大官也应做大事），就是说我们要有做大事的能力基础，包括有能力在必要时做大官。我们这种认识在干修班中有一定代表性。实际上，我受孙中山先生这个观念影响还是很深的，因为中国人官本位的思想很重，改变官本位思想在中国很难。我曾反复思考刻印在小礼堂正面墙上的孙中山先生这句话，感悟到不要把做官这个事情看得太重。举一个例子，我毕业时被市公安局党委要求担任警察学校学生科科长，当时我完全可以通过做有关部门的工作，回到刑侦部门做领导，但我没有那样做。我对领导说，我愿意到警校，但我说到学校的目的就是当老师，我不想接受这个学生科科长职务的安排。但是找我谈话的市公安局的干部（组织）科长说，党委已经定了，先做两年，再做其他考虑。我当时表态说，好的，我先做两年，以两年为限。两年后，我就找领导要求免职，保留待遇，只当老师。当时很多老师和学生认为我是因犯了“什么”错误才被免职的。其实，我自己心里最明白，我就是要一心一意做一名教师，通过做教师完善、丰富自己的学识。

考入母校中山大学法律系干部专修班学习是我人生最重要的转折点之一。我感恩一心一意教好每一堂课的老师们，也感激在那个奋斗年代一起学习的同窗——政法干部专修班 82 级的同学们！

陈达成

——我与干部专修科法学专业90级

受采访人： 陈达成校友
采 访 人： 曾东红
采访方式： 直面访谈
采访地点： 广东省佛山市南海区广东东达昊律师事务所
采访时间： 2019年10月4日
整 理 人： 邹淑雯

受采访人简介

陈达成，男，1964年10月生，广东南海人。1984年中专毕业后开始工作，1992年毕业于中山大学干部专修科法学专业，2005年获中山大学法学专业本科毕业文凭。高级律师，广东东达昊律师事务所主任。兼任佛山市政府立法咨询专家，佛山市重大行政决策咨询论证专家，中共佛山市委、市人大常委会、市政府、市政协法律顾问团成员；佛山市公安局、市场监督局、佛山市南海区公有资产管理办公室等多个部门法律顾问；广东省律师协会常务理事，曾任佛山市律师协会第四届、第七届副会长，第八届会长。2015年起兼任南海区讲师团成员至今，主要讲授合同法、村居法治及农村土地流转等方面的课程。

受采访人口述

一、母校干部专修科与我的大学梦

我在佛山南海农村出生和成长，家境贫寒。“洗脚上田”，改变“面朝黄土背朝天”的命运，解决温饱，是小时候的最大愿望。所以，高考时我毫不犹豫地报考了中专，被当时的佛山地区农业机械化学校录取。也是命里注定我要与法律结缘（当然也是命里注定有中大缘分），我 1984 年毕业后被分配到佛山市南海区司法局工作。时值国家恢复、发展律师制度，但多数人法律意识还很不够，法律顾问处这个“冷板凳”没人愿意去坐，我去了。后来法律顾问处承担部分律师事务所职能，我便开始从事律师工作。因为我在初中和高中语文基础都还可以，相关各科也学得不错，所以说进入这个行业在学习上能很快适应。我是 1986 年参加全中国第一届律师资格考试，我的分数是 328.5 分。我记得高中时的一个同学读中山大学法律系，他是 1985 年毕业的。他读法律四年，我读工科三年，但他的考试结果是 327 分。我毕业后已经干了两年活，他读了四年书以后出来干了一年活，我居然还能以 1.5 分的优势与他同列。从这点上我看到了自己在法律方面的一些禀赋，更坚定立志从事律师工作。但是，我有两个心愿尚未了，一是我们毕竟不是科班出身，所以说我非常希望能够去接受系统的专业训练；二是虽然靠自己的努力改变了“面朝黄土背朝天”的命运，但没有圆大学梦。直到 1990 年，刚好有一个机会，即当时的中大专修科开始向基层普通干部开放（也就是通过公开统一考试招生），而我也获得单位“保送”（当时的说法）——不是说直接保送去读书，可能用“推荐”更恰当。就是同意推荐参加考试，如果考上了，单位批准你保留原待遇带薪学习。我记得佛山地区当时获得单位推荐的人一般报考的都是广东省政法干部管理学院（就是现在位于海珠区海印桥脚的广东省公安司法管理干部学院）。报考的时候，中大刚好对我们开放，而我也以成人高考的优异成绩考上中大。大家都是参加全国统一的成人高考，中大的分数线足足高出政法干部管理学院 30 多分。记得我们班共有 35 名同学（录取了 36 名，1 名没有报到），有几个学员也是从司法局系统来的，也从事局里的法律事务，但我是当时班里面唯一一个拿到律师资格证的。当时发的律师资格证到现在还保留着，30 年了。我们 1986 年考的试，结果 1989 年才发资格证。成绩早出来了，但是一直没发，到 1989 年才发。对于我们希望以正式律师的身份从事法律工作的人来说，真的是望眼欲穿！这也一定程度上反映了我国当时律师制度发展的缓慢程度。

入学后我们才知道，一方面由于省有关部门举办干部专修科的规划已经基本完成，另一方面像中山大学这样的重点大学将集中资源做强本科教育，我们干修科法学专业90级就成为干修科的最后一届。我们班35位同学毕业后，大都回到原单位工作。现在有个别人退休了，但有相当一部分同学仍然奋斗在基层一线，为法制建设和社会发展贡献自己的力量。虽然只在中大法律系读了两年书，但是班里同学形成了大学同学之间的真正情谊，也树立了中山大学法律系作为母校在我们心中的位置。从1992年毕业到现在，同学们虽然在全省各地工作，但还时常聚会；甚至谁家有喜庆的事，也会相邀在一起，一边庆贺，一边缅怀在母校度过的岁月，关注母校发展。

二、母校的训练要同个人品格修为结合在一起

采访人问到我在法律系的学习对自己职业生涯有何重要影响，这真是说来话长。我们在入校学习之前，都有相当的职业经历和社会阅历，在此基础上再接受法律系较为系统的专业训练，在专业素养上无疑都有一个较大的提升，有些同学其后得到晋升也与此密切相关。但是，我始终认为，在学校所受的训练、各方面的培养要真正发挥作用，必须与个人的品格和修养结合在一起，而学校老师在后一方面的为人师表，对我们影响更大。

我从事律师工作35年，无论在诉讼还是非诉讼方面的法律事务，均有全面的接触，甚至深耕其中好些方面，从未间断过办案；疑难、重大、复杂的案件至今仍然努力坚持亲自出庭；长期担任多个政府部门、大中型企业的常年法律顾问。应该说，职业技术（主要是法律技术）和经验的形成、积累主要是靠自己，包括自己的努力，也包括自己的天赋；同时在法律系（当时大家虽然名义上入册干部专修科，但从上课到管理实际上都是法律系，所以大家都认为自己是在法律系上学）的学习开阔了视野，系统学习和巩固了法学基础知识，对职业生涯的起步有帮助，有的帮助还很大。回想自己的人生路，我觉得至少有两样东西，法律系老师们的教导或者说法律系的熏陶是功不可没的，至少我自己感觉是这样的。

其中一样是对法律、法治的信仰。对法律的信仰是这几年的热门词，其实我们的老师在30年前就已经教导我们，无论是讲课、课间互动还是平时讨论中，“法律人对法律要有信仰”（包括类似表达）这句话是老师们经常努力灌输给我们的，也是他们身体力行的。事实上，每每在履行律师职务行至关键时刻，我脑子里都会不自觉地回想起这句话。我想以吴世宦教授为例子讲一讲。他教我们法理学（法学基础理论），我是科代表，他很爱学生，有朋友送了一块湖南熏腊肉给他，他也不忘记请我们去他家吃饭。他白天讲法治（那时候

旗帜鲜明讲法治的学者并不多)，晚上请学生吃饭也讲法治，还讲法治系统工程。现在百度上能搜集到的有关他的唯一照片，是他与钱学森先生的合影，那时这张合影就挂在吴老师的客厅里。受吴老师教诲的情景犹历历在目。吴老师不止一次用他实际经历、调查的生动实例，说明中国不仅要讲法制，更重要的是讲“法治”，不断强调“中国的法治建设任重道远”。我记得当我们几个同学请他讲一讲这个“道远”到底有“多远”时，他严肃认真地说：“二三十年后定会有个质的飞跃!”当2018年“法治”这两个字庄严地被写进《中华人民共和国宪法》时，我又一次体会到了老师的真知灼见，老师的预言的确深远！在一次南海律师百人团拜会上，回顾律师制度恢复40年的历史，我激情澎湃，即兴草拟一首自由体诗——《律师之魂——献给中华人民共和国恢复律师制度40周年暨缅怀“法治系统工程开拓者”吴世宦先生》，然后上台脱稿配乐朗诵近8分钟，台下一片寂静，然后是经久不息的雷鸣掌声。我并不擅长诗朗诵，也不见得诗就写得完美，引起新老一辈律师们共鸣的是诗中体现的理念和表达的观点：

> 律师如同天雷在共和国大地回响了40年，由远而近……
> 而律师二字，在她的内涵几乎一无所有的时候，我们的前辈已经迈开拓荒者的步伐，
> 凭着心中对公平正义的渴望，对法治的向往，对法律的笃定信仰！
> 终于，律师制度在我国恢复发展的第39个年头，法治二字庄严地走进《宪法》，
> 共和国的进程啊，没有忘记他们，用法治的宪法宣示，回馈他们的鞠躬尽瘁！……

我们这些做学生的都知道，“法治系统工程开拓者”是钱学森对吴世宦教授的高度评价，而吴老师不仅是有崇高信念的学者，也是刚正不阿的律师(尽管先是兼职律师，但退休后做了不少律师事务，特别是一些难啃的、需要对公义的执着才能坚持的案件)，所以，我在诗里把他涵盖在“前辈”中，他是法学界的前辈，也是律师界的前辈。我一直认为，律师是“法治”系统的支柱之一，律师的天职决定了他必须与“法治”同呼吸共命运。没有律师可求助，公正司法从何而来？律师还必须是“法治”的守护神，这万斤重担必须担当，哪怕镣铐加身，粉身碎骨！这些认识应该说是法律人的常识，但在我脑中形成自主意识，这过程还真是不容易，没有老师们当初的启发和影响，那么从一开始就是不可能或者大概率无法形成的。没想到我把这些观点融入诗

中，竟然在那帮平时看起来并不那么“高大上”的新老律师中引起如此强烈的共鸣。

无可替代的第二样东西就是专业老师们在一些关键的基本理念、原理方面对学生的不断敲打。比如合法与非法、正当性、程序正义、重证据、法律利益平衡、私法自治等。我想，对诸如此类东西是否牢记于心，是判断一名律师是否受过良好的系统法律训练的重要标准。我在法律系修读的课程不算多，但这些方面是受到老师们（包括当时的年轻教师）反复敲打的，我因此很上心，毕业后无论对管理工作还是业务工作都受益匪浅。举例来说，我曾成功办理两个无罪辩护案子，在佛山律师界和当地政府部门引起很大反响，包括毕业不久办的一个强奸案，给公资办做法律顾问阶段办的一个职务侵占和虚开发票犯罪案（涉案金额达到 7 亿元），共同特点都是要顶住各方面的巨大压力，案情复杂、反复。办这种案子无他，一是靠坚定的信念，二是靠大量艰苦的调查和证据收集，最后的突破口还是靠最基本的法学常识。所以，我很感谢教我们班刑法的陈登贤老师和在我本科阶段面对面指导我论文的王仲兴老师，他们对刑事法律方面一些画龙点睛的话我现在还记得。再举个例子，我在 2014 年被选举为佛山市律师协会（简称“律协”）的会长（第八届会长，此前我曾担任第四届、第七届副会长），是佛山律协首任非政府官员会长。面临的第一个棘手问题是解决律协的专门办公和交流场所问题。一方面是律协积累下来的资产较大，另一方面是因利益相关方长年累月喋喋不休的争论、争吵而无法形成投资购买律协办公交流场所的决定，律协似乎仍“无家可归”。我上台后召开代表大会，利用程序正义原则（在大会上公开讲）凝聚了律师们的共识，在合法性、正当性上严格把关，果断通过自有资金解决了律协的自有办公场所问题，对促进律师交流起了很大作用，全国各地来参观的同行羡慕得不得了。对敏感的与各政府部门包括与司法局的关系，不去搞什么拉关系、请吃喝，而是用真正的法律思维、法治思维去加以理顺，各方都接受，收到了很好的效果。我离任前夕，获得了市司法局颁发的行业特殊贡献奖，成为目前为止佛山市律师界 3000 多人中第二位获得这个奖项的律师。这些小成绩算是没有辜负母校的培养了。

回顾我 35 年的律师生涯，我更加缅怀法律系的老师们。当年教过自己的老师，除了年轻老师外，相当一部分已安乐天堂之上，还健在的也已经垂垂老矣。想到他们，我们这些人虽到了知天命之年，但仍然要为法治和社会奋斗，没有停下来的道理！谨此与中大法律系干部专修科法学专业 90 级同学共勉！

曾东红

——课堂不只是在校园：寻访中山大学夜大学法学专业的足迹

当我采访法律系老一辈的老师们以收集关于法律系复办前期的资料时，他们会不约而同地提到从20世纪80年代初开始，在广州市中级人民法院开设的业余大学和中山大学夜大学法学专业。他们都十分看重自己在那个激情岁月为广东法制建设特别是司法队伍建设洒下的汗水。这使我产生了寻访这个专业历史足迹的冲动。2018年12月间，我先后采访了中山大学夜大学法学专业本科1988级的两位“优秀学生”称号获得者——广州市中级人民法院原院长、党组书记吴树坚同志和东莞市中级人民法院原院长、党组书记陈国辉同志。当年的学生现在也已经退休若干年了。没想到的是，他们也怀着同老师一样浓烈的情感，珍视那些在夜大学法学专业攻读的日日夜夜。我那寻访的冲动便又变成了强烈的愿望。

2019年春节假期前，我便向广州市中级人民法院提出采访和查阅相关档案资料的请求。该院宣教处的相关负责人表示十分乐意接受采访，但查阅有关档案资料暂时有客观困难。原来，事有不巧，适逢该院搬家，所有档案资料已经下架、捆扎、封箱并准备运往法院新址的档案室，然后将逐步整理重新上架存放。现在堆积成山的档案箱子中，我所需要的资料到底在哪一行、哪一列、哪一箱，谁也没办法弄清楚。天哪，何年何月才行呢？令我非常感动和感激的是，当宣教处的相关负责同志察觉到我心里的绝望时，当即向我郑重表示，他们一定会最快安排帮我找到相关材料，并第一时间通知我。

2019年2月的一天，春节假期刚过，原宣教处负责人张振中同志和宣教处负责培训事务的邓老师便把一本厚实的档案摆在我面前。档案本里既有关于举办夜大学法学专业的协议、向教育部打的相关请示报告、教学计划、学生考勤办法、奖惩制度（包括盖有中山大学印章的《中山大学夜大学优秀学生评选规定》），也有招生考试报名办法、学员名册、各科考试成绩分析、教学实效总结、毕业典礼请示院领导出席的报告等细微材料，均整理得井井有条，足见档案制作的认真、专业、细致，也足以从不同的维度映射出当年联合办学的正规、严谨和规范。在这批资料里，我意外地看见了中大法律系老系主任李启欣教授签署的一份成绩单，以及附在成绩单上的他亲笔手书的批示，列明哪些人因大专阶段修过了“外国法制史”这门课，可以免修，哪些人不符合免修条件，不可以免修。

中山大学与广州市中级人民法院携手法学教育要追溯到20世纪80年代初，应该说是源于一位老革命和一位法学大家的共识。这位老革命就是当时的广州市中级人民法院高昆峰院长①，而这位法学大家就是彼时刚担任法律系系主任不久的端木正教授。他们的共同特点是德高望重。“高院长虽然是军人出身，但对法院干部、工作人员的文化素质和教育培训很重视，威信极高，很有远见卓识。”“正是他和端木教授在共同出席省里的一个会议上认识，然后一见如故，然后达成了共识，才促成了中山大学与广州中院联合办学。”吴树坚院长如是说。其后，高院长亲自全院动员报考，端木系主任亲自到班里讲课，他们的重视程度是显而易见的。

广州市中院的档案资料显示，80年代初期，整个广州市司法系统队伍的专业化、正规化建设十分薄弱。为了切实有效地提高司法队伍的知识化、专业化水平，以便适应司法工作的需要，根据中共中央1979年64号文件关于建立一支坚强的司法队伍的精神，广州中院经广州市委、广东省司法厅以及广东省主管工农教育的主管部门同意，在中山大学的支持下，于1981年2月设立了“广州市中级人民法院业余大学”，并在其中设立了法学专业。聘请中山大学法律系系主任端木正教授、法律系总支书记马传方同志、教务处副处长朱朝新同志为该业余大学顾问。学制设置为四年制，分8个学期，每学期20～22周，每周授课9学时，四年共开设19门必修课。学员修完全部科目，考试均合格者，其学历相当于全日制大学法律系法学专科毕业水平。教学计划由中山大学法律系和广州中院共同制订，授课教师由中山大学委派，绝大部分为讲师以上职称教师，专业考试、考核由中山大学负责，广州中院则负责日常行政管理工作。该专业于当年7月开始招生，通过委托中山大学严格考试择优录取，第一届即招收了216人。这批学员经过几个学期专业课学习的考试淘汰，至

---

① 高昆峰同志曾任原八路军淮安独立团团长。

1983年2月仅剩161人。从有关资料来看，“广州市中级人民法院业余大学”的设立具有全国性的示范意义，它比最高人民法院1985年举办“全国法院干部业余法律大学”并招生足足早了4年。

1983年年初，中山大学经教育部批准复办“中山大学夜大学”，招收夜大学本、专科学生，毕业的学生由中山大学颁发毕业文凭，具有正式的国家成人教育的学历。已经与广州中院业余大学学员建立深厚师生情谊的中山大学法律系积极与中山大学有关部门沟通并取得支持，与广州中院一道促成了中山大学同意以广州中院为依托设立中山大学夜大学法学专业，并招收专科班学生。这一举措由广州中院直接给教育部打报告并得到批准。1983年6月，端木正教授代表中山大学与广州中院正式签订了《中山大学广州市中级人民法院关于合办夜大学法学专业的协议》。同时，经教育部备案同意，广州中院业余大学现有学员161人全部转入夜大学法学专业，作为该专业1983年秋季招收的第一批学生，承认其在业余大学所修课程，并在修完全部课程后发给毕业证书。其后，经过全国统一成人高考，夜大学法学专业又招收了84级、85级大专班，每届招收约100人。三届法学专业大专班共为广州市两级法院培养大专毕业生360多人。

1987年5月间，广州中院发函中山大学暨法律系，认为虽然经过前期中大及其他单位的支持，为市中级人民法院和8个区法院培养了一批法学专业大专毕业生，使两级法院干部的专业化水平有了较大提升，但整体上仍然不能适应形势和任务的要求，尤其是大学法律系本科毕业的很少，只占干部总数的3%，且大部分即将退休，商请委托中山大学代培一批本科生。培养对象是45岁以下，具有法学专业大专毕业学历并具有一定英语水平的市、区法院在职干部。学习形式起初拟采取插班走读的方式，学生除上课时可以占用办公时间外，其余办公时间要坚持工作。后经进一步协商，中山大学决定仍然依托广州中院以专门开设夜大学法学专业（专科起点）本科班的方式，为广州中院等单位培养本科人才。1988年秋，通过严格的成人高考，中山大学夜大学法学专业本科班成功招生51人。其中，广州中院18人，广东省高院8人，若干区法院共7人，其余18人来自广东省内公安机关、公安院校、政府部门、律师事务所等。他们大多数顺利毕业并获得了中山大学毕业证书和学士学位。

……

翻看一张张夜大学学员的花名册，一个个出类拔萃，在广州乃至广东司法界、法律实务界熟知的名字显现眼前。其中，不乏在笔者刚出道时就已经扬名广州乃至广东的审判专家、办案能手。一份涉及教学效果总结的报告提到，市法院刑庭杨连干学员运用所学刑法理论进行分析论证，大胆将检察院以贪污罪起诉的一起案件准确定性为投机倒把罪，其分析和论证方法得到省法院的充分肯定。东山区法院审理王某盗伐林木一案，检察院以盗窃罪起诉。学员郑永忠同志虽然参加工作不久，但他运用在夜大学习的刑法理论进行分析，认为被告王某侵犯的不是公私财产，而是社会主义经济秩序，最终促成了该案以盗伐林木罪准确定罪判刑……我想，这些材料应该是对中山大学夜大学法学专业教学效果、教学相长的最雄辩的陈述。

细读两家一份份合作协议，广州中院对中大法律系的满满情意也跃然纸上。在经费十分紧张的年代，广州中院每学期还向中大法律系资助1000元作为购置图书资料的费用，为讲课老师提供2元/学时的授课津贴。当时两块钱的购买力还是挺管用的。

最重要的是，“从1984年起，安排甲方（指中大法律系）即将毕业的应届生到广州市法院系统的有关单位实习，免收实习生的办公费，协助解决实习生住宿的地方，让实习生收集写毕业论文的资料……”实际上，1985年临近毕业时，笔者正被安排在广州中院刑一庭实习，同在刑一庭实习的还有81级2班的杨剑锋同学（现在深圳市某区任检察院检察长）。34年过去了，有两件事我仍然印象深刻。一是我在广州中院实习时，该院食堂的水饺很受欢迎，排队打饭时法院干警总是有意无意让我们先打。二是我与杨剑锋联手，办了件初生之犊不畏虎的事：在一起故意杀人罪案的庭务会讨论中，在主办审判员提出判处被告死刑立即执行意见的情况下，我们提出应当根据被告的自首及坦白悔罪情节判死缓的建议，并最终得到了刑一庭杨庭长及大多数审判员的赞同和支持。这个经历我曾讲给不少人听，但几乎无一人真正相信。因为他们觉得，法院不太可能让我们参加庭务会，更别说采纳我们的意见了。嗨嗨！有时说的连我自己都有点儿不相信是真的了。现如今看了这些协议，我似乎才弄明白，为什么在食堂里我们想打饺子吃时，法官们总是谦让我们先打，为什么杨庭长会毫无顾忌地吸纳我们参加庭务会：这都是有组织地安排好的。我是曾身在福中却不知福从何来呢！

铁打的营盘流水的兵。中山大学夜大学法学专业的毕业生们，连同他们的老师，几乎都已经退休多年了，很多身影已经不在江湖。但我坚信，江湖上将永远留下你们的传奇！

吴树坚

——奋斗的岁月感恩母校

受采访人：吴树坚校友
采 访 人：曾东红
采访时间：2018 年 12 月 20 日
采访方式：直面访谈
采访地点：中山大学南校园法学院办公楼
整 理 人：曾东红、黄煜恺

受采访人简介

吴树坚，女，1954 年 5 月生，广东恩平人。1984 年毕业于中山大学夜大学法学专业专科，1991 年毕业于中山大学夜大学法学专业本科，获中山大学法学学士学位。2006 年 9 月至 2009 年 7 月在职攻读华南理工大学政治与公共管理学院行政管理学专业，获华南理工大学管理学硕士学位。一级高级法官。2012 年 1 月当选广州市第十四届人大常委会副主任。广东省第九、十次党代会代表；第八、九、十届广州市委委员，广州市第七、八、九、十次党代会代表；广州市第十一、十二、十三、十四、十五届人大代表。历任广州市中级人民法院经济庭副庭长，荔湾区人民法院副院长、院长、党组书记，广州市中级人民法院副院长、院长、党组书记，广州市委政法委员会委员。

受采访人口述

今天重访母校，心情格外激动。刚进南门的林荫道，就看见路边外语学院的红色大楼十分醒目，那就是我们当年报考中山大学法律系本科班的报名地点，这一下子又把我带回了那段难忘的奋斗岁月，思绪万千。

一、恢复法制，缘结母校

我现在回想起来，自己走上法律工作者的道路，跟当时的时代背景是密切相关的。“文革”期间，“砸烂公检法”，全国的公检法系统遭受了严重的破坏。“文革”结束后，中央“拨乱反正”，着手法治建设，恢复公检法。于是，中央决定让原在公检法队伍中工作的人员归队。除此之外，还在各个行业里面挑选一些比较年轻、有一定文化基础的优秀年轻干部和工人补充到公检法队伍中，支援公检法的建设。像我们当年来报考中大夜大学的这批学员都是在那个时候从其他机关调入公检法的，我自己也是从工业系统调度到公检法系统的。

我还记得1979年的11月、12月，广州中院存量干部只有108个，而后来我们这些从其他机关调进去的就有100多人，这样就有大量各行各业的人补充到法院这个队伍中。由于我们不是学法学的，刚进法院时完全是门外汉，最缺乏的就是法律知识。为了弥补大家的短板，当年时任广州中院院长高昆峰同志和中大领导达成了共识，大概于1981年2月成立了“广州市中级人民法院业余大学”，由中大法律系给我们制订培养方案和课程教学计划，并由中大法律系老师给我们上课。进入业余大学需要按照中山大学的要求进行严格的入学考试，高院长亲自动员大家积极报名。这在我们年轻干警里面引起了很大的反响。比如我是从工业系统调度过来的，一开始我不懂法学，既然调到了法院系统，那么要干好这一行肯定要先学习，补齐自己的短板。所以当时我们都是很热烈地响应报名，大家的积极性都很高，对广州中院和中大领导的决定都积极拥护。由于“文革”，我们这一代人的学习被耽误了。现在有这么好的学习机会，即便是要利用业余时间学习，我们也不会放弃。大家都非常珍惜这个学习机会。

我记得入学考试是在广州中院设立的考场。由于刚好我出差了，没有参加第一批考试。当时领导非常关照我们，对我们这些因公出差没能参加考试的人员专门设置了第二批考试。第二批考试也是在中院设立的考场，由中大老师出卷和监考，进行闭卷考试。两批考试的试题难度是一样的，相当于A卷和B卷。真的非常感谢领导的理解与关照，让我们参加第二批考试，我们才有机会进入大学学习。

我们那一批是1981年春入学，入学时有200多人，至1983年上半年已经完成教学计划规定的大半课程。1983年秋，经过教育部批准，中山大学与广州中院合办中山大学夜大学法学专业（后来我们学员也自称中山大学夜大学法学系），此时，经过艰苦学习生活的淘汰，业余大学入学时的200多人仅剩161人。这批学员经教育部备案同意就作为中山大学夜大学法学专业的第一批学员，此前所修课程有效，继续学完剩下的课程后，于1984年秋毕业，前前后后实际上学习了三年半多一点。中大夜大学法学专业连续办了好几届，不过都是大专班。1988年，我通过全国统一的成人高考进入中大法律系本科班学习，本来说是要请中大代培插班学习的，但中大和广州中院1988年开始办夜大本科班，便在夜大学学习。本科班是到1988年才开始的。大专班是中院和中大合办，所以招的学生大部分都是广州市法院系统的干部，一届大概有100人。但是1988年开办的本科班面向的是整个广东省的政法系统，包括省公安厅、省高院、省司法厅以及律师等，只开设了一个班，大概四五十人，我们市院只有18人考进去了，这还是相当不容易的。

二、珍惜机会，刻苦攻读

在校学习期间，老师对我们严格要求、严格把关，并没有因为我们是在职学习而降低标准。学校派出的教学老师都是非常优秀的，有着丰富的教学经验，教学工作也非常认真、非常负责。我还记得当时教我们的老师有端木正老师、罗伯森老师、黎学玲老师、李启欣老师、李宣汉老师、王仲兴老师、李斐南老师、程信和老师等，给我们上课的也有部分年轻老师，如刘恒老师等。德高望重的端木正老师不仅对我们进行入学训话，还抽时间给我们讲课。

每一科的学习都会有严格考核，对于我们这些在职学生而言难度还是挺大的。一方面，我之前学的知识（我在广播电视大学学习过）是工科类，对法律这方面的知识比较欠缺，底子薄弱；另一方面，白天需要工作，只能利用业余时间学习。所以，我们会调整好平常工作和学习的时间，尽量努力把白天工作做好，晚上能够腾出时间来上课。周末我们也都会坚持去上课。如果碰到需要出差，我就尽量不要把出差时间安排在上课那天。如果撞上了，我就会尽量在上课前赶回来。尽管工作很忙很累，但很少有人缺课。当时那批人是真的渴望知识，有强烈的社会责任感、使命感啊！我还记得当时我是一边读书一边还要带小孩。有一个学期我怀着小孩刚考完一科，5月份就得回家生产、休产假，还剩下两科没有考。因为要赶在下个学期之前补考剩下的两科，所以我在坐月子的时候就开始咬紧牙关挤时间复习。想办法哄孩子入睡后我就开始学

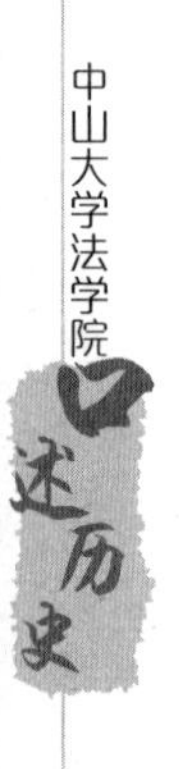

习，晚上从来没有时间看电视（其时广州市民流行看电视连续剧），待在房间里看书。现在我家里人回忆起来，都说当时每天早上起来后就没有见我走出过房门。最后我经过艰苦努力顺利地通过剩下的两门课程。大专和本科毕业的时候，我被评为优秀学生，中大还颁发了优秀学生证书。

对我们比较有挑战的还有英语。本科对英语的要求挺高的。由于“文革”，我们这代人英语的学习中途间断了。对于我们而言，英语基本是零基础，入学后才另起炉灶。为了学习英语，我们经常把单词本拿在手里，利用点滴空隙的时间记单词，每一个单词都是啃下来的。真的不容易！这是我们学员共同的体会。

三、同窗友谊，互帮互学

夜大学的学习给我留下比较深的印象的还有学员之间的互助。我们是在职学生，有一些同学难免要出差，过后需要补上落下的课程。那个年代没有录音设备，也没有手机，所以同学之间只能互借笔记。我记得差不多考试的时候，我的笔记本被他们拆成一页一页拿去复印，因为我记得比较整洁、比较完整。如果我缺课的话，我也会找其他同学，拿他们的笔记去复印。临近考试的时候，大家会复习老师上课讲的要点，根据提到的要点进行复习和拓展。除此之外，我们还会三五成群自愿组成学习小组，几个同学聚在一起讨论，增强理解和记忆，学习氛围非常好。我记得我们当时经济庭几个同学周末常常会约好到一个同学家里去，互相讨论，特别是对一些教学内容中有争议的案件、比较抽象的概念、原理等进行讨论。由于在职的原因，我们会接触到大量的实务案件，所以我们可以及时把学到的知识拿来解决我们的实际问题。我们在实务中遇到的一些不懂的疑难问题，也可以在课堂上随时请教老师，跟老师进行热烈的讨论，教学互动效果非常好。

四、桃李争艳，感恩母校

我们进法院之前，对于法学理论基本是空白的。通过夜大学的学习，汲取法学的理论知识，包括刑法、民法、经济法等各方面，我们慢慢培养了自己的法学逻辑思维。当我们在实践中遇到一些疑难案件的时候，我们会很自然地把学到的知识贯通到实践中，比如国企破产、融资租赁等问题，我们都进行了大胆的尝试和创新。有些做法在全国甚至是首创。这跟当初在校的学习密切相关。我们以当年学习的知识作为底蕴，提高了自己的理论修养，增强了专业自信，从而学会用法律思维去思考。

我们那一批同学大部分后来都成了审判骨干力量，包括基层法院院长、副院长、庭长、资深法官等。现在他们基本上退休了，或者退出领导岗位。但不可否认的是，在那个特定的历史时期，夜大学为广州两级法院培养了重要的骨干力量。

非常感谢母校给我机会，让我两次进入中大学习。感谢法学院全体老师的谆谆教导。同时也特别感谢端木正老师当年对夜大学的极力推动，才让我能够进入法学殿堂学习。同时，作为广州中院的一员，我也非常感谢中大培养了这么多优秀学子，为法院系统输送了那么多年轻的新生力量，他们基础扎实、好学上进，逐步成长为审判一线上的优秀法官、办案能手和骨干标兵。

正值法学院复办 40 周年之际，我希望法学院越办越好，继续为司法一线输送大量的优秀人才，同时也希望在校的同学们能够珍惜学习机会，奋发向上。

陈国辉

——理论与实践相得益彰

受采访人：陈国辉校友
采　访　人：曾东红
采访时间：2018 年 12 月 12 日
采访方式：直面访谈
采访地点：广州仲裁委员会东莞分会
整　理　人：曾东红、林广健

受采访人简介

陈国辉，男，汉族，1947 年 11 月出生，广东新会人。1968 年 2 月参加工作，1987 年毕业于中山大学夜大学法学专业专科，1991 年毕业于中山大学夜大学法学专业本科，获中山大学法学学士学位。最高人民法院、国家教育委员会中国高级法官培训中心副教授，二级高级法官。现任东莞市人民政府法律顾问，广州仲裁委员会东莞分会专业顾问。历任广州市中级人民法院副院长、党组副书记，东莞市中级人民法院院长、党组书记，东莞市人大常委会副主任。

受采访人口述

一、攻读母校夜大学法学专业的前前后后

我 1947 年出生于广州，中学就读于广州市第五中学。1968 年参军，曾参

加过越战，并到前线负责军区后勤供应的工作。打完越战后，刚好遇上国家重点转向经济建设，进行百万大裁军，大量的部队干部、士兵复员需要回到地方上去。适逢国家自从1978年起大力恢复公检法机构建设，公检法系统一直缺人，而我的家又在广州，所以1982年从部队转业后我就被分派到广州市中级人民法院参加政法工作。刚进中院的时候，我被安排在民庭，后来工作了三年就转到了经济审判庭。1983年中大开设招收法学专业第一期专科班，1984年、1985年连续开设两期专科班，总共和广州中院合办过这三期大专班。1988年开始招收本科班。当时，我们中院把合办的这些教学班称为中山大学夜大学法学系。那时候还是比较正规的，不是通过中大内部批准就可以读，需要通过全国统一成人高考才能进去读书；我们当时也是正规的学历教育，培养方案是按照教育部的规定由中大法律系安排，考试的话英语也要过关。实际上，毕业时，我们本科班中也有一些没有达到本科生毕业要求的学生，他们最终没有获得学士学位。

1985年，我通过成人高考进入中大夜大学就读专科，当时我读的是第二期。专科毕业后，1988年我在广州中院晋升为副庭长兼广州开发区法院的庭长，后又兼任了院长助理。1989年，我通过考试继续在中大就读本科。本科毕业之前中大还举办了英语比赛，我记得我参加英语比赛还获得了三等奖，虽然还年轻，但毕竟也已经一把年纪了，真不容易。那时候我父亲看见我天天一大早在阳台默默背英语，老说我像傻子一样喃喃自语。1991年我本科毕业，拿到了学士学位，毕业论文我还记得写的是关于融资租赁法律问题的，指导老师记得是罗伯森老师。本科毕业后，李斐南老师、罗伯森老师也曾鼓励我继续读研究生，但是那时候我工作繁忙就没有继续读研究生，他们后来提起这事都觉得很可惜。毕业后，我被选派到最高法的“高法班”学习了半年。1993年，我被提拔为广州中院副院长。在副院长这个岗位做了6年，我就被调派到东莞中院担任院长。做了6年东莞中院院长后，我被调到东莞市人大常委会，当选为副主任。5年后我就退休，来到了现在的广州仲裁委员会东莞分会担任顾问。

退休之后，我还在仲裁委这边继续从事与法律相关的工作，是出于我对这方面的兴趣爱好。我认为我到现在对法律工作还是初心不变，保持终身学习，努力为社会主义法治尽一分力。现在我还是每天都工作，东莞仲裁分会每天上报的案子一般都由我来批阅，然后遇到一些疑难案件我也会参与集体讨论。与此同时，从2010年开始到现在我还担任东莞市政府的法律顾问。

二、母校的教育使我理论与实践相得益彰

提起母校中大法律系，现在叫法学院，我有两个感受。

第一个感受就是感恩和感谢。因为我们这批部队转业干部被安排到法院去的人有两个特点，第一个就是文化程度普遍都不是很高，大部分都是初中高中这个文化水平，我当时的“老高中学”学历算是那批人里面的“高学历”了；第二个就是不少人比较缺乏法律专业知识，我们从部队转业后一下子就从事法院的司法审判工作，真的不是很适应。包括那些老同志，他们实际上更多的还是用群众工作的经验去从事司法工作。他们去调查，去搞调解工作都很认真，但是要他们去分析法理、分析事物相互之间的关系和定性，讲法律方面的依据或者法理，就有不少差距。所以中大当时跟广州中院联合办了多期教学班，其中前三期是大专班，还有一期是本科班，可以说对当时广州两级法院系统队伍建设起到了及时雨、雪中炭的作用。就我个人而言，我本来对学习及钻研问题就很有兴趣，而在中大夜大学就读专科和本科的经历，让我打下了很好的法学理论基础，同时也在教学互动中提升了自己的法学理论素养。不仅令我后面能够逐步结合实践经验，应对工作的需要，也在其后面对改革开放前沿——广东层出不穷的新问题、新型案件时，有充足的理论底蕴进行深入思考，大胆提出解决方案。

第二个感受就是教风、学风很好。中大办这个班的手续、程序是很严谨的，我们考入这个班有一种神圣感，也有为社会主义法制建设而努力的使命感。老师给我们上课的时候，他们的确很认真，即使部分讲课的老师年纪比较小（比较年轻），但是看到老师都能够一丝不苟地认真给我们上课，我们台下学习的学生也受感染，很认真地听课。听说时下某些大学的学风不是很好，有一些大学生不务正业，随便旷课、缺课，不切实际搞什么创业，我对此是有看法甚至是反感的。那时候的我们不是这样的，我们非常珍惜读书学习机会，我们过得很充实。我们晚上要上课，周末也要上课，再苦再累也不轻言放弃。因为我住在海珠区那边，所以那时候晚上下了班回去吃完饭又匆匆忙忙骑着自行车过海珠桥，又回到中院来上课，大家都挺辛苦的。当时，我们上课的地点是设在广州中院礼堂内的审判庭里。上课的学生除了广州中院的人之外，还有来自其他单位的，包括检察院、司法局、基层法院等，但主要还是以广州中院的人为主，所以这一批人都是来自政法系统。

我在广州中院担任庭长到副院长这段时间，一直从事经济审判这方面的工作。时值热火朝天的改革开放，市场经济不断出现新的问题、新型案件，这些问题之前全国其他地方都没发生过，最高法院也没有相应的指导案例和意见。

我们很感谢在中大学习那段日子的历练，它让我们的审判工作很好地“打了底”（有了基本理论知识上的认识和准备），对我们广州中院的经济审判庭适应当时出现的各种挑战很有帮助。对新型经济案件，及时进行研究，然后理论与实际相结合提出我们处理相关案件的意见，我们的许多做法得到了最高法院的肯定，不少意见后来还转化成了他们的司法解释。记得其中比较特别的有几个方面。一是关于国有企业破产问题的探索。我们碰到的第一个案件就是国有企业广州市异型钢材厂破产案。当时的《破产法》比较简单，离实际操作需要差距还比较远。一般来说，企业宣告破产后应由法院主导成立的清算组来接管，然后由破产管理人来管理善后事宜。那时还没有破产管理人制度，从清算组成立到接管这过程不是一下子能解决的，因此，企业生产经营活动就往往被迫停下来。但是，异形钢材厂当时有很多工人还在工作，我们受企业破产重整的有关理论启发，就考虑破产不停工，就是企业宣布破产了，但是不停工，工人还是在企业原领导层管理下继续在那里工作。我们考虑到不能把工人推到社会上造成混乱，同时工人在工厂工作也容易保障和落实他们对公司的受偿权。我们的做法比较创新，可以说是首创，而且是针对当时的情况以维护稳定为主，但是又能很好地处理企业破产问题。所以在我们把处理经验总结后，国家经贸委和最高法院都很认可我们的做法，专门派了两个官员过来我们这里了解情况。后来，他们开的全国有关座谈会和全国破产案件的审判会议上都有介绍这些经验。二是在处理期货纠纷方面，我们的做法比较领先，摸索出一套定性和操作方法。那时候广州没有期货交易所，所以期货纠纷在广州碰到两个问题，一个就是我们怎么定性场外交易，一个是场内交易的举证责任分配。我还专门带了法院与期货案件有关的资料到香港去了解他们期货交易所的运作，最后我们提出了具体的处理意见。后来，最高法院有关审理期货纠纷的司法解释里面实际上也有我们的意见在里面。三是处理涉外融资租赁纠纷。融资租赁都是涉外的多，那时候我们也不太懂，但是案件又摆在那里。于是我们带着问题向罗伯森老师请教，罗老师也很负责任，答应自己进行深入研究后再与我们共同探讨融资租赁的法律问题。就这样我们边干边学，率先探索出处理融资租赁纠纷的经验，受到司法界重视。我自己的毕业论文，也就以研究融资租赁法律问题为主题。正因为有了中大那段专科加本科学习时光的帮助，我强化了理论功底。毕业后，最高法院每年都有论文比赛，我每每参加都获得二等、三等奖。现在在广州仲裁委员会东莞分会，大家也很认可我的专业水平和案件分析能力。所以，从根源上讲，我们很感谢母校。

三、忆师生之情、同窗之谊

那时候我们师生关系相当好，相当融洽，我们师生之间常常会一起搞学习活动。由于我们还是在工作第一线，因此我们有一些法律上的问题可以带到课堂里面，老师就结合我们碰到的法律问题来讲课，我们的理解就更深入了。所以我们的学习不会很教条化，我们都是互动教学，课堂学习也比较生动，内容也比较丰富，大家从中还是得到了很大的提高的。

那时候给我讲过课的老师有讲国际法的端木正老师、讲刑法的陈登贤老师（本科时好像王仲兴老师也讲过）、讲行政法的刘恒老师、讲工业产权的李宣汉老师，还有黎学玲老师、罗伯森老师、李斐南老师、程信和老师等。

我与黎学玲老师现在还经常保持学术联系和来往。因为他很早就参加仲裁工作，他还是贸仲华南分会的创始人，所以大家的互动是很好的。前几年，有民法、外商投资之类的研讨会，他也会叫我去参加。

我们本科班那时候大概一个班 50 人，仅法院系统就有三四十人。我记得我们班的同学有吴树坚、廖鸣和、王敏、康聪民、王永康等，周眉笑同志做过班长。

廖鸣和是经常与我一起搞学术、搞论坛、做研究的。那时候，我们还办过广州市法学会青年论坛之类的学术活动。吴树坚同志是和我一起读本科的，后来她做了院长，后又去了人大。王敏也是和我一起读本科的，他也做了副院长，后面到了省政府工作。

中大这三期教学班不仅对培养广州地区政法人才起到很重要的作用，而且还让我们同学之间建立了同窗之谊。现在我们这些老同学还有联系，还会时不时出来聚一下。大家聚在一起谈起各自的经历，都认为在那个时间，刚好又需要中大办这个班，使我们的法律基础和法律素养得到了提高，所以我们很感恩和感谢。

四、也谈法律人才的培养

我很赞同母校对法律人才进行精英教育的提法，法律行当的本质需要进行这种教育。我的特点是喜欢钻研法律问题，同时我也喜欢启发我的下属干警做研究。所以一来到东莞中院我就宣布要建设学习型的法院，培养专家型的法官，到现在他们都说我这个口号比后来最高法院提出的同类口号要早好几年。我到东莞中院后很快就办了很多班，包括本科班、研究生班；还去给他们争取资源，先后送了四批人到英国留学读研究生；还跑到有关院校亲自去招一些研究生回来。就这样提高了整个队伍的法律专业水平，后来从东莞中院出去的人都很认同、赞赏我那段培养人才的经历和做法。

现在法学专业相对以前来讲没有那么热门，但是现在国家和社会仍然需要大量的法律人才，所以培养任务还是很重。我们也希望能培养更多这方面的高质量人才出来。以我的长期审判工作的经历来讲，我认为我们的法学教育一定要跟实践紧密结合起来，着重提高解决实际问题的能力。现在学生的记忆力、文化知识水平比我们以前高很多，但是他们碰到问题的时候，较缺乏能够准确分析实际问题的能力，从而（未能）迅速找到解决的途径。此外，我认为我们应该要培养中国专门的审判专家。

李焕江

——法学“澳门班”与服务大湾区和“一带一路”建设

受采访人： 李焕江校友
采 访 人： 曾东红
采访时间： 2019 年 3 月
采访方式： 电话及通讯采访
整 理 人： 曾东红

受采访人简介

李焕江，男，1973 年 10 月出生，祖籍广东中山。1998 年毕业于中山大学法律系，获法学学士学位。澳门、内地两地执业律师，仲裁员、调解员、司法部中国委托公证人（澳门）。力图律师事务所（澳门总所及葡萄牙分所）及中银—力图—方氏（横琴）联营律师事务所高级合伙人。曾被亚洲权威法律媒体 Asia Law 连续多年评为公司法和并购、建筑与房地产领域之领先律师。兼任中山大学法学院校外导师、中山大学法学院校友会副会长、中山大学法学院澳门校友会会长、澳门法学协进会会长、澳门特别行政区市政署市政咨询委员会委员、澳门法律工作人员联合会副监事长以及广东省粤港澳合作促进会法律专业委员会主任等。主编《“一带一路”法律新机遇（澳门论文集）》及《粤港澳大湾区法律论丛》等著作；发表中文、英文、葡萄牙语法律论文二十余篇。

受采访人口述

一、法学专业94级澳门专门班二三事

1994年秋，为落实“一国两制”方针，实施“澳人治澳”，经当时国家教委和国务院港澳办的批准，并得到新华社澳门分社（澳门中联办的前身）、澳门大专教育基金会支持和协调，中山大学法律系承办法学专业澳门专门班，为澳门社会相关本土法律人才的培养做出了重要贡献。

随着1999年澳门回归祖国的临近，新华社澳门分社、澳门大专教育基金会及中山大学等，于1994年夏在澳门主流中学中进行了组织、宣传及动员，鼓励在校应届毕业生报读法学专业澳门专门班。报读人数众多，最后有32名品学兼优的澳门学生由所读中学推荐保送，且经面试之后，被中山大学录取。当时的情况是澳门本地的法律人才稀缺，94级法学澳门班是为澳门回归储备华人法律人才而开设的唯一一届法学专门班，专业培养要求是使学员同时掌握内地和澳门法律。中山大学为了开设并办好法学澳门专门班，从招生、教学、生活保障等方面都做了大量准备；尤其是在教学计划上，针对澳门学生的实际情况，对法学专业课程进行了专门的设置和调整，以便能配合澳门的特点。除了设置内地的一些核心法律课程以外，还增加了澳门主要的法律课程，如澳门特别行政区基本法、澳门民法、澳门民事诉讼法、澳门刑法、澳门刑事诉讼法、澳门商法、澳门行政法等，而且注重理论与实践相结合。例如，有计划地安排学生参观内地监狱，到律师事务所、检察院和法院实习等。此外，法律系的老师们还要求学生毕业论文等选题要切合澳门的实际需要。而澳门政府亦做了大力支援，尤其是在葡语教学方面。

据我所知，除了我们这一届外，法学院之前和之后均没有开办过类似的课程项目。当然，除了我们这个专门班外，每年也有个别澳门居民会选择在中山大学就读法律本科课程，但为数不算太多，绝大多数人会在澳门或葡萄牙就读法律课程。实际上，除了我们班毕业生外，还有不少毕业于中山大学法律系的法律人担任政府和司法机关的法律工作，包括现任的澳门行政法务司司长、检察长和一些法官等均毕业于中大法律系。

回想当年在母校中山大学的学习生活，许多往事历历在目，令人十分感怀。

首先是课程学习。我对刑诉、刑法、民法、国际法及法制史等课程印象都很深刻，因为王仲兴、杨建广、李颖怡、任强、丁艳雅等老师都教得很不错；

当然还有其他老师，他们讲的内容到现在我还记得很清楚，好像是昨天发生的一样。如果你不相信你可以随意问我一些他们讲授的法律问题，哪怕我不记得书上是怎么写的，但是，我可以记得这些老师大概是怎么说的，而且有一些章节我想一直到我老了也可能会记得。更重要的是，通过他们的教授，我感悟了不少法学学习、研读的方法。学习方法其实都是相通的，这对后来我回到澳门进一步深造一些葡萄牙法律课程帮助很大。我们班有关澳门的几门法律课程也有聘请澳门大学老师来讲授，他们虽然是兼职我们的教学，但都很敬业。我印象最深刻的还有葡语课，因为别的班都没有，只有澳门班才有，而且我们的葡语老师是由澳门教青局派来长驻中大专门教我们的葡萄牙籍老师。大学四年总共有两个葡萄牙老师曾在中大法学院任教：Sergio Miranda（中文名米志豪）和Jose。他们即使是课余也经常与我们生活在一起，为我们提升葡语水平尽心尽力，做出了很大的贡献。

中山大学的学生生活是奋进的。我们在老师的教导下都充满了社会责任感和使命感。大家都很勤奋学习，没有浪费光阴。

中山大学的学生生活是自由的、民主的。我们在班务管理中心首先践行了民主自由的精神。例如，我们班在大学四年期间，一年选一个班长，先后分别为许文广、郭虔、朱奕聪和我本人。大家都锻炼了组织协调能力，培养了责任感。

中山大学的学生生活也是浪漫的，而有共同志向的人容易走到一起。加上法律系老师们不仅兢兢业业为我们执教，也十分关心我们的业余生活，“奇迹”就出现了。比如课余的舞蹈课。当时是通过我们尊敬的班主任江亚芳老师邀请，由莫华老师晚上抽空免费专门教我们班的同学。现如今我们班同学有七对夫妻，我想江亚芳和莫华两位老师也是很大的功臣。健康而且丰富多彩的学生生活促成了我们接近一半的同班同学成功结婚——班里虽然只有32位同学，能成就七对男女同学情侣结为连理，而且事实证明天长地久，这又是否可算是中大学生史上的“奇迹”呢？为此，我很欣赏也敬佩澳门班的同学们，因为我们既可以努力学习，又能收获爱情。我们不但在学校里面学习掌握了知识，更难得的是在学校里面找到了真爱。这些事后来成了我们的亲朋好友及认识我们的人常常提起的佳话。今天回味起来，在中大的学习经历中，我仍然觉得最大的收获首先是认识了与我同班的妻子，其次是一直关注和保持联系的各位同学和老师们。所谓百年仅修得同船渡，我们澳门班是何等幸运啊！不过，美中不足的是，可能我们是专门班的缘故，我们32人几乎是独立一个班上课，所以当时我们上课和住宿均与其他内地生分开。虽然也有一些课程全级不分班一起上课，但这类的课程并不多。我想，如果有一天法学院能举办面向粤港澳大湾区的法律硕士课程计划，让不同地区的人同窗研修，我们很多同学都会大力支持这种做法。

难忘的事实在太多。又例如，我们刚入学不久，同学黄达全、金朝辉、朱奕聪及罗志辉和我代表我们班参与了法律系欢迎新生晚会表演。我们利用约一个月的课余时间自编和排练舞蹈。为了表现澳门班的风采和给其他班同学们一个欢乐晚会，每天下课后我们又练歌又练舞。功夫不负有心人，我们的苦练没有白费，黄达全的歌声和我们组合的舞蹈在欢呼声和热烈的掌声中结束了。当晚演出空前成功，大家度过了一个非常快乐的晚上，我们班也由此开始与其他内地生建立了友谊。我们的表演一时成为同学之间模仿和茶余饭后的佳话。时至今日，我们也还不由自主地不时回味当天的演出。而澳门班的团结精神形象亦由当天晚上开始，贯穿整个大学学习期间乃至大学毕业后。在各种各样的集体活动中我们班总是精诚团结，共同进退，这是母校学生生活历练给我们留下的宝贵精神财富。我们不仅一起上课，一起吃饭，一起组建篮球队，在校期间，还筹办了关于澳门的摄影展，而金朝辉和朱奕聪同学为了这次展览，多次往返澳门收集当时报社记者拍下的澳门的方方面面的图片。而最后我们的同学兼摄影师金朝辉因见尚缺澳门一些夜景等照片，又再次返回澳门亲自拍摄尚缺的景色，力求尽善尽美，尽可能让内地居民了解澳门的方方面面，以供全校师生和校内外市民欣赏和了解澳门实况。而为了提高同学们写作和学术能力，推广澳门法律研究，我联合其他同学在校期间共同创立了《红窗门》学报等，来进一步展示我们的学习成果，并借此介绍澳门班、法学院，探析两地的法律制度等。这些内容也派发给中大师生和澳门相关单位。此外，我们还别出心裁地制作了“红窗门”运动套衣，很多同学至今仍然保存着这套红色战衣。“红窗门”是澳门一条街的街名。这套红色战衣是我们篮球队、足球队和单车队的队服。它代表着我们创办的学术报刊，更代表着我们澳门班的精神。它不时提醒我们回望在母校的奋斗生活——虽然只有短短几年，但记忆满满……

另外，还有一次难忘的经历就是由我们班的单车队（金朝辉、朱奕聪、罗志辉和我本人）在全班其余同学的欢送下，由学五饭堂出发，骑单车回到澳门。由于当时的公路与现时的状况不一样，我们需要很早出发，一直至傍晚才抵达澳门。我们一路上除午餐外，都没有休息。虽然每个人全身沾满汗水，而我疲劳得小腿抽筋，但在涂搽了白花油缓解后又马上继续上路。最后，我们用团队精神和坚强的意志坚持到达目的地。回到澳门后，大家都非常兴奋。真是一次难忘的团队经历。

在法律系学习时的耳濡目染，使我们自然而然地萌生了一种正气。当年学五饭堂那栋楼，是我们生活起居的宿舍和饭堂，也牵起了不少同学的记忆。近日，有同学在聊天时提起我在该饭堂内勇敢地单人徒手抓到正在偷排队学生钱包的扒手，并亲自将该名混到校园内作案的扒手押到校内保卫部门的事。要不是罗志辉同学提起这一幕已发生多年的往事，我也可能不会想起这件事，因为自己心里一直觉得这是一件很普通且必须做的事情。试想，如果我是这名被偷的同学，虽然彼此互不熟识，但如果真的丢失了钱包，可以想象心里面一定会很难受。所以当时我第一反应也没想太多，一心就是先制止，否则事后亦会因自己的不作为而后悔。

四年的大学生活飞逝而过，转眼到了毕业季节。还记得毕业时，前新华社澳门分社副社长李水林，还有欧仲文、陈韩生和杨广远等有关负责人，以及澳门大专基金会负责人唐志坚等，连同很多曾教导我们的澳门老师和嘉宾，专程从澳门一同到校园出席我们的毕业典礼。当我亲手从系主任和校领导手中接过锦旗，望着在场的父母亲友，面对鲜花和无数祝福声，我相信当时很多澳门同学和我的心情一样，不仅有毕业的喜悦，且深感责任重大，因为毕业不是人生结束，而仅是我们走入社会的开始。正由于我是最后一届班长，因此回澳门后，我本人亦带动同班其他同学于2000年共同成立了澳门法学协进会，以继续维系同学的联系并推动澳门法律和公共行政的研究与改革。事实上，在工作上和生活上，我们至今仍经常在一起互相帮助和继续交流，也共同见证了澳门回归并亲身参与了澳门公务员本地化和法律本地化的过程。现如今，与20年前的我们相比，除了各人已肩负起社会和家庭的不同责任外，另一个较大的变化可能是岁月的痕迹无情地出现了。尤其是男同学，由于岁月的洗礼，头发白的白，少的少。但还好，我们的心还是没变，对同学和老师的情谊没变，对母校的感情也永远不会变。

二、致力于服务粤港澳大湾区及“一带一路”建设

我们1998年毕业回到澳门后，大部分同学并没有选择马上全职工作，而是利用晚上继续修读澳门法律。虽然在本科时也修读过有关澳门的法律课程，而且也有澳门大学几位老师曾经到中山大学兼教我们部分课时，但是为了配合法例对执业的要求以及进一步深造澳门法律，我们回澳门以后，很多同学都在澳门大学专门修读了澳门法律导论课程及澳门法律导论延续课程，总共修读了一年多。这种课程起初也是因为我们而专门设置的，但由于当时澳门大学中文法律老师不多且中文法律书籍也很少，作为首届澳门法律导论的修读生，我们当时大部分课程均是用葡语上课和考试。边工作边修读这些课程是相当艰辛的。记得上完课晚上回到家里吃饭时已接近晚上十一点，有时甚至十二点，而且还要应付很多科目考试。我的头发为什么掉了那么多，其中大部分就是那时

候掉的。为了学得更多，真的身不由己。好在在中山大学已学了四年葡语，所以虽然辛苦，但我们当时总算能挺住，能较好地同时应对学习和工作。

大学毕业并完成了澳门相关法律的进修后，我获得了一份不错的公职工作，收入也算可以。但在任职一年半后我毅然辞去这份工作，选择了当时工资低很多的实习律师工作。采访人对这个感兴趣并问我为什么。其实，无论是公职人员或律师都有人适合做或不适合做，各行业都有其不同功能和优缺点。关键是我更喜欢、更愿意投入直接面对和服务社会的工作。最主要的是我个人强烈地希望更多地接触社会，去直面和实际解决更多各种法律问题。做律师最好的地方就是靠自己努力能解决实际问题。对我来说，转行的原因并不是为了想赚更多的钱。事实上，当我能用法律知识去解决或者协助解决身边人的各种法律问题时，我是会感到很开心的。因为当你能为别人解决一些困难时，别人会由衷地感谢你，你也会自然地得到最大的快乐和成就感。当然，母校培养的社会责任意识对这种选择还是有一定潜移默化的影响的。我非常认同全国律协副会长吕红兵先生曾讲过的一句话："我们办的不是案子，是他人的人生。一个案件的背后，就是一桩婚姻、一户家庭、一个人的自由、一家企业的未来。"孙中山先生教导我们要立志做大事，不要做大官。在我看来，这些实实在在涉及民众及社会福祉的事情就是"大事"。另一方面，我也承担澳门特别行政区的市政咨询工作，很荣幸能获得特区政府和行政长官的信任，我期望能通过自己的社会经验和专业知识为澳门社会建设提供建设性意见、贡献力量。

经过多年努力，我于 2006 年成为澳门力图律师事务所一位资深合伙人。在 2016 年，我们还在中国内地成立了中银—力图—方氏（横琴）联营律师事务所——全国首家中港澳联营律师事务所，而我是联营所其中一名高级合伙人。正如大家所知，中央政府大力支持澳门建设"一中心"和"一平台"，支持澳门打造中葡金融服务平台；又因国家主席习近平 2013 年提出"一带一路"理念，这已发展成为国家建设的重大倡议，且得到国际社会高度关注。为此，我一直思考澳门特区或我们澳门律师行业如何在"一带一路"国家倡议中发挥作用，以及配合"一带一路"建设，提供优质及高效的法律服务。当时我想到的便是利用自贸区政策，成立中港澳律师业联营，提供中港澳法律一站式服务，希望能为多地需求者（客户）提供跨境法律服务。这将会为客户大大节省时间和成本，且可提升法律服务质量及多元化和区际化水平，以及连接整个葡语系的法律查明和法律合作的渠道。现时内地客户不仅对投资葡国感兴趣，而且对巴西等国的投资愿望更殷切。而我们也相信透过三地或更多法律合作，将大大有助于协助内地客户查明葡语系国家的法制，从而为投资者做好投资前期准备，之后提供合同，草拟仲裁条款，解决纠纷（包括仲裁和判决在各法域执行和确认等服务)。随着今年(2019年)中央公布《粤港澳大湾区发展规划纲要》,可以预见,澳门律师乃至大湾区律师面对的会是一个需求更大和要求更高的法律服务市场,为多地需求者提供跨境法律服务的要求将更迫切。

事实上,按照现在我们国家的政策和纲要,如果更多澳门律师能走进大湾区,不但有利于提高自身专业知识、扩大业务范围,且能融入国家发展的大趋势。澳门律师不仅可以带动外来的投资进入内地,反过来也可以引领内地的客户走出去,为"一带一路"法律服务提供支援。港澳也有地缘和桥梁作用、资金进出自由和低税收等优点,如果能配套好区域和各地律师间合作,会有更多法律新机遇,且服务也可由单一走向多元。例如,可以同时提供多地法律咨询和更广泛的跨境法律服务和各地裁判确认等,为客户提供多元法律服务选择。

三、为母校服务和促进粤澳法学交流永远是我的重要担当

很荣幸,我被委任为中山大学法学院校友会副会长。作为一名澳门人和中山大学法学院校友会的其中一名负责人,且作为20年前澳门班的班长,我想我最主要的任务是建立澳门校友与中大法学院的联系,包括与老师和其他地方校友,尤其是国内校友联系和沟通,并及时向澳门校友转达学院的最新情况,以及配合学院组织校友各项活动,包括参与和支持此次复办40周年活动等。而我本人作为校外导师,日后亦会积极响应法学院的号召,为法学院的研究生教学和实习指导出一分绵力。至于采访人问我在澳门法学协进会担任的会长工作与律师实务的关系,我想,这份工作与我律师的业务没有直接联系,因为这个主要是社团的工作。当然,我在律师工作的经验,对于我推动社团的工作会有很大的帮助。该社团成立于2000年,最初是由中山大学法学院澳门班和汕头大学法学院澳门班的毕业生组成。而十多年来发展至今,它已包括很多其他来自澳门和葡萄牙学校的法律毕业生。社团的宗旨主要是向澳门市民推广法律、法学研究,以及就政府的政策,尤其是在法案制定和大湾区法制建设方面提供意见,等等。会员大多从事各政府部门和司法机关的工作,包括律师、法律专家、政府官员和个别司法官,等等。澳门法学协进会会定期举办一些法律研讨会和交流,会定期就政府的施政,尤其是法务范畴反映我们的专业意见,出版法律书籍以及会员联谊活动等。另外,成立至今,我们也曾先后多次组织校友回中大参观和交流。例如,2009年4月10日,为加强澳门与内地法学学者的专业合作,澳门法学协进会及澳门班同学回到法学院进行学术交流。阔别

母校十余年的94级澳门班校友，怀着无比激动的心情重回母校并看望了法学院的恩师，也表达了对老师的感谢之情。当天下午，法学院虞桦书记、徐忠明副院长等领导以及该院部分教师出席了交流座谈会。会上，双方就澳门法律制度、澳门与内地的法律和文化交流等问题进行了深入的探讨。此次交流活动得到了澳门中联办的协助与支持！

2015年4月，94级澳门班校友在澳门法学协进会组织下，再次回到广州中山大学法学院参观，并与广东岭南律师事务所交流，取得了良好的成果。当时同学们受到该会顾问杨广远，中大法学院副院长任强、慕亚平、杨建广、卓冬青、梁丹妮和前院长王仲兴等资深教授及岭南律师事务所执行合伙人欧阳兵和邓柏涛等人的热情接待。会上双方亦介绍和探讨了涉港澳民商事案件审理、两地判决确认、律所管理和两地法律业务新发展等议题。

2017年6月，我们再次到访法学院，与黄瑶院长及众教授就“一带一路、大湾区之法律新机遇及合作”作互动交流和晚宴欢聚。第二天参访了广东省港澳办、广东省司法厅和南沙自由贸易区等单位，分别与广东省港澳办黄锻炼副主任，以及省司法厅梁震副厅长、省律师工作管理处黄婷处长和省公证管理处谭征处长等就大湾区建设、律师及公证管理工作等进行座谈交流。

中山大学法学院校友会及学院领导亦多次赴澳门与澳门校友交流。例如，2017年12月，粤港澳三地中大法学院学子在澳门威尼斯人酒店西西里会议厅齐聚一堂，一声“老师您好”，一声“师兄”“师姐”“师弟”“师妹”，浓浓的师生情，暖暖的校友情，洋溢在会议厅上空。该交流会是中大法学院校友会首次举办的大型海外聚会，由常务副会长朱永平、林卫辉、文民发起组织赞助，副会长杨小菁，江门校友会会长刘棉春，香港校友联合会联席会长杨长缨、端木正法学基金会理事会理事长谢如东等数十名内地、香港校友同赴澳参加会议。澳门行政法务司司长陈海帆、澳门特区检察院检察长叶迅生、澳门中级法院高级法官蔡武彬、澳门特区政府政策研究室研究员张元元、澳门大学法学院院长唐晓晴、澳门法学协进会监事长杨浩然、澳门公证员罗靖仪和我本人等澳门校友出席了这次交流会。会议上，我和陈海帆、叶迅生、蔡武彬、唐晓晴等澳门校友对澳门的政务制度、司法制度及架构以及律师制度进行了介绍和阐述，内地、香港等地校友纷纷发表见解，现场气氛热烈。常务副会长朱永平以内地、香港、澳门三地不同法律体系之间的衔接作为出发点，结合理论与实务经验，对比了中国四个法域的不同点，并就推进粤港澳大湾区建设，构建大湾区中大校友会法律共同体发表了意见，建议校友会发挥大湾区智库作用。常务副会长韦华腾做了总结发言。而我本人亦代表澳门校友向法学院及校友会赠送了澳门法学协进会出版的澳门首本关于“一带一路”法律的书籍，由学院

党委原副书记张元勋老师，林卫辉副会长接受了赠书。2018 年年底，法学院李明章书记和张亮副院长等人亦专门来澳门探望澳门各校友，并与校友介绍和交流学院工作。

通过一次次校友交流活动，我们加强了校友与母校之间的联络，加强了老师与学生之间的感情，校友认知度、温暖度空前高涨，促进了校友之间的情感联系，并共同为内地、香港、澳门三地校友及老师搭建了沟通交流与合作的平台。

后　记

“方其搦翰，气倍辞前，暨乎篇成，半折心始。”（刘勰《文心雕龙》）——这也是我编写本书真实感受的写映，包括我自己作为亲历者的陈述。

大概是在2018年四五月间，法学院院长黄瑶教授找到我说，经她提议并经学院党政联席会议研究，拟委托我组织编写一本诸如“中大法学院口述历史”之类的书，目的主要是铭记前辈教师对复办法律系（法学院）的贡献，传承他们的宝贵经验、心得，抢救历史以为在2019年10月举行的本院40周年院庆添砖加瓦。她并且申明，没有报酬，没有经费。我几乎毫不犹豫地接受了这一份工作。其实，我当时并不清楚自己这种有点不知天高地厚的承担是出于什么心路，或许是出于潜意识的冲动吧——总是想为法学院、为自己的老师做点什么。由于时限较急，我不得不采取“边施工边设计”的方式来实施这一工作。然而，事情并没有设想中那么顺利。由于种种原因（我自己的原因是其中的主要因素），我未能如期完成任务。我知道，不管用什么话语，都无法表达对我所辜负的人——所有接受采访的老师、校友及关心、关照此事的领导们之愧疚。在此，谨向他们表示深深的歉意！

我首先要感谢所有受采访人，感谢他们对法学院的爱！感谢他们对我的信任和无私支持！感谢他们的坦荡！感谢他们对我的忍耐和宽容！这里要特别提到已经仙逝的江振良教授，他是在国外审阅我写的采访稿的。老人家回国参加本院40周年院庆，当晚的晚会我正好坐在他旁边。当我希望向他解释一下本书没有如期出版的原因时，他立即用手势制止我，说：“不用说，没关系，慢慢写，好好写！”万万没想到，仅隔一月之后，他老人家竟然悄悄离我们远去！情何以堪！

其次，我要感谢黄瑶院长和学校党委办有关同志。在他们的关心、关照下，本书于2019年3月获准立项“中山大学2019年文化传承重点发展项目”，出版资助有了一定保障。

我要感谢参与本书项目录音、录像及书稿整理、校对的所有同学！他们或是我和我妻子李颖怡副教授名下指导的同学，或是修过我们授课的研究生。没有他们在繁重的学习任务之余承担这些烦琐费时的工作，本书的顺利出版也是不可能的。

在推进本书项目的过程中，我曾较广泛地寻求法律系（法学院）复办前期有关亲历者的帮助。然而，由于各种各样的原因，有的出于谦虚，有的因繁忙或工作性质，有的因在境外，还有的因身体健康条件不允许等，不少老师和校友最终未能正式接受我的采访，但他们以不同的方式对我的工作表示了理解和支持。我同样要感谢他们：你们尽心意了！

某种意义上，我自己也是法律系（法学院）复办前期的亲历者。每个人都有他心目中的法律系（法学院），认知角度的不同正好体现了事物存在本来的多样性，正好昭示包容是多么的重要……我个人还认为，口述历史不过是一种方式，它不是完整、完美的历史本身，它虽然可能是更为接近真实、更为生动的一幅幅历史画面，但人们对此各有自己的体会和感悟是十分正常的。同时，不必讳言，对个别问题的采访中难免听到不同看法。“取其一，不责其二；即其新，不究其旧。”（韩愈《原毁》）本书遵循这一道理。另外，本书主要涵盖中大法学学科复办二三十年这个历史阶段，是有关亲历者口述实录，它只是永无止境的大题目下尝试的一个小小的开头。正如已经在全球法学院之林崭露头角，中大法学院必将延展其更加蒸蒸日上的辉煌未来，而那更为荡气回肠的历史陈述，则是后面的人的事了。

本书中采访文稿的编排不分先后，仅按时间顺序——老师们退休的先后和校友们当年入学年级的次序，局部的例外安排同样也仅是出于编辑的技术考虑而已。

本书的采访文稿虽然都经过了相关受采访人的审阅，但文责概由我承担！

曾东红

2020年2月于中大南校园